中央编译局文库编辑委员会

主　任：贾高建
副主任：俞可平　魏海生　王学东　陈和平　杨金海
委　员：贾高建　俞可平　魏海生　王学东　陈和平　杨金海
　　　　柴方国　何增科　季正聚　郗卫东　张文成　曹荣湘
　　　　卿学民　刘明清　薛晓源

中央编译出版社文库编辑中心编辑小组

薛晓源　苗永姝　李媛媛　盛菊艳　薛迎春　董　妍

马克思主义经典著作研究读本

主 编 杨金海 李惠斌

恩格斯《社会主义从空想到科学的发展》研究读本

薛俊强

《马克思主义经典著作研究读本》顾问委员会

贾高建　俞可平　顾锦屏　庄福龄　陈先达　赵家祥　詹汝琮
李洙泗　张钟朴　冯文光　安启念　韩庆祥　李小兵　张曙光

《马克思主义经典著作研究读本》编委会

主　编　杨金海　李惠斌
副主编　薛晓源　林进平
编　委　（按姓氏拼音排序）
　　　　　曹典顺　韩立新　江　洋　李百玲　吕梁山
　　　　　苗永姝　聂锦芳　闫月梅　杨学功　姚　颖
　　　　　张　盾　张云飞　郑　锦

总 序

呈献给读者的这套"马克思主义经典著作研究读本"丛书，旨在立足于21世纪中国和世界发展的现实，对马克思、恩格斯、列宁重要著作以及有关专题思想重新进行较为深入的研究和解读，供广大读者特别是致力于深入研究马克思主义经典作家原著的读者阅读使用。计划出版40种，三年内陆续完成编写和出版工作。

马克思主义经典著作是学习和研究马克思主义理论的基础文本，历来为人们所重视。在我国学术史上，曾编写和出版过不少关于经典著作的读本，包括各种注释性读本和导读性读本，对学习和研究马克思主义理论发挥过重要作用。然而，随着时代的发展，这些读本也越来越显出历史局限性。比如，以往对经典著作的解读视角较旧，对马克思主义理解不够全面；解读的经典著作范围较小，视野有限；解读所依据的文献不足，深度不够等。进入新世纪以来，特别是自2004年中央实施马克思主义理论研究和建设工程以来，马克思主义经典著作的教学、研究以及普及工作不断加强，这就迫切要求对经典著作重新进行解读。

同时，这些年我国学界有关经典著作的翻译和研究成果不断推出，为更好地解读经典著作提供了可能。改革开放以来，特别是进入新世纪以来，随着我国社会主义现代化建设以及人类文明的深入推进，我们对马克思主义的理解以及对经典著作的研究不断深化，解读视角发生重大转变，对马克思主义的理解更加全面。例如，以往由于受革命实践的影响，我们较多地从社会主义"革命"视角去解读，而较少从社会主义"建设"视角去解读，因此，较多地注重研究其中的阶级斗争、无产阶级革命和无产阶级专政等理论，而较少研究社会和谐发展、人的全面发展等思想。革命胜利后,仍然沿袭了这种解读模式。这就造成了对马克思主义理解的片面性。实际上,马克思主义经典著作中有丰富的新社会建设思想,恰恰是这些长期被忽视的思想对我们今天的社会主义建设实践来说更有意义。近些年来,我国学者自觉地从"建设"视角研究经典著作基本观点,取得了一系列可喜成就。又如,过去对经典著作的解读主要限于对若干重要经典著作的解读,如对《共产党宣言》等五六部名著有较为详细的解读,对其他著作的解读不多。即使有收文较多的导读性读本,但常常由于篇幅所限,也只能对这些著作进行简要介绍,不可能对每一部著作展开研究。近些年来,这种情况在逐步发生变化。研究经典著作的专题成果越来越多。再如,近年来新的经典著作编译成果和相关研究成果不断推出,大大拓宽了人们对经典著作基本观点的理解。加之这些年我国学界一大批优秀的中青年学者成长起来,他们的外语水平较高,知识储备较多,研究方法较新等,对经典著作的研究和理解也更有新意。这些都为更好地解读经典著作提供了新的时代条件。

为了继承前人研究的成果,弥补以往研究的不足,总结这些年我国学界编译、研究经典著作的成果和经验,比较全面系统地解读和阐释经典著作的基本观点,中央编译局专门成立了"马克思主义经典著作及其重大理论问题研究"课题组,并对该项研究提供了基金资助。课题组不仅在局内组织力量进行研究,而且向社会公开招标,争取到社会力量的支持,一批有造诣的中青年专家参与到课题研究中来。经过课题组同仁两年多努力,已经形成一批研究成果,并将继续补充、完善并陆续推出。这套"马克思主义经典著作研究读本"丛书就是这些成果的集中体现。

本丛书力求体现如下特点,这也是丛书编著工作所力求遵循的原则:第一,体现全面性和系统性。本丛书不仅对经典作家的名著进行解读,也对其他重要著作进行解读,还要对经典作家的一些重要思想,如马克思的人类学思想、列宁的新经济政策理论等,进行专题梳理和解读。不仅从"革命"视角,而且从"建设"视角,全面、系统地梳理经典作家的思想观点。力求使这套丛书成为收文最全面、解读最系统、最能够反映经典作家著作全貌的学术成果。第二，突出文献性和考证性。每一研究读本的写作，力求充分反映国内外有关研究成果，特别是要充分反映我国新时期在经典著作翻译和研究方面所发现的新文献、取得的新成果。在此基础上，要对经典著作形成的历史背景、国内外传播、原著重要思想观点及其流变，以及后人对这些观点的理解等，进行考证研究。如果说过去的解读主要是"注"的话，那么，这套读本则要进一步体现"疏"的特点。通过这种"注疏"性考据研究，不仅使读者知其然，也知其所以然。这样，也能够为学界进一步研究提供尽可能丰富的文献资料。第三，力求权威性和准确性。一方面，研究读本所依据的经典著作文本力求具有权威性和准确性。主要依据中央编译局所编译的最新译本，如《马克思恩格斯全集》第二版、《马克思恩格斯文集》、《列宁全集》第二版、《列宁文集》等。对还没有新译文的文本，可以采用旧译文。同时，适当参照外文版本，进行比较研究。另一方面，所依据的其他文献资料，也力求具有权威性和准确性。要选择国内外在该研究领域最具权威性的专家学者的最具代表性的观点和最有影响力的文章。

基于上述考虑，本丛书采取大致统一的研究和写作框架。除导论外，各个读本均有五个部分组成。一是历史考证部分，其中包括写作背景、国内外主要版本和传播考证等；二是研究状况部分，包括对国内外已有的研究情况进行梳理；三是当代解读部分，包括对经典著作的内容简介，对已有研究观点的疏正，对重要理论观点及其当代意义的阐述；四是原著选编部分，根据经典著作的不同情况，或采取全选的形式，或采取节选的形式，均采用中央编译局的最新译本，个别读本同时选编原著的旧文本，以方便比较研读；五是附录部分，包括3到5篇关于本著作的国内外有一定权威性的研究文章，以及进一步研究需要参考和阅读的文献资料。

需要说明的是，对于经典著作的研究，往往会有仁者见仁、智者见智的情况。所以，尽管我们在组织编写工作中努力体现上述原则，但这些读本的观点不一定都具有代表性，更不可能与每一位读者的观点完全一致。加之作者研究角度不同，水平各异，每一读本的结构、篇章、内容、观点都不尽相同，其权威性程度也不尽一致。其中很可能有疏漏和错误之处，谨请读者批评指正。

该丛书在编写和出版过程中，得到了各个方面的大力支持。中央编译局对此项工作高度重视，始终给予鼎力支持。国家出版基金将该丛书列入2012年资助项目。中央编译出版社为该丛书申报国家出版基金项目并最终立项，以及为丛书出版做了大量工作。本丛书中收入的译著和文章的译者、作者和出版者同意我们使用相关的著作版权。该项目顾问委员会的专家对丛书的编写工作给予热情指导，编委会成员和课题组同仁为丛书的编写付出了辛勤劳动。在此一并致以衷心的谢意！

《马克思主义经典著作研究读本》
编辑委员会
2013年6月16日

目 录

导 论 ·· 1

第一部分 历史考证 ·· 11

第一章 《社会主义从空想到科学的发展》写作的时代背景
　　　　及其问题意识 ··· 13
　一 澄清杜林思想对19世纪后半期德国工人党思想的有害
　　　影响 ·· 14
　二 驳斥杜林对马克思学说的歪曲，重塑马克思恩格斯科学
　　　社会主义世界观的本真内涵 ·· 18
　三 宣传和普及马克思主义学说，指导各国工人运动和革命 ··· 20

第二章 《社会主义从空想到科学的发展》国外主要版本及其
　　　　传播情况 ··· 23
　一 英文版、日文版和俄文版的写作和出版概况 ················ 25
　二 法文版的写作和出版概况 ··· 27
　三 德文版的写作和出版概况 ··· 40

第三章 《社会主义从空想到科学的发展》国内主要版本
　　　　及其传播情况 ·· 51
　一 新中国成立前的传播和版本发行情况 ·························· 51
　二 新中国成立后的传播和版本发行情况 ·························· 53

第二部分　研究状况 ······ 57

第四章　国外研究状况 ······ 59
一　第二国际和苏俄东欧时期的研究概况 ······ 60
二　当代西方马克思主义学者对《社会主义从空想到科学的发展》的研究概况 ······ 65

第五章　国内研究状况 ······ 71
一　《社会主义从空想到科学的发展》国内研究概况 ······ 71
二　《社会主义从空想到科学的发展》当代研究概况 ······ 72

第三部分　当代解读 ······ 99

第六章　文本结构和主要内容 ······ 101
一　科学社会主义思想发展前史（空想社会主义）和理论渊源 ······ 102
二　科学社会主义的理论基础及科学理论前提 ······ 103
三　科学社会主义的当代现实表征及其未来特征 ······ 105

第七章　重要理论观点的当代阐释 ······ 108
专题一　恩格斯与科学社会主义的"科学性" ······ 109
专题二　从必然王国到"自由王国"——科学社会主义的理论基础和价值旨趣 ······ 120
专题三　恩格斯关于未来社会基本特征和发展趋势的理论阐释 ······ 132
专题四　科学社会主义的当代现实表征——对中国特色社会主义道路的思考 ······ 148

第四部分　经典著作选编 ······ 171
恩格斯　社会主义从空想到科学的发展 ······ 173
恩格斯　恩格斯致奥托·冯·伯尼克（节选）······ 233
列　宁　弗里德里希·恩格斯 ······ 235

第五部分　附　录 ·· 243
 附录Ⅰ　研究文献精选 ··· 245
  一　伯恩施坦:《科学社会主义怎样才是可能的》 ············· 245
  二　考茨基:《疑问的社会主义对抗科学的社会主义》 ········ 266
  三　雷纳特·梅尔克耳:《论恩格斯的著作〈社会主义从
    空想到科学的发展〉的产生、意义和影响》 ············ 278
  四　G. A. 科恩:《为什么不要社会主义》 ························ 305
 附录Ⅱ　参考书目 ·· 309
  一　中文参考文献和进一步阅读书目 ······························ 309
  二　外文参考文献和进一步阅读书目 ······························ 315

导　论

回顾国内外对恩格斯《社会主义从空想到科学的发展》研究的历程，不难发现，每一时代的人们都是带着本身的时代问题意识去解读前人已有的著作。从19世纪末到20世纪初，针对德国和世界资本主义生产从自由竞争逐步发展到垄断阶段及其无产阶级群体日益分化的社会历史现实，在德国社会主义者内部展开了对恩格斯关于资本主义与社会主义关系及其资本主义发展前景分析的争论。暴力革命和阶级斗争是否依然是新时代战胜资本主义的手段？资本主义是否仍然像马克思恩格斯当年所预想的那样，无产阶级和资产阶级的矛盾愈来愈突出？这些问题给德国社会主义者留下了广阔的思考空间。人类经历了风云变幻的20世纪，列宁领导的苏联社会主义国家给世界民众提供了一个社会主义的现实版画卷：社会主义从一种价值理想真正转变为一种现实的国家制度和经济体制，生活在现实世界的人们真正感受到社会主义的现实影响力。20世纪初马克思主义开始在中国传播，新中国的成立及其社会主义制度的确立，开启了中华民族现代史的新纪元。20世纪的上半期，第三世界的各民族纷纷建立民族国家。纵观20世纪的前几十年，"革命"和"阶级"话语成为世人思考社会主义的思维定式。自20世纪80年代东欧剧变和苏联解体以来，世界社会主义运动和理论研究陷入低谷，人们对社会主义发展前景充满质疑。加之政治意识形态等多方面原因，西方部分学者将社会主义妖魔化。我们不禁要问：马克思恩格斯的科学社会主义学说随着苏联和东欧国家的解体而过时了吗？科学社会主义至此"终结"了吗？社会主义本身应为"极权主义"和"法西斯主义"罪名背上沉重的历史包袱吗？对以上说法，我们深表怀疑和否定。新中国在探索和建设社会主义道路的征程中，不断总结前车之鉴和历史经验教训，经历改革开放 30 多年的经验积累和发展，当代中国正逐步走上一条具有中国特色的社会主义发展之路。但是，我们必须清醒地认识到，中国特色社会主义道路的探索绝不是一帆风顺，没有任何现成的理论可以借鉴。我们只能以开放的心态吸取国内外一切有利于中国特色社会主义发展的文明成果和经验教训。

近年国内外学者从 2008 年美国所引发的全球金融危机的理论视角展开了对中国社会发展道路之独特性的评论，聚焦于"中国道路"问题的理论探讨。此外，当代西方左翼思潮仍然致力于对当今时代资本主义现实问题的批判和分析。"阶级斗争"和"无产阶级"等宏观叙事话语被不断解构，如何从话语实践和民主路径出发，激发和整合西方左翼思潮对资本主义问题的批判，是当前西方左翼思潮一个鲜明的理论旗帜。例如他们对新帝国主义、全球化劳工问题、女权运动及生态环保运动等问题的阐发和思考。近些年有关"民主社会主义"、"科学社会主义"和"自由主义"的关系问题上，学界时有不同声音。我们认为，问题的关键不在于仅仅以意识形态的眼光作简单的价值判断，关键在于确实秉持马克思恩格斯科学社会主义的真正价值意蕴和学术旨趣，以此切实加深我们对科学社会主义本真精神的理解和感悟。无论科学社会主义，还是民主社会主义，或者是自由主义，核心问题的价值关切和理论共识在于充分实现"每个人的自由个性和全面发展"。就实现"每个人的自由个性和全面发展"这一问题而言，理所应当是一个世界各国面临的共同问题。当代中国社会发展正逐步沿着中国自身特色发展道路向前发展，并在走向中国特色的社会主义发展道路上不断探索和前行。中国特色社会主义的发展道路不应是一个简单的政治宣传口号，而应体现为一种契合时代发展的主题、秉持科学社会主义基本价值原则和真正体现"以人为本"的社会发展的宏观战略和发展之路。在探索走向中国特色社会主义发展道路的征程中，一切优秀的文明成果和理论思潮学说都应当充分吸收，进而不断完善和深入探讨科学社会主义的基本原则及其当代价值意蕴。如何从学理和现实两个层面深入探讨当代中国乃至世界社会主义发展道路的实践问题，进而反思科学社会主义的基本价值理念成为当前尤其值得探讨的学术议题。

我们必须承认的事实是：作为科学社会主义创始人的马克思恩格斯并没有看到社会主义的实现。他们通过批判前人对社会主义的"乌托邦"设想，极力把对社会主义的认识提升到科学的水平。一方面，在马克思恩格斯思想视域下，科学社会主义的科学性不仅意指研究的科学态度和实事求是精神，而且意指"共产主义对我们来说不是应当确立的**状况**，不是现实应当与之相适应的**理想**。我们所称为共产主义的是那种消灭现存状况的**现实的运动**"①。另一方面，科学社会主义本身蕴涵着鲜明的价值维度和理想色彩。正如马克思恩格斯所说："而在共产主义社会里，任何人都没有特殊的活动范围，而是都可以在任何部门内发展，社会调节着整个生产，因而使我有可能随自己的兴趣今天干这事，明天干那事，上午打猎，下午捕鱼，傍晚从事畜牧，晚饭后从事批判，这样就不会使我老是一个猎人、渔夫、牧人或批判者。"② 不可否认，"科学性"和"价值性"构成科学社会主义应有的理论维度。甚至可以说，科学社会主义仍具有较为强烈的理想性色彩。马克思恩格斯所设想的科学社会主义学说仍是一种美好的价值理想和学说，现实社会离他所追求的"每个人的自由个性和全面发展"的理想社会仍相距甚远。马克思恩格斯不仅为科学社会主义学说奠定了坚实的科学基础，而且为诊断和批判现存社会的非正义性提供了最具理性批判色彩的理论资源。在一定意义上可以说，在当今时代仍然探讨科学社会主义的意义正在于：科学社会主义为实现每个人的自由发展提供了值得向往和追求的理想信念和价值原则。科学社会主义的价值理念集中表征为对"自由"、"平等"和"正义"的理想社会的追寻。

总体观之，我们这个时代仍是一个由"资本"所主导着的资本主义全球化时代，只要人类仍然生活在这样一个由资本所主导的时代，只要

---

① 《马克思恩格斯文集》第 1 卷，北京：人民出版社 2009 年版，第 539 页。
② 同上书，第 537 页。

仍存在剥削和压迫的社会现象，有关对社会主义的理论和实践议题的思考就仍然具有现实意义。正如恩格斯所说："现代社会主义，就其内容来说，首先是对现代社会中普遍存在的有财产者和无财产者之间、资本家和雇佣工人之间的阶级对立以及生产中普遍存在的无政府状态这两个方面进行考察的结果。"① 在当今时代阅读经典文本绝不是发思古之幽情，问题关键在于着眼于当下社会历史现实，带着时代问题去思考已有的理论成果，进而不断完善和修正已有的理论。从这个意义上说，任何历史都是当代史。在当今全球化的时代背景下，中国自身发展所呈现出来的问题，极为切近马克思当年对资本主义社会分析的历史情境。如何理性审视社会主义与市场的关系问题、如何理性批判"资本"所带来的价值负面效应，这些都是当前中国正面临和亟须反思的重要问题。因此，我们可以确切地说，当代中国正步入马克思思想的问题域之中。带着这些不同的时代问题，我们今天重新思考社会主义的理论和实践问题，重温恩格斯的《社会主义从空想到科学的发展》一书有关社会主义、资本和市场的论述就有着重要的历史和现实意义。

综上所述，我们认为，恩格斯《社会主义从空想到科学的发展》一书中的相关思想仍是学界有待深入探讨的理论和实践议题。《社会主义从空想到科学的发展》发表以来，导引了我们这个时代的历史发展进程，其所提出的一些问题，至今看来，仍闪烁出极其强烈的现实感、历史感和价值感。

第一，《社会主义从空想到科学的发展》是一部指引人们科学认识社会主义本质、识破资本主义意识形态"幻想"、指导中国特色社会主义道路健康良性发展的经典理论文本和思想武器。资本主义的基本矛盾是生产的社会化和生产资料的私人占有（私有制）之间的矛盾。在资本主义制度下，生产的社会化与生产资料的私人占有之间发生了对抗性的矛盾，而且社会生产力越发达，这种对抗性矛盾的冲突就越剧烈。结合当今时代资本主义发展的新变化、劳资矛盾的日益非对抗化、无产阶级这一群

---

① 《马克思恩格斯文集》第 3 卷，北京：人民出版社 2009 年版，第 523 页。

体日益被边缘化及其无产阶级革命话语日益淡出人们视野诸多严酷现实，如何看待马克思恩格斯当年对资本主义必然灭亡这一结论呢？这是时代为我们提出的新的问题。面临"资本"已经成为世界公民、发展中国家底层劳工被"资本"所奴役的历史现实，马克思恩格斯社会主义理想观的当代价值意蕴逐步显现。当今时代，人们的经济生活、政治生活和文化生活的各个层面仍然是被"资本"所统治的时代，这一资本主义时代的根本特征仍然没有随着社会历史发展的变化而改变。因此，可以这么认为，马克思与恩格斯在19世纪所提出的有关科学社会主义的核心观点和价值理念、考察资本主义基本矛盾的立场和原则方法，至今仍然没有过时。在推进有中国特色社会主义道路的历史进程中，从以下意义上说，即如何矫正和规范社会主义与"市场"和"资本"的关系，使中国特色社会主义真正走向良性发展之路，恩格斯有关科学社会主义和资本主义关系的论述在当前仍具有现实借鉴意义。

第二，《社会主义从空想到科学的发展》是一部把马克思主义基本原理普及化和大众化的理论范本。恩格斯为后人指明了一条真正把马克思主义原理与社会历史实践相结合的研究路径。恩格斯真正秉持了"哲学家们只是用不同的方式解释世界，问题在于改变世界"这一理论信条的真精神。恩格斯不仅参与创立了科学社会主义，而且承担了把马克思的学说广泛普及到普通民众思想中的艰巨任务。如何真正把对社会主义的思考从学术理论转变成普通民众所能接受的话语体系，这是恩格斯写作《社会主义从空想到科学的发展》一书的重要理论意图。如何把马克思主义学说真正做到普及化和大众化，能让非专业的普通民众了解、接受和掌握马克思主义的真精神和理论品格，这是当前国内学界学者们非常关注的议题。恩格斯在《社会主义从空想到科学的发展》中，把对社会主义发展史的概述与他那个时代普通民众能够深刻感受到的社会历史现实充分结合起来，这必定会使科学社会主义学说被更多的无产阶级和普通民众所知晓、理解和运用。马克思主义和社会主义学说不是什么抽象的理论玄思，而是扎根于现实生活的土壤之中，科学社会主义是对现实无产阶级运动活生生的理论表现。恩格斯对科学社会主义的言说风格和写作理念仍是当前马克思主义研究借鉴的典范。

第三,《社会主义从空想到科学的发展》是一部有助于从整体上理解和把握马克思主义整体思想理论实质的经典文献。马克思和恩格斯的毕生社会理想是实现一个"自由人的联合体",在这个联合体中,"每个人的自由发展是一切人自由发展的条件"。他们的哲学世界观、经济政治学说都是服务于这一理论目标的。社会主义思想是整合他们哲学、经济学和政治学思想的思想内核和理论路标。探求每个人的自由全面发展及其实现路径构成马克思恩格斯社会主义理论的问题意识和价值关切。恩格斯在《社会主义从空想到科学的发展》一书中,对以上的学术目标和价值理论给予了充分的理论表达和展望。尤其是在该书中,恩格斯在梳理现代社会主义的发展史过程中,把对社会主义问题的梳理与对德国古典哲学和政治经济学的批判联系起来;真正做到了把对马克思主义哲学、马克思主义政治经济学和科学社会主义学说作为一个有机的整体来加以论述和对待。基于此,恩格斯作为马克思主义和科学社会主义创立者、解释者和传播者,仍是指引当前理论界非教条和完整地认识马克思主义的学术引领人及其思想启蒙者。

第四,《社会主义从空想到科学的发展》是一部为我们破解"马克思恩格斯学术思想对立"提供了最具权威依据的理论文本。科学社会主义的"科学性"相对于空想而言,即一种"革命"、"真实的"、"批判的"和唯物主义的社会主义。它既是一种价值理想和学说,也是一种表征马克思恩格斯世界观本真精神的理论意向和方法论原则。马克思和恩格斯共同创立了科学社会主义学说,这不是一个意识形态的简单称谓,而是两位经典作家理论学说的共同体现。科学社会主义是马克思恩格斯全部理论学说精神实质的根本体现。恩格斯参与并创造了科学社会主义,他的这一方面的学术贡献恰恰被西方马克思学者所极力贬低。通过贬低恩格斯来凸显马克思思想的本真意蕴和原创性质是一种极其荒谬的理论态度。我们这里不是有意提高恩格斯,而是一种事实求是的判断。恩格斯的形象仍需当前学界给予重新界定,其思想的理论精髓和学术价值需要学界给予澄清和阐释。

不过，面对新时代出现的新问题，我们必须清醒地认识到恩格斯有关科学社会主义论述的一些具体结论的时代局限性。比如，如何结合当今资本主义社会生产的新特征看待资本主义社会生产的无计划性？恩格斯把以现代生产资料本性为基础的产品占有方式（社会化大生产）划分为两种具体表现方式：维持和扩大的生产资料为社会直接占有，生活资料和享受资料为个人所占有。问题在于：作为扩大的生产资料是否可以为个人所直接占有？面对当今市场经济条件下的中国，这个问题如何给予回应。恩格斯在论述未来社会国家消亡时谈到：个体生存斗争将被消除。问题在于即使未来社会生产力高度发展，国家作为维持这个社会外在条件的代表能够自行消亡，这是否完全意味着每个人之间的生存斗争可以完全消除。这些问题仍然值得我们重新思考。诚然，我们不能祈求到恩格斯著作中找到全部应对今天社会问题的灵丹妙药。恩格斯《社会主义从空想到科学的发展》一书的重要性在于：恩格斯对他生活于其中的那个资本主义时代特征的深入分析、对科学社会主义原则的深刻阐述，而不在于某一个具体结论。这也是我们当今阅读马克思主义经典著作需要加以辨识和应注意的问题。

恩格斯社会主义思想研究是马克思主义理论研究中的重要内容。国内外已经出版若干有关恩格斯思想研究方面的文本研究及其解读类文献，并取得了颇多理论成果，成绩斐然。[①] 本书既不是对恩格斯整个思想研究的深入剖析，也不是对恩格斯思想传记式的全景展示。本书

[①] 国内外已经出版有关恩格斯思想及其《社会主义从空想到科学发展》导读类的文献，这些文献分别从各自不同的理论学科视角对恩格斯的经济学思想哲学思想和社会主义思想进行了充分而翔实的理论解读和现实反思，成果丰硕。例如：迈耶尔：《恩格斯传》，郭大力译，北京：生活·读书·新知三联书店1950年版。商德文等：《恩格斯经济思想研究》，北京：北京出版社1985年版。徐琳：《恩格斯哲学思想研究》，北京：北京出版社1985年版。吴家华：《理解恩格斯：恩格斯晚年历史观研究》，合肥：安徽大学出版社2006年版。徐琳、唐源昌主编：《恩格斯与现时代》，北京：中国人民公安大学出版社1994年版。胡大平：《回到恩格斯：文本、理论和解读政治学》，南京：江苏人民出版社2011年版。曹玉文：《〈社会主义从空想到科学的发展〉导读》，北京：人民出版社1993年版。如潜：《〈社会主义从空想到科学发展〉名词解释》，北京：中国青年出版社1953年版。

主要工作体现为：从写作背景、思想史、文本解读和当代阐释几个方面力争较为全面解读恩格斯《社会主义从空想到科学的发展》一书。本书写作内容参阅和转引了大量国内外有关恩格斯社会主义思想的理论研究成果，在此，笔者对被引用的所有文献作者表示崇高敬意和感谢。本书所要传达的理论旨趣是：立足当代世界和中国社会历史发展现实，秉持时代问题意识，尤其秉持和观照当前中国在推进有中国特色的社会主义道路过程中的一些重大理论和实践问题，带着当代中国自身的时代问题意识激活马克思主义经典作家经典文本的理论解释力和时代效应，从而在《社会主义从空想到科学的发展》中提炼出一些能够为构建当代中国特色社会主义道路具有借鉴意义的理论资源。在对经典文本的阐释过程中，本书也以专题的形式尝试对经典文本给予当代性的理论阐释，力争激活文本的当代话语空间，这方面不仅是一个简单的文献梳理过程，而且更是一个值得不断探索和研究的学术探讨过程。

本书的结构和内容安排：

第一部分：充分借鉴国内外已有的相关理论成果对恩格斯《社会主义从空想到科学的发展》写作背景、国内外主要版本的出版和传播情况给予较为细致的文献和思想史的梳理。该部分力争较为全面梳理经典文本的国内外出版和传播情况，并尽可能把对文本的梳理放在思想史中给予观照。

第二部分：详细梳理和概述国内外对恩格斯《社会主义从空想到科学的发展》的研究状况。其中主要从文本本身的研究情况、文本内容在当代所引发的理论争论和时代问题关切等方面梳理和阐释其当代研究现状。

第三部分：简要概述恩格斯《社会主义从空想到科学的发展》的文本结构和理论内容。同时，本书紧密联系理论文本，同时观照社会现实问题，从不同理论视角以专题形式尝试给予经典文本和经典作家的理论观点以当代解读，彰显理论文本的时代价值意蕴。

第四部分：从马克思主义经典作家著作中筛选出一些最能集中阐释恩格斯科学社会主义方面的经典论述，以期为读者了解和查阅马克思主义经典作家有关社会主义方面的论述提供便利。

  第五部分：选取若干篇国内外较有代表性和权威性的有关恩格斯科学社会主义思想研究的论著。这部分主要选取国外影响较为重大的马克思主义学者的论著。最后在附录部分列出进一步研究恩格斯《社会主义从空想到科学的发展》一书的中文和外文参考书目，为读者进一步研究提供查阅之需。

第一部分　历史考证

第一章 《社会主义从空想到科学的发展》写作的时代背景及其问题意识

　　1871年巴黎公社革命失败后，马克思主义通过总结巴黎公社的经验教训，不仅在理论上继续得到发展，而且在工人运动的实践中得到日益广泛的传播，开始在工人运动中取得支配的地位。1875年5月，德国社会主义工人党的建立，是马克思主义在工人运动中胜利的重要体现。从此，马克思主义对工人政党、工人运动的指导，成为它们健康、迅速发展的关键。然而，随着资本主义生产方式矛盾激化，在德国，以"新理论"、"新哲学"自居，各种小资产阶级理论思潮竭力影响刚刚实现统一的工人政党和工人运动，有的甚至公开反对马克思主义理论，使工人运动中的机会主义重新泛滥。19世纪70年代形成并发生恶劣影响的杜林主义，就是这方面的突出代表。① 这是恩格斯写作《社会主义从空想到科学的发展》直接的历史时代背景。杜林以社会主义的"改革家"面貌出现，对马克思主义和科学社会主义理论进行了猛烈抨击。为了批判杜林的小资产阶级社会主义，捍卫马克思主义，保证国际共产主义运动的健康发展，维护德国社会民主党的团结统一，恩格斯写下了《反杜林论》。正如恩格斯自己所言："这本小册子本来是一本大书的一部分，大约在1875年，柏林大学非公聘讲师欧·杜林博士突然大叫大嚷地宣布他改信社会主义，不仅向德国公众提出一套详尽的社会主义理论，而且还提出一个改造社会的完备的实际计划。当然，他竭力攻击他

---

① 参见黄楠森等主编：《马克思主义哲学史》（第3卷），北京：北京出版社2005年版，第72—73页。

的前辈，首先选中了马克思，把满腔怒火发泄在他的身上。这件事发生时，德国社会党的两派——爱森纳赫派和拉萨尔派——刚刚合并，因而不仅力量大增，而且更重要的是能够全力以赴地对付共同的敌人。德国社会党正在迅速成为一股力量。但是，要使它成为一股力量，首先必须使这个刚刚赢得的统一不受伤害。可是，杜林博士却公然准备在他周围建立一个宗派，作为未来的独立政党的核心。因此，不管我们是否愿意，我们必须应战，把斗争进行到底。"①恩格斯从哲学、政治经济学和科学社会主义三个方面对杜林的观点进行了彻底的清算和批判，同时系统完整地阐述了马克思主义基本原理。为了澄清杜林主义思想的影响，提高各国工人党理论素养，指导各国工人运动的实践活动，宣传和普及马克思主义，并结合各国的工人运动的实际和当代资本主义的发展变化，鉴于以上诸种情形，恩格斯应拉法格的请求，由拉法格翻译的法文版《空想社会主义和科学社会主义》的内容根据《反杜林论》中的三章内容（《引论》第一章、第三篇的第一章和第二章）改编而成。该文的单行本出版推动了欧洲各国工人阶级的运动，并逐步成为欧洲工人运动的指导思想。

一 澄清杜林思想对 19 世纪后半期德国工人党思想的有害影响

"德国社会民主党同杜林主义的斗争，是马克思主义同工人运动中公开与马克思主义相敌对的资产阶级和小资产阶级流派斗争的一个阶段。"②

欧根·杜林（Eugen Karl Dühring 1833—1921）出生于德国一个大官僚家庭。他是柏林大学讲师，小资产阶级思想家。早在1867年，马

---

① 《马克思恩格斯文集》第3卷，北京：人民出版社2009年版，第499页。
② 参见《马列著作编译资料》第1辑（总第1辑）《德国社会民主党反对杜林主义的斗争史略》，胡文建、黄良平译。原载苏联科学院历史研究所编《近代德国工人运动（论文和资料汇编）》1962年莫斯科俄文版第338—365页的资料。

克思的《资本论》第一卷出版后，他就写文章进行批判。杜林的主要著作有：《哲学教程》、《国民经济学及社会主义经济学教程》和《国民经济学和社会主义批判史》，杜林还出版了《自然辩证法》（1865年）、《凯里在国民经济学说和社会科学中实行的变革》（1865年）、《生命的价值》（1865年）、《资本和劳动》（1865年）、《国民经济学说批判基础》（1866年）和《哲学批判史》（1869年）。这些著作散布庸俗经济学观点，抹杀无产阶级和资产阶级之间的对立，歪曲马克思的剩余价值学说；宣扬资产阶级改良主义，用伦理社会主义对抗科学社会主义。欧根·杜林的《哲学教程——严密科学的世界观和生命形式》（1875年莱比锡版）以及《国民经济学和社会主义批判史》（1875年柏林第二版）出版后，在德国社会民主党人中间产生了很恶劣的影响。杜林自命为社会主义的信徒，以一种新哲学体系的形式提出了所谓的社会主义理论，对马克思主义进行了极其猛烈的攻击，给刚刚由德国社会民主党和全德工人合并成立的德国社会主义工人党造成了思想上的混乱。在德国社会民主党中也有杜林的追随者，如约·莫斯特、弗·弗里茨舍和爱·伯恩施坦等。甚至奥·倍倍尔也一度深受杜林的影响，在社会民主工党的中央机关报《人民国家报》上发表了两篇关于杜林的文章。倍倍尔于1874年3月13日和20日刊出《一个新的"共产党人"》一文，这一事件标志着杜林思想已经对党内某些领导人产生了很大的影响。"我们对杜林的著作提出的这些异议并不涉及他的基本观点。他的基本观点是出色的，我们完全赞同。因此，我们毫不犹豫地宣布：继马克思的《资本论》之后，杜林的最新著作属于经济学领域最近出现的优秀著作之列。所以，我们赶紧推荐研究他这本书。"① 从1872年起，伯恩施坦受到杜林观点的极大影响。"在我们相识的近三十年中，你屡次为各种各样的印象和影响所左右，根本地改变自己的观点……你加入了爱森纳赫党。过了几年，你受杜林的著作和讲课的影响而成了热忱的杜林分子。

---

① 参见《马列著作编译资料》第1辑（总第1辑）《德国社会民主党反对杜林主义的斗争史略》，胡文建、黄良平译。原载苏联科学院历史研究所编《近代德国工人运动（论文和资料汇编）》1962年莫斯科俄文版第338—365页的资料。

后来你认识了赫希柏格,并受到他的影响。正是思想上的极端不坚定可以说明,为什么一接触杜林的《国民经济学和社会主义批判史》一书,伯恩施坦就'心移神往',看到《国民经济学和社会经济学教程》,他就'欣喜若狂'。后来伯恩施坦自己承认,他替杜林的《国民经济学和社会经济学教程》所作的宣传,比任何人都多。正是他把这本书寄给了倍倍尔、白拉克、莫斯特、弗里茨舍等人。1874年,他结识了杜林,在初次拜访时就提出请求,要杜林在大学开课讲授与社会主义有关的问题时,把课改在职工听讲方便的时间。而且,正像他在回忆录里所说的,几乎所有或多或少受杜林影响的有名的同志,如倍倍尔、弗里茨舍、格罗特考、拉骚、米耳克、莫斯特等人都被吸引去听杜林讲课。"[1] 德国社会民主党的主要领导人李卜克内西思想上也出现了摇摆,在他和恩格斯的通信中可以看到这种迹象:"这使我想起杜林。你们是否有根据认为,此人是个无赖或暗藏的敌人呢?我了解到的关于他的情况使我深信,他虽然有些糊涂,但十分诚实,并且坚决站在我们一边。那篇受到你们指责的文章并不是完全正确和令人太高兴的,不过,意思无疑是好的,也没有产生什么坏影响……"[2] 就这一事件,李卜克内西和倍倍尔曾有过争论。基于此,李卜克内西于1875年2月1日和4月21日写信请求恩格斯在《人民国家报》撰文反击杜林并澄清其思想在党内造成的恶劣影响和混乱。李卜克内西把该报拒绝发表的阿·恩斯特和约·莫斯特吹捧杜林的文章寄给了恩格斯。尤其值得强调的是马克思恩格斯因杜林在1867年12月《现代知识补充材料》杂志第3卷第3期上发表了对《资本论》第一卷的评论而开始关注杜林的观点。从马克思和恩格斯1868年1—3月的书信往来可看出他们对杜林观点的批判态度。恩格斯于1876年2月最初在《人民国家报》上写了《德意志帝国国会中的普鲁士烧酒》

---

[1] 参见《马列著作编译资料》第1辑(总第1辑)《德国社会民主党反对杜林主义的斗争史略》,胡文建、黄良平译。原载苏联科学院历史研究所编《近代德国工人运动(论文和资料汇编)》1962年莫斯科俄文版第338—365页的资料。

[2] 原载《威·李卜克内西与卡·马克思和弗·恩格斯通信集》1963年海牙版,胡文建,梁建华编译。

一文提到并驳斥了杜林。针对当时德国酿酒业对德国民众尤其是工人阶级的实际影响，他驳斥了社会主义最时髦的信徒及其复兴者欧根·杜林先生赞成当时德国的酿酒业这一论断。恩格斯指出：普鲁士的酿酒业是使欧洲当代劳动居民失去葡萄酒的工具。① 马克思当时也认为应该对杜林进行批判。1876年5月24—26日，马克思和恩格斯在通信中就杜林的思想和观点在德国社会工人党部分党员中影响日益扩大的问题交换意见，认为必须在报刊上批判杜林的观点。马克思是完全知晓恩格斯的写作计划的。这一点从马克思致威廉·布洛斯的信中可以得到证明。"恩格斯现在正忙于写几部篇幅较大的著作，同时仍在继续为《前进报》写文章"②。恩格斯于是中断了从1873年开始写的《自然辩证法》，从1876年5月到1878年上半年，花了两年的时间写《反杜林论》。

杜林及其思想给德国社会民主党所带来的影响极其严重，马克思和恩格斯都意识到了问题的严重性，他们觉得有必要反击杜林，清理其思想所造成的严重影响，并及时说明他们自己关于共产主义社会的主张，澄清杜林思想对19世纪后半期德国工人党思想的有害影响。恩格斯中断了《自然辩证法》的写作，通过批判杜林并肃清其思想的有害影响。恩格斯在《反杜林论》序言中写道："虽然如此，我还是过了一年才下决心放下其他工作，着手来啃这一个酸果。这是一只一上口就不得不把它啃完的果子；它不仅很酸，而且很大。这种新的社会主义理论是以某种新哲学体系的最终实际成果的形式出现的。因此，必须联系这个体系来研究这一理论，同时研究这一体系本身；必须跟着杜林先生进入一个广阔的领域，在这个领域中，他谈到了所有可能涉及的东西，而且还不止这些东西。"③

正式开始批判杜林的标志性事件是：1876年2—3月，在李卜克内西的请求下，恩格斯在《德意志帝国国会中的普鲁士烧酒》一文公开表示

---

① 参见《马克思恩格斯全集》第19卷，北京：人民出版社1956年版，第51页。
② 《马克思恩格斯文集》第10卷，北京：人民出版社2009年版，第423页。
③ 《马克思恩格斯文集》第9卷，北京：人民出版社2009年版，第7—8页。

批判杜林。① 恩格斯在1876年5月28日致信给马克思详细谈到了他对杜林学术观点的态度和批判意向。"我却不得不坐硬板凳，喝冷酒，突然又把一切都搁下来去收拾无聊的杜林。但是，既然我已卷入一场没完没了的论战，那也只好这样了；否则我是得不到安宁的。……该书还有一整章描写未来社会或所谓'自由'社会……所以，这本书暴露出的平庸性比他的经济著作更直截了当，我的计划已经订好，开始时我将纯粹就事论事地、看起来很认真地对待这些胡说，随着对他的荒谬性和平庸性这两个方面的揭露越来越深入，批判就变得越来越尖锐，最后给他一顿密如冰雹的打击。"②

二 驳斥杜林对马克思学说的歪曲，重塑马克思恩格斯科学社会主义世界观的本真内涵

"杜林从事著述和讲学活动，一开始就极其自负。他大言不惭地一笔勾销了他以前的全部科学，自封为几乎精通所有科学领域的唯一行家。他把他在哲学、政治经济学和社会主义方面的理论说成是终极的真理。实际上，杜林的理论著作并没有任何独创的东西。他的哲学是实证主义理论和经济学理论、福格特的庸俗唯物主义和被误解与歪曲了的黑格尔唯心主义的折中混合物。杜林任意对待辩证法规律，用抽象的辩证法偷换具体的辩证法，或者索性宣布辩证法是荒谬的东西。……在社会观点方面，杜林没有超出18世纪启蒙主张模仿者的水平。他复活了旧的资产阶级暴力理论，根据那种理论，不平等、财产、阶级的产生，是直接的暴力，即无法解释的主观因素的行为的结果。当时马克思和恩格斯已经制定了唯物史观，到了这个时候还去宣传那种唯心主义的理论，就给工人运动造成很大的危害，因为那种理论歪曲了经济和政治的真正的相互

---

① 参见黄楠森主编：《马克思主义哲学史》第3卷，北京：北京出版社2005年版，第104—138页。

② 参见《马克思恩格斯文集》第10卷，北京：人民出版社2009年版，第414—415页。

关系，妨碍对社会生活规律的正确理解，用空洞的道德说教偷换阶级斗争。杜林的另一个理论，即所谓'个人主权'的理论，对于树立工人阶级正确的革命的世界观，也产生同样的坏影响。根据这种理论，从两个人的相互关系的模式中推论出个人的自主或独立，然后把所得的结论机械地引申到整个社会。杜林大谈其抽象的、丧失阶级属性的人，掩盖资本主义社会的阶级矛盾，抹杀资本主义国家的阶级性质和引诱工人不去思考革命斗争的问题。杜林的暴力论、'个人主权'论以及其他理论，同拉萨尔主义一起，阻碍了同德国社会民主党内的机会主义的斗争。在杜林的著作中还可以看到这样一些论点，如用唯心主义观点解释杰出人物和群众之间的相互关系，宣扬复仇是法的基础的理论，承认个人恐怖，等等。正是这些论点成了德国社会民主党的个别代表人物在反社会党人非常法颁布后的无政府主义策略的一种思想基础。"①

在《社会主义从空想到科学的发展》中，恩格斯主要从以下四个方面说明他和马克思的基本思想，从而批判杜林主义的影响：

首先，主要论述了科学社会主义的思想来源——19世纪空想社会主义的产生、发展及其局限性，肯定了他们的积极思想成果，批判了他们学说中的空想成分，指出为了使社会主义变为科学，必须首先使它摆脱唯心史观的支配，把它置于现实的基础之上。

其次，论述了辩证法的产生和发展，批判了形而上学和唯心主义；指出历史唯物主义的创立是人类认识史上的伟大变革；唯物史观和剩余价值学说的发现，使社会主义从空想变为科学。

再次，运用唯物史观的基本原理，阐述了科学社会主义产生的社会经济根源，分析了资本主义生产方式的基本矛盾，揭示了资本主义必然灭亡和社会主义必然胜利的客观规律以及无产阶级解放世界的历史使命，阐明了科学社会主义的基本原理。

最后，恩格斯在对全章作了简要的概括后指出：科学社会主义是无

---

① 以上内容引自《马列著作编译资料》第1辑（总第1辑）《德国社会民主党反对杜林主义的斗争史略》，胡文建、黄良平译。原载苏联科学院历史研究所编《近代德国工人运动（论文和资料汇编）》1962年莫斯科俄文版第338—365页的资料。

产阶级运动的理论表现，它的任务就是考察解放世界这一伟大事业的历史条件和性质，从而使无产阶级认识到自己的行动的条件和性质。

恩格斯通过对杜林社会主义观的批判，系统阐释了社会主义从空想到科学发展的全过程，并阐释了科学社会主义的基本原理，澄清他和马克思本人科学社会主义观的本真内涵。"《社会主义从空想到科学的发展》是恩格斯第一部以在德国工人运动中大量散发为目的而写的论述科学社会主义的基础和特征的著作。他说明，社会主义的发展取决于历史和经济条件以及工人阶级的成熟程度，社会主义由于马克思的功绩而变成了科学。恩格斯以此将科学社会主义与空想社会主义、容克资产阶级的'国家社会主义'以及小资产阶级社会主义观念等所有其他非科学的'社会主义'概念区别开来，并促进了只有马克思主义是工人阶级革命解放斗争的科学理论这样一种认识。这部著作的传播使'科学社会主义'的概念成为社会民主党人共有的精神财富。"①

三 宣传和普及马克思主义学说，指导各国工人运动和革命

《社会主义从空想到科学的发展》这部著作在马克思主义发展史上具有重要的地位。马克思在1880年给该书写的法文版前言中称它是《反杜林论》一书"理论部分中最重要的部分"，是"科学社会主义的入门"，列宁称之为每个觉悟工人必读的书籍。

《社会主义从空想到科学的发展》的法文版前言、两个德文版序言和英文版导言非常重要，马克思和恩格斯主要依据当时历史条件和现实情况而写。特别是1892年的英文版序言，是恩格斯在马克思去世后根据资本主义的发展和工人运动的实际情形有感而写的。正如雷娜特·默克尔所指出："19世纪80年代和90年代初，鉴于有组织的工人运动的发展，

---

① 中共中央编译局马恩室编：《马克思恩格斯研究》，朱霞译，1995年第23期。（原载《马克思恩格斯全集》历史考证版第1部分第27卷第1307页。）

实现他和马克思所追求的目标的新的可能性产生了。下述状况尤其增强了他的信心：德国社会民主党在反对反社会党人法的斗争中和在国会选举中取得的成果、1889 年巴黎国际工人代表大会后工人党的巩固、在新工联主义和工人运动在英国出现分化的情况下社会主义意识形成的征兆、美国的罢工运动和组织工人运动的努力以及俄国社会民主运动的萌芽。1875 年和 1879 年，社会主义政党已分别在德国和法国成立。1876 年，丹麦'社会民主工党'召开第一次代表大会；英国、比利时、挪威、西班牙、瑞士、奥地利和瑞典在 19 世纪 80 年代以及匈牙利、意大利和荷兰在 90 年代上半叶纷纷建立社会主义政党。恩格斯认为，从这种发展中也滋生出了危险，由此产生了捍卫马克思思想的必要性。"①

　　恩格斯的《社会主义从空想到科学的发展》的发表，不仅仅是为了批判杜林的思想，它还有一项非常重要的任务，那就是向广大工人群众普及马克思主义理论，用以武装工人群众的头脑，使科学理论变为一种强大的物质力量来改变现实世界。《社会主义从空想到科学的发展》原来根本不是为了直接在群众中进行宣传而写的，这部著作本应首先是一本学术性著作。但为了能更为及时地使恩格斯对科学社会主义思想的阐述为法国工人党所理解和统一全党思想，在拉法格的请求下，恩格斯把《反杜林论》的引论和第三篇的前两章汇集在一起交给拉法格译成法文，并增加了若干比较详细的说明。经恩格斯校阅的法译文最初发表在《社会主义评论》② 1880 年第 3—5 期上，后来于同年在巴黎印成单行本出版，书名为《空想社会主义和科学社会主义》。马克思为法文版写了前言，称该著作是"科学社会主义的入门"③。恩格斯为了使该书能为各国工人群

---

　　① 雷娜特·默克尔-梅利斯：《论 MEGA² 中恩格斯晚期著作的编辑》（李莉娜译），载《马克思主义与现实》2012 年第 3 期，第 49—50 页。

　　② 《社会主义评论》是法国小资产阶级社会主义者、后来成为可能派的贝·马隆创办的月刊。起初是共和社会主义的刊物，后来是工团主义和合作社主义的刊物。1880 年起在里昂和巴黎两地出版，1885—1914 年在巴黎出版。80 年代马克思和恩格斯曾为该杂志撰稿。

　　③ 参见《马克思恩格斯文集》第 3 卷，北京：人民出版社 2009 年版，第 493 页。

众所接受和理解，对原来《反杜林论》的一些内容也作了些调整和修改。① "思想的闪电一旦彻底击中这块素朴的人民园地，**德国人就会解放成为人**。"② 所以，当马克思主义出现之后，马克思和恩格斯就十分关注自己理论和工人运动的结合，并用来提高工人党的理论素养；重视把马克思主义理论极为简洁地表达出来，让工人学习、理解、掌握和使用，成为他们自己的精神武器。

恩格斯的《社会主义从空想到科学的发展》这一著作的发表就在于解决列宁所指称的"工联主义的意识"的这种自发性和盲目性，以提高工人阶级的理论修养，使他们认识到历史运动的规律，并且能够主动担当起自己伟大的历史使命。正如恩格斯在《社会主义从空想到科学的发展》的结尾指出："完成这一解放世界的事业，是现代无产阶级的历史使命。深入考察这一事业的历史条件以及这一事业的性质本身，从而使负有使命完成这一事业的今天受压迫的阶级认识到自己的行动的条件和性质，这就是无产阶级运动的理论表现即科学社会主义的任务。"③

---

① 具体补充内容参见《马克思恩格斯文集》第9卷，北京：人民出版社2009年版，第382—398页。
② 《马克思恩格斯文集》第1卷，北京：人民出版社2009年版，第17—18页。
③ 《马克思恩格斯文集》第3卷，北京：人民出版社2009年版，第566—567页。

第二章 《社会主义从空想到科学的发展》国外主要版本及其传播情况

国外学界在版本考证、文本阐释及其理论反思等层面对恩格斯《社会主义从空想到科学的发展》一书给予了广泛的关注和讨论。恩格斯在世的时候，《社会主义从空想到科学的发展》一书刊印的版本和发行量超过了《共产党宣言》和《资本论》。"据我所知，其他任何社会主义著作，甚至我们的1848年出版的《共产主义宣言》和马克思的《资本论》，也没有这么多的译本。"①

如前所述，《社会主义从空想到科学的发展》这本小册子最早是刊登在《社会主义评论》上的三篇文章，其基本内容来源于恩格斯于1878年正式出版单行本第一版，标题为《欧根·杜林先生在科学中实行的变革。哲学·政治经济学·科学社会主义》。这个小册子主要是对杜林关于社会主义理论的驳斥和直接阐释。恩格斯应拉法格的请求，根据《反杜林论》中的三章内容（《引论》的第一章、第三篇的第一章和第二章）改编而成，成为《社会主义从空想到科学的发展》这本小册子的主要内容。经恩格斯校阅的法译文最初发表在《社会主义评论》1880年第3—5期，后来于同年在巴黎印成单行本出版，书名为《空想社会主义和科学社会主义》。马克思为法文版写了前言，称该著作是"科学社会主义的入门"②。依据这一法文版本，该书还先后被翻译成波兰版本（1882年在日内瓦由黎明印刷厂出版）和西班牙版本（题为《空想社会主义和科学

---

① 《马克思恩格斯文集》第3卷，北京：人民出版社2009年版，第500页。
② 同上书，第493页。

社会主义》，于1886年在马德里出版）。从《反杜林论》摘录的三章内容由《社会民主党人报》社于1883年3月在霍廷根—苏黎世出版了完整的德文第一版，正式更名为《社会主义从空想到科学的发展》（扉页上表明的出版时间是1882年），同年又在该报社和该地出版了德文第二版和第三版。德文第四版于1891年在柏林由《前进报》出版社出版发行。德文第四版作了一些小的修改：在第一章进一步展开了对圣西门思想的阐述；在第三章结尾对新生产形式"托拉斯"的补充。在德文第一版的基础上又先后出版了意大利版本（1883年由帕斯夸勒·马尔提翻译的题为《空想社会主义和科学社会主义》在贝内文托出版）、俄文版本（最初题为《科学社会主义的发展》于1882年12月在秘密杂志《大学生》第1期发表，后来由俄国劳动解放社于1884年在日内瓦出版了单行本）、丹麦版本（题为《社会主义从空想到科学的发展》，载于《社会主义论丛》第一卷，1885年哥本哈根版）、荷兰版本（题为《社会主义从空想到科学的发展》，于1886年在海牙出版）和罗马尼亚版本。《社会主义从空想到科学的发展》的英文版本于1892年在伦敦出版，译者是爱·艾威林，发表时的书名为《空想社会主义和科学社会主义》。这本著作的4个德文版和英文版本均把恩格斯的《马尔克》一文作为附录收了进来。1892年6月，恩格斯把1892年英文版的导言译成德文于同年7月寄给《新时代》杂志，发表在该杂志的1892—1893年第11年卷第1册第1、2期，标题为"论历史唯物主义"。恩格斯的《社会主义从空想到科学的发展》（英、德文译本），在"按马克思原始文稿刊出其全部著作"的历史考证版第2版（MEGA^2）里面，被收录在第27卷专题卷，1988年已出版。《社会主义从空想到科学的发展》的日文版于1906年翻译出版。总体观之，各版本的出版发行增强了《空想》的传播效应和影响力。《空想》各版本的发行，与各个时期各个国家不同社会发展需要密切关联。从笔者现能查阅到的有关《空想》各版本写作实际情况，重点选取《空想》法文版和德文版的写作和出版情况作一介绍：

一 英文版、日文版和俄文版的写作和出版概况

1. 英文主要版本的写作及其出版情况概述

《社会主义从空想到科学的发展》的英文版于1892年在伦敦出版,译者是爱·艾威林,书名是《空想社会主义和科学社会主义》。恩格斯本人亲自为该版本作了长篇导言,恩格斯在这篇导言中介绍了写作《反杜林论》的背景以及由《反杜林论》的三章改编成的《社会主义从空想到科学的发展》一书的出版流传情况,指出它是传播最广泛的社会主义著作。他着重论述了唯物主义和宗教、唯物史观和唯心史观之间斗争的社会背景和阶级实质,揭露了不可知论妄图调和唯物主义和唯心主义的本质,用自然科学的成就论证了世界的可知性,阐明了认识来源于实践并受实践检验这一马克思主义认识论的基本原理。恩格斯用"历史唯物主义"这个名词表述唯物史观。他把这种历史观界定为:一切重要历史事件的终极原因和伟大动力是社会的经济发展,是生产方式和交换方式的改变,是由此产生的社会之划分为不同的阶级,是这些阶级彼此之间的斗争。他用历史唯物主义的观点阐述了欧洲资产阶级由革命走向反动的历史以及无产阶级反对资产阶级的革命斗争,揭露资产阶级妄图利用宗教来阻挡日益高涨的无产阶级革命洪流。恩格斯还强调:欧洲工人阶级的胜利不是仅仅取决于英国。至少需要英法德三国的共同努力,才能保证胜利。1892年6月,恩格斯把这篇导言译成德文,并于7月寄给《新时代》杂志,发表在该杂志1892—1893年第11年卷第1册第1期和第2期,标题是《论历史唯物主义》。杂志编辑部在发表这篇导言时,删去了前面的七段。导言的个别部分曾以《资产阶级对封建主义的三次会战》、《工人政党》为标题,用法文发表于1892年12月4日、11日和25日,1893年1月1日和9日《社会主义者报》第115、116、118、119、120号。①

恩格斯《社会主义从空想到科学的发展》英文译本在美国也得到

---

① 参见《马克思恩格斯文集》第3卷,北京:人民出版社2009年版,第693页。

广泛传播。美国芝加哥查尔斯·H. 科尔出版公司（Charles H. Kerr Company）刊印了英国学者爱德华·艾威林（Edward Aveling）①《社会主义从空想到科学的发展》的英译本。在重印版的出版社序言中，出版社具体指出了该版本在美国的出版发行和传播情况。"自1900年以来，当时我们的出版社已经开始有关社会主义书籍的出版和发行，我们重印了《社会主义从空想到科学的发展》第一个美国官方译本。由于需求量的增多，发行的许多版本都已经销售一空，因此，我们现在以新的较为吸引人的形式不断重新刊印该版本。从1900年到1908年间，该书在美国的发行量不少于3万册。去年，我们出版了这本重要文本的第一个美国英译本，在该版本的导言中作者也提到了发行量这一点。该版本是由奥斯丁·利维斯（Austin Lewis）翻译，并且以'科学社会主义的诞生'为标题。该版本包括了原著的大部分内容，省略了在我们这个版本中的一些内容，并且由于争论的一些缘由而富有作者的一些个人思想色彩在里面。弗里德里希·恩格斯是仅次于卡尔·马克思的最伟大的社会主义思想家，恩格斯思想的影响力在美国正在开始显现。"② 此外，《社会主义从空想到科学的发展》在美国发行的和刊印的英文版还有由丹尼尔·德莱昂（Daniel De Leon）翻译的"The Development of Socialism from Utopia to Science"，该书是美国社会主义劳动党的官方译本，并直接从德文版翻译过来。③

2. 日文版和俄文版主要版本的写作及其出版情况概述

《社会主义从空想到科学的发展》日文版本在20世纪的日本也得到广泛传播。"恩格斯《社会主义：从空想到科学的发展》被日本马克思主义者奉为马克思主义的经典著作。恩格斯的这篇论文语言浅显易懂，从各角度介绍科学社会主义。在他生前在世时就被译成了所有的欧

---

① D. Sc, Fellow of University College, London.
② Frederick Engels, *Socialism Utopian and Scientific*, translated by Edward Aveling, Chicago: Charles H. Kerr Company, 1917, pp. 7 – 8.
③ Transcribed and edited by Robert Bills for the official Web site of the Socialist Labor Party of America, Uploaded January 2004.

洲语言,并在19世纪末得到了广泛传播。将恩格斯的这一文章译成日语介绍给自己同胞的就是堺利彦(Sakai Toshihiko)。该译文1906年以《科学社会主义》('Kagaku teki shakai – shugi', JEEI)为题发表在Shakai – shugi kenkyū杂志上。堺利彦翻译时依照的是1892年的英文版,题目叫:Socialism:Utopian and Scientific。……1920年,Shakai mondai kenkyū刊登了由Kawakami翻译的恩格斯的《社会主义:从空想到科学的发展》一文的第三章。Kawakami所译文中出现的大量德语原文及许多日语名词后的括号中注明的德文对等词表明他是依照马克思主义的德文原著来研究马克思主义的。①

《社会主义从空想到科学的发展》在俄国和苏联的发行量特别大。早在1884年和1892年,俄国第一个马克思主义团体"劳动解放社"就分别出版了俄文译本。1902年又出了查苏利奇翻译的第三版。1905年革命期间,出了7版《社会主义从空想到科学的发展》。苏联成立之后,这部著作多次被收入马克思文选和马克思恩格斯的全集中,并用十几种外文出版单行本,其中包括像印地文、泰米尔文、古吉拉特文、马拉蒂文和斯瓦希利文这样的小语种。到1970年为止,已用苏联各族人民的各种语言出版了近100种版本。②

二 法文版的写作和出版概况③

恩格斯的这部著作由《欧根·杜林先生在科学中实行的变革》中的三个章节构成,即《引论》的第一章(一、概论)及第三编《社会

---

① 〔德〕李博(Wolfgang Lippert):《汉语中的马克思主义术语的起源与作用——从词汇—概念角度看日本和中国对马克思主义的接受》,赵倩等译,北京:中国社会科学出版社2003年版,第86—88页。
② 《马列主义研究资料》1984年第3期,第41页。
③ 该部分全部转引自中共中央编译局马恩室编:《马克思恩格斯研究》(恩格斯《空想社会主义和科学社会主义》法文本的写作和出版情况),朱霞译,1995年第23期,第145—162页。(原载《马克思恩格斯全集》历史考证版第1部分第27卷)。转引时内容有微调,特此说明。

主义》的前两章（一、历史，二、理论）。出版这部著作是为了配合成立于1879年的法国工人党的思想澄清过程，但是其意义远远超出了这个范围。

恩格斯在这部著作中探讨了科学社会主义产生的规律性，它的基础和特征。他揭示了为认识向社会主义发展的基本规律和未来社会特征提供了客观必然性和可能性的社会经济、政治和理论前提。马克思称这部著作为"科学社会主义的入门"。

正如这部著作的标题所表明的那样，恩格斯探讨了科学社会主义和空想社会主义的关系，从而联系到在法国依然活跃的关于空想社会主义者的传统意识，明确指出他们的贡献和客观局限性。他同时还论证了科学社会主义同空想社会主义和共产主义的根本区别。

鉴于19世纪70年代以来出现了小资产阶级社会主义的新的变种，全面评价科学社会主义、阐明科学社会主义的本质具有越来越重要的意义。马克思主义之前的社会主义者曾经对正在兴起的资本主义社会制度进行了无情的批判，甚至对这个制度表示怀疑，他们天才地预见到未来社会的基本特征。不过由于社会关系尚不发展，他们的思想必然局限于空想。而他们的小资产阶级后代在进步的历史条件下，在科学社会主义产生之后，仍然将对资本主义的批判与乌托邦式的未来构想联系在一起，他们的批判没有触及资本主义生产方式的基础，他们反对将科学社会主义与工人运动联系起来，并走向反动。

在19世纪的后30多年中，在先进的资本主义国家中，建立革命政党已被历史地提到议事日程上来。在法国，建立革命政党的过程是在复杂的条件下进行的。1871年巴黎公社被镇压之后，反动派实际上已经取消了资产阶级民主自由。直至1876年，巴黎始终处于戒严状态。史无前例的迫害和镇压严重削弱了工人运动，但是，资产阶级始终不能完全扼杀工人运动。如果说重建的工人组织最初大多具有工会的性质，主要致力于经济斗争，那么，70年代中期在维护共和制度的斗争中政治斗争则日益活跃，运动出现了新的高涨。1872—1875年《资本论》法文版的出版对法国工人运动的理论澄清过程是一个有力的支持。

由于小资产阶级社会主义传统仍在持续发生影响,《资本论》法文版的出版显得尤其重要。各种学派的社会主义学说,尤其是蒲鲁东的思想流行很广,并显示出顽强的生命力。鉴于法国资本主义发展的特殊性,这些学说总是具有社会的温床,因为在法国,资本主义生产日益集中的过程相对缓慢,占主要地位的小生产对无产阶级的生存条件和无产阶级觉悟的形成都不无影响。除了改良思潮之外,还流行着形形色色的无政府主义和宗派主义。

同时,富有政治经验的资产阶级还在民族统一、阶级和睦相处与合作的口号下策划一场大规模的资产阶级的激进主义宣传。此外,根深蒂固的社会主义传统意识又有时与恩格斯后来尖锐地指出的那种民族主义故步自封态度结合在一起。恩格斯说:"许多法国社会主义者一想到以法兰西思想造福世界的、拥有思想垄断权的民族,文明中心的巴黎,现在忽然要接受德国人马克思的现成的社会主义思想,就觉得非常可怕。"①

1876年9月,茹尔·盖得从流亡地日内瓦回到巴黎。70年代后半期,法国工人运动中的革命力量开始团结在盖得的周围。1877—1878年,他出版了共6种专刊的《平等报》的第一种专刊。除了马克思主义观点之外,无政府主义观点和空想社会主义观点也见诸报端,反映了那个时代工人运动的思想状况。在法国工人运动的形成和宣传马克思主义方面起到重要作用的是保尔·拉法格。他在1882年4月初之前一直作为政治流亡者生活在伦敦,他使马克思和恩格斯与法国社会主义者建立了联系。他热切地关注法国的形势,始终与社会主义运动的领导人保持通信联系,并为法国报刊撰写了大量著作和文章,加布里埃尔·杰维尔在马克思主义力量形成方面起了重要作用。1876年底,他曾请求马克思同意发表通俗易懂的《资本论》节选。

鉴于当时的任务是在革命和科学的基础上有组织地开展运动,1879年10月20日至31日在马赛召开的工人代表大会上作出的成立一个独立的工人政党(工人党)的决定是一个巨大的成就。在大会上,要求

---

① 《马克思恩格斯全集》历史考证版第一版第35卷,第221页。

生产资料公有化的所谓的集体主义一派赢得了多数。他们使大会通过了一项决议，这项决议宣布土地、矿藏、生产资料和极其重要的原料公有化是工人运动的目标。团结在盖得和《平等报》周围的力量因而在大会上获得承认。蒲鲁东派失去了优势地位，改良主义和无政府主义观点被击退。

马赛代表大会在法国工人运动基础上建立政党的进程中是一个重要的里程碑。马克思评价说，"法国真正的工人党的第一个组织"是从它开始建立的。党建立之后，首要任务是，从组织上巩固党，扩大群众的影响，传播科学社会主义的基本思想。盖得十分冷静地评价了马赛代表大会之后一个时期工人阶级的思想状况："我们工人阶级只有一小部分是集体主义者和共产主义者，而且是表面上的集体主义者和共产主义者。他刚刚开始而且只是隐约地感到解决这个问题的必要性"①。此外，法国工人运动的领导力量也没有形成一致的看法。除了盖得和拉法格周围的革命的马克思主义力量之外，还存在着一个越来越明显地采取改良主义立场的集团，这个集团不久便在保尔·布鲁斯和贝努瓦·马隆的领导下形成可能派，三年之后导致了党的分裂。

马克思和恩格斯与马克思主义派的领导人保持着直接的联系，他们通过私人接触、通信、发表文章，尤其是通过协助制订党的纲领等多种多样的方式支持思想澄清过程。马克思撰写了党纲理论部分的导言。

在制订纲领的同时，《社会主义评论》分三部分连载了《空想社会主义和科学社会主义》。这部著作同样具有纲领的性质，可以用来阐述马克思主义世界观的基础，马克思和恩格斯为了这个目的还利用了《社会主义评论》这份由马隆出版的党的理论机关刊物。马克思在这个刊物上发表了《工人调查表》。马隆在这一时期至少口头上拥护科学社会主义，马克思主义力量最初还能够对杂志产生重大影响，这对马克思和恩格斯为杂志撰稿起到了决定性作用。

---

① 1879年12月6日茹尔·盖得致保尔·拉法格的信，藏于莫斯科原苏共中央马列主义研究院中央党务档案馆。——译者注

马隆曾经是国际工人协会的成员，巴黎公社的重要参加者，此后，他作为政治流亡者侨居意大利和瑞士，是巴枯宁派的"社会主义民主同盟"的创始人之一。正如马克思所写的那样，1879—1880年马隆"虽然还带有同他的折中主义本性分不开的不彻底性——也不得不声称自己……信仰现代科学社会主义，即德国的社会主义"①。

《社会主义评论》从1880年1月至4月作为月刊出版，5月至8月每月出版两期。为这个刊物撰稿的主要有拉法格、盖得、杰维尔以及《平等报》周围的起领导作用的马克思主义者。外国撰稿人还有爱德华·伯恩施坦、卡尔·考茨基和格奥尔格·亨利希·福尔马尔。这个杂志在其"纲领"中称，它的宗旨是要通过发表社会学、哲学、经济学、美学、政治和历史方面的文献共同为科学社会主义的形成作出贡献。鉴于日益增长的社会主义影响，杂志这样写道："……现在社会主义也需要有一个自己的学术刊物来阐述和集中体现社会主义思想……"②

第1期中收入了有关经济问题尤其是地产所有权问题的各类文章，提供了其他国家开展运动的情况以及社会主义文献的情况。在一篇关于社会主义和查理·达尔文的理论的文章中，就自然科学家对社会主义的攻击进行了辩论，并以达尔文的学说为依据宣传了社会主义观点。值得一提的是，在探讨平等问题时，作者让人参阅《反杜林论》中的几页，在这几页上，恩格斯阐述了平等要求的历史发展和具体历史的局限性。马隆的《社会主义评论》多次征订，对社会主义历史的兴趣还反映在对伊加利亚共产主义的研究上以及欧文主义者的活动上。

很可能是马隆考虑到当时对社会主义宣传著作的需要而直接提议撰写《空想社会主义和科学社会主义》一文。在出版《社会主义评论》的计划方面，他在给拉法格的信中阐述了如何使法国社会主义者熟悉欧洲尤其是德国的思想财富的考虑。他打算搞一个《资本论》摘要或者《哲学的贫困》的概要。他问拉法格是否认识一位能够分析恩格斯主要

---

① 《马克思恩格斯全集》历史考证版第19卷第264页。
② "纲领"载于1880年1月20日《社会主义评论》（巴黎）第1期第7页。

著作的人。为此，除了《政治经济学批判大纲》和《英国工人阶级状况》之外，他还提到《反杜林论》。拉法格的复信没有保存下来，不过，这些考虑还可能是拉法格求助于恩格斯，请他本人承担这类工作的原因。

在《反杜林论》刚刚出版不久，就已经有人向恩格斯提出了将书中一些段落"什么时候重新介绍给读者"的想法，这些段落包括"引论"和"科学社会主义"一编中的没有与杜林论战内容的开头部分。人们也已经公开谈论恩格斯将给法国社会主义报刊以支持。生活在巴黎的社会民主党政论家卡尔·希尔施在写给马克思的信中表示希望恩格斯为《平等报》撰稿时说，"据说恩格斯将抨击法国的杜林"①。

恩格斯本人评价说："在法国革命者的头脑中充满了错误的思想和漂亮而空洞的言词"，他同时强调了社会主义宣传的必要性②。因此，可想而知，他立即同意了拉法格所转达的建议。他可能大约在 1879 年 12 月中答应了此事。他所作的评价也是在这个时间。他指望《社会主义评论》能起好的作用，原因之一是那些法国撰稿人将设法"使一切沿着正确的航道前进"。

正如后来恩格斯在回顾此事时所写的那样，他根据他的朋友拉法格的请求，将《欧根·杜林先生在科学中实行的变革》中的 3 个章节编成一个小册子，由拉法格翻译，1880 年以"空想社会主义和科学社会主义"为标题出版。这个小册子的内容主要摘自《反杜林论》，同时，恩格斯删去了为了与杜林直接论战而写的段落。通过对原文重新编排、修改和补充，形成了一部独立的完整的著作。

恩格斯将《反杜林论》的"引论"和第一章"概论"的前几页用作这部著作的第一节的开头。在这几页上，他概括阐述了科学社会主义的社会经济前提及其在从法国启蒙学者到空想社会主义者的理论思考中

---

① 1878 年 2 月 6 日卡尔·希尔施致马克思的信；见 1878 年 4 月 13 日卡尔·希尔施致恩格斯的信。——译者注
② 1880 年 1 月保尔·拉法格致茹尔·盖得的信，《法国工人运动活动家书信》，载于《法兰西年鉴有关法国史的文章和资料 1962 年》，1963 年莫斯科版第 459 页。——译者注

的反映。在谈及三个伟大的空想主义者时，他加上了《反杜林论》第三编第一章"历史"中对他们的详尽论述，然后以第一章"概论"中对空想主义者的概括评价作为结尾。在《空想社会主义和科学社会主义》的第二节中，他利用了《反杜林论》的"引论"第一章中对科学社会主义的理论来源，即从德国古典哲学发展到最高形式的辩证法的阐述，包括对马克思的两大发现使社会主义变成了科学的唯物主义历史观和剩余价值理论的高度评价。第三节相当于《反杜林论》第三编第二章"理论"。在这一节中，恩格斯从唯物主义历史观出发，阐述了无产阶级革命的规律性和特征。

为了出版这部小册子及将这部小册子译成法文，恩格斯自己起草了一份草稿，拉法格撇开德文原版根据这份草稿进行翻译。这份为翻译起草的草稿没有保存下来。恩格斯本人的表述，还有法文本中不同之处的篇幅及特征证明了曾经有过这样一份草稿。

劳拉·拉法格可能像在其他情况下一样在很大程度上参加了翻译。恩格斯本人也积极参与了译文的完成。正如他后来所写道的那样，译文是在他的"大力帮助"下完成的，因为拉法格"无论如何也不想向他自己的妻子学习德文"①。两个标有"译者注"和"保·拉"的解释正文的脚注很可能是恩格斯加的。

法文本中的叙述不太紧凑，"比较自由"。这首先和与杜林的直接论战有关。恩格斯删去了所有与此有关的地方，或者说，选择了其他的措词来代替杜林的话，例如，用"乌托邦的幻想"代替"疯狂的念头"。

德国特有的事件用较简单的词翻译出来，例如，用"德国的改革"代替"德国宗教改革和农民战争时期"。法文本中无意地保留了"自由的人民国家"的用语，这个用语在德国社会民主党的宣传中起中心作用。

可能主要出于政治考虑，恩格斯在法文本中删去了《反杜林论》中的一个较长的段落。在这一段中，他概括描述了空想社会主义的抽象唯心主义和非历史性的特征，并说明空想社会主义如何通过每个学派的

---

① 《马克思恩格斯全集》历史考证版第2部分第35卷第394页。

创始人变成一种"折中的不伦不类的社会主义",这种社会主义在法国和英国社会主义工人中十分盛行。在法国,通过马赛代表大会不仅在克服宗派主义方面,而且在从根本上确立工人阶级需要一个坚定的政治组织这个认识方面,都迈出了重要的一步。在法国,现在需要继承前辈的优良传统,在科学社会主义的基础上阐明党的纲领路线。

法国所特有的事物也被用较简单的词翻译出来:用"哲学家"代替"启蒙学者",加上"des lumieres"(启蒙)一词对法国读者来说完全是多余的,傅立叶的"criseplethorique"(过剩危机)概念对法国读者来说也不需作任何解释。

较简单的表述方式部分地是由两种语言对术语的不同处添加了"闻所未闻的"之类的话或修辞上的套语:"让我们用人们更容易理解的方式来表达这一点"。或者提问:"这个现象意味着什么呢?"

翻译上的成功之处尤其表现在对具有感情色彩、论战性的和富有表现力的段落以及德语惯用语的翻译上。例如,将"扔到垃圾堆里"译作"扔到顶阁楼里",将"(抛到)垃圾堆里"译作"埋藏到历史的坟墓里",将"托庇于拿破仑的专制统治"译作"在拿破仑专制主义的军刀之下",将"欺诈"译作"合法诈骗",将"具有真正法国人的风趣……的批判"译作"完全高卢人的富于激情的批判"。

因此,可以概括地讲,《空想社会主义和科学社会主义》是一部理论上独立的文献,也是一部语言方面值得重视的文献。

这部著作手稿的写作可能在 1879 年 12 月就已经开始了,1880 年 1 月肯定正在写作,可能直到 1880 年 4 月底才完稿。无法确证恩格斯何时撰写了此文和拉法格何时将它翻译出来。拉法格是 1880 年 2 月知道了《反杜林论》中相应章节的内容。在保存下来的一封未注明日期的拉法格给恩格斯的信中这样写道:"我惊喜地从马克思那里得知,你完成了这部新的科学著作的导言,但是你没有告诉我。"[①] 这可能指的是

[①] 保尔·拉法格:《发展——革命》第 1—3 篇,载于《平等报》(巴黎),第二种专刊 1880 年 2 月 18 日、25 日、3 月 2 日第 5—7 期。参看《马克思恩格斯全集》历史考证版第一部分第 27 卷第 1264—1265 页。

完成那份为翻译撰写的手稿,但是也可能指的是校订译稿。

1879年12月底,马隆致信拉法格,希望他已经着手研究马克思的《资本论》和评论恩格斯的著作,并用尽可能清楚的语言写出来,在《社会主义评论》头几期上发表。1880年1月底,盖得请拉法格将他翻译的恩格斯的著作寄给他,马隆告诉拉法格,他在等介绍恩格斯的文章。其他人也热切期待着这篇文章的发表。"将军的第一篇文章什么时候发表?"1880年2月10日西班牙社会主义者霍赛·梅萨这样问拉法格,拉法格请求马克思,让恩格斯看一看梅萨的信:"这封信将会使他高兴,因为人们热切期待着他的文章的发表……"①

1880年2月11日马隆在给拉法格的信中说:"……谢谢你这么快给我寄来恩格斯的文章……"② 他显然是要以此证实收到了第一篇文章。

这篇手稿立即被从编辑部所在地巴黎送往里昂的印刷厂。2月12日马隆告知,他已委托印刷人将文章寄给拉法格,拉法格必须马上将文章寄回里昂,以便在第3期上发表。因为在第3期上没有发表拉法格的任何稿件,所以这里所说的文章只可能是指恩格斯的文章。马隆告知谢尔盖·波多林斯基关于达尔文主义和社会主义的文章将放在拉法格文章的前面证实了这一点。

1880年3月2日,拉法格在《平等报》上一组很大程度上以《空想社会主义和科学社会主义》的内容为依据的文章的第三篇中预告《社会主义评论》即将发表三篇文章。

这三篇文章中的第一篇发表在1880年3月20日《社会主义评论》第3期上,拉法格为这篇文章加了下面的引言:"我们这里发表的三篇文章摘自弗·恩格斯《在科学中实行的变革》一文,这篇文章首先发表在工人报纸《人民国家报》上,并已编辑成书。保·拉"。

---

① 1880年2月10日番赛·梅萨致保尔·拉法格的信和保尔·拉法格给马克思的附言,藏于莫斯科原苏共中央马列主义研究院中央党务档案馆。——译者注

② 1880年2月10—11日贝努瓦·马隆致保尔·拉法格的信,藏于莫斯科原苏共中央马列主义研究院中央党务档案馆。——译者注

第二篇文章发表在 4 月 20 日第 4 期上。第一篇和第二篇文章都用 "Le Soesalisme utopique et le Soeialisme seientifique" 的标题，第三篇文章 1880 年 5 月 5 日以 "Soeialisme utopique et SoeialiSme scientifique" 为标题发表。

在最初考虑出版《社会主义评论》时，马隆就已经有了再出版一些小册子的想法。恩格斯的著作使他的计划得以实现。为了答复拉法格一封没有保存下来的信，马隆 3 月 17 日在给拉法格的信中说："恩格斯的文章将像你所希望的那样去处理，除非没有必要制版。我们将发行 2000 册（这是我的意见），请把你希望发行的数目告诉我"①。在计划出版的社会主义丛书中还准备出版一本马克思《资本论》的摘要。在斐迪南·拉萨尔的著作《资本和劳动》与阿尔伯特·埃伯、哈德·弗里德里希·谢夫莱的《社会主义精髓》已经翻译出版之后，马隆认为："恩格斯的小册子及《资本论》的摘要将对科学社会主义的普及起到很好的补充作用……"② 这表明了对阐明科学社会主义的需要。同时，马隆将拉萨尔、谢夫莱和恩格斯的著作一股脑地归入科学社会主义，从中也可以清楚地看出阐述科学社会主义的迫切性。

马隆在一封未注明日期（肯定是写于 1880 年 4 月 20 日之后和 5 月 4 日之前）的信中进一步考虑了单行本应以何种形式出版的问题。他阐述了对计划出版的《社会主义评论》丛书的前六辑的内容的设想，他首先提到恩格斯的著作。他对出版者戴弗奥克斯的努力抱有很大希望。

恩格斯为了出版他的著作的单行本，进行了一些修改，他去掉了每一节的罗马数字，除了更正拼写错误和标点符号之外，他主要在写作风格上作了修改。

最重要的补充是小册子结尾处的概括说明。在这里，恩格斯简练地总结了前面第三节的思路。他概述了从中世纪开始经过资本主义生产方

---

① 1880 年 3 月 17 日贝努瓦·马隆致保尔·拉法格的信，藏于莫斯科原苏共中央马列主义研究院中央党务档案馆。——译者注

② 1880 年 3 月 17 日贝努瓦·马隆致保尔·拉法格的信，藏于莫斯科原苏共中央马列主义研究院中央党务档案馆。——译者注

式的发展直至无产阶级革命的世界历史进程，在这个进程中，随着机器化大生产的形成，生产越来越具有社会性。他第一次这样集中地从历史发展的角度科学地论证了无产阶级革命的规律性和特征。在这段概述中，恩格斯第一次使用"基本矛盾"这个术语，来说明带来资本主义社会其他一切矛盾的基本矛盾。

拉法格对单行本进行了校对，当时根据马隆的请求，他可能是在一天之内完成了校对。保存下来的一本第4期《社会主义评论》上有他修改的笔迹，证明他更正了拼写错误和标点符号，并在风格上作了改动。此外，有些修改肯定是恩格斯作的。不能排除他也作了上面提到的风格上的改动。鉴于印刷质量欠佳，马隆答应亲自对出版人打算付印的前两篇文章的校对予以监督。

马隆在这封信中请求立即把恩格斯的第三篇文章寄给他："……请把第三篇文章尽快寄来……"① 第二篇文章于4月20日发表，就在杂志的样本上为出版单行本进行了校对，而第三篇文章是1880年5月5日发表在《社会主义评论》上，因此，马隆所要得到的第三篇文章可能指的还是在杂志上发表的手稿。在这种情况下，估计手稿是在1880年4月底完成的。

同时，在上面提到的信中马隆还表示打算附上一篇简短的介绍恩格斯的前言。为此，恩格斯请求拉法格根据马克思的草案亲自写这篇前言。马隆通过小册子将在5月10日出版。1880年6月5日《社会主义评论》第7期的封面上才初次出现这本小册子的预告。

《空想社会主义和科学社会主义》首先在法国本地，然后经过翻译在许多其他国家都产生了特殊影响。1880年，《平等报》第二种专刊，尤其是通过刊登拉法格撰文对传播这部著作的思想起了重要作用。

恩格斯的思想和论据在《社会主义评论》上发表之前就已经体现在分为三部分的一组文章中，这组文章的作者可能是拉法格。在第一篇

---

① 1880年4月2日贝努瓦·马隆致保尔·拉法格的信，藏于莫斯科原苏共中央马列主义研究院中央党务档案馆。——译者注

文章中，他未说明出处，引用了恩格斯的辩证法定义，还有《反杜林论》第三篇第五章中关于宗教本质的阐述。在第二篇文章中出现《空想社会主义和科学社会主义》第一节和第三节中的一些思想：蒸汽和工具机的作用；德国、英国和法国无财产的群众的革命运动，强调这样一种观点，即只要不具备实现的经济条件，共产主义就不可能实现，而现在已具备这种条件；用螺旋比喻人类的发展。在第三篇文章中，拉法格在描述资本主义生产力的发展及其越来越具有社会性时和在将无政府状态与个别工厂中的生产相对比时都完全以恩格斯的阐述为依据。像在前两篇文章中那样，他同时还让人们参阅《资本论》中的一些地方以及即将发表在《社会主义评论》上的三篇文章，他说读者将从中看到"生产力的辩证发展"。后来拉法格在对单行本的导言所作的补充中也使用了类似的措辞。

后来，《平等报》的文章或多或少地反映出《空想社会主义和科学社会主义》中的思想，这些文章同样可能是拉法格写的。例如，这些文章说明生产社会化的过程也由于小工业的存在而起决定作用，高度评价了合作社的创始人罗伯特·欧文及其尝试的历史功绩；表明了阶级斗争的本质和消灭阶级的客观前提。对1825年以来反复发生的周期性危机的特征的描述似乎也受到《空想社会主义和科学社会主义》的影响。拉法格在他的随后被广泛阅读的著作《懒惰权》中，也是依据恩格斯的著作论述了危机及其后果。他让读者参阅发表在"社会主义丛书"中的单行本并引用了相应的地方，同时还借用了关于德国铁工业的损失的脚注，用来说明对产品的破坏。

在随后的一段时间里，许多文章都逐字逐句地引用了《空想社会主义和科学社会主义》。这主要是有关科学社会主义先驱的地方，报纸用很多版面介绍他们。报纸的副刊用数月时间发表了一篇对16世纪德国农民的研究。在最后一篇中，作者以关于德国、英国和法国的现代无产阶级先验的独立的运动的一个段落作为结尾。

在"社会主义画廊"中发表了格拉古·巴贝夫、昂利·圣西门和罗伯特·欧文等人的简介，这可能受了《空想社会主义和科学社会主义》的影响。这种影响毫无疑问地表现在沙尔·傅立叶的简介中。这篇简介引用了那些决定了空想社会主义者的观点并使他们天才的思想萌芽得以显露的不成熟的历史条件的部分。

恩格斯的著作还被用来在国家问题上与无政府主义观点进行争论，例如恩格斯关于国家是为了维护剥削条件而建立的剥削阶级的组织的定义。

小册子第三节的思想体现在拉法格很可能写于 1880 年 5 月中和 7 月初之间的《法国工人党宣言》的草稿（上面还保存有马克思的亲笔评注），尤其体现在它的以"工业财产的发展"为标题的第一部分。

《空想社会主义和科学社会主义》在《社会主义评论》上也产生了直接的反响。马隆 6 月初引用了最后一节，用来论证法国工人党必须具有无产阶级特征。产生直接反响的另一个证明是乔治·朱利安·哈尼给恩格斯的信。他在信中强调了《空想社会主义和科学社会主义》的写法，提出了对无产阶级辨明方向十分重要的一个问题，即应该以一个什么样的组织来取代国家管理生产资料。

在保存下来的一本小册子的第 22、23 和 27 页上有些地方画了线，而这些地方不太可能是马克思画出来的，这些地方涉及剩余价值的产生、使社会主义变成科学的两大发现的设想，也与《资本论》有关。

在小册子发表两年之后，恩格斯断定，"这本书在许多优秀的法国人的头脑中引起了真正的革命"。在具备相应的经济物质前提的情况下，拉法格准备将这本小册子作为新的社会主义丛书的首批出版物之一再版。

杰维尔于 1883 年发表了一本《〈资本论〉概要》并在这本概要之前附上一篇关于科学社会主义的论文。他在书中以《空想社会主义和科学社会主义》为依据，并引用了此书。

"这部小册子对于法国社会主义思想的形成具有决定性影响"，1884 年拉法格这样写道，并列举了许多种译本来证明这部著作的影响。1881 年在日内瓦出版的社会主义杂志《黎明》就已开始发表波兰语译文；1882 年在日内瓦发表了完整的波兰语译文。用俄文发表的一系列节选同样都以法文稿为基础，例如 1882 年在《大学生》杂志上发表的节选就是如此。这些节选大都被继续秘密重印。

1882 年，根据伯恩施坦的请求，恩格斯写了一个德文本，1883 年以"社会主义从空想到科学的发展"为标题在苏黎世出版。从此以后，德文本主要用作翻译成其他语言的基础。恩格斯曾经建议根据这个版本，出版新的法文版，从中可以看出恩格斯是多么重视这个版本。

1883 年，帕斯夸勒·马尔提涅蒂将这部著作根据法文本译成意大利文。恩格斯亲自审阅了译文，并一再劝告他要参考德文本翻译。1883 年译文在贝内万托发表，1884 年在那不勒斯重印，1892 年在米兰发表了经过恩格斯审阅的新的版本。

此外，法文本还是 1886 年在马德里发表的西班牙语译文（从中作的节选发表于 1894 年）和 1890 年在布加勒斯特发表的罗马尼亚语译文的基础。罗马尼亚语译文又于 1891 年重印了两次。根据 1882 年波兰文本，1891—1892 年它又被译成乌克兰语在里沃夫发表，1892 年再版。

三　德文版的写作和出版概况[①]

《社会主义从空想到科学的发展》是恩格斯第一部以在德国工人运动中大量散发为目的而写的论述科学社会主义的基础和特征的著作。他说明，社会主义的发展取决于历史和经济条件以及工人阶级的成熟程度，社会主义由于马克思的功绩而变成了科学。恩格斯以此将科学社会主义与空想社会主义、容克资产阶级的"国家社会主义"以及小资产阶级社会主义观念等所有其他非科学的"社会主义"概念区别开来，并促进了只有马克思主义是工人阶级革命解放斗争的科学理论这样一种

[①] 该部分内容全部转引自中共中央编译局马恩室编：《马克思恩格斯研究》（恩格斯《社会主义从空想到科学的发展》德文本的写作和出版情况），朱霞译，1995 年第 23 期，第 167—179 页。（原载《马克思恩格斯全集》历史考证版第一部分第 27 卷第 1307—1317 页）。转引时注释内容有微调，特此说明。

认识。这部著作的传播使"科学社会主义"的概念成为社会民主党人共有的精神财富。

恩格斯认为科学社会主义从其产生开始就其本质而言是国际性的。在强调科学社会主义的理论来源中的德国古典哲学特别是黑格尔的辩证法的同时,他用工人阶级的科学的世界观来反对资产阶级思想,指出资产阶级思想已宣布脱离其进步传统并陷入折中主义。

《社会主义从空想到科学的发展》是恩格斯从《欧根·杜林先生在科学中实行的变革》中抽出三章组成的、1880年经保尔·拉法格翻译以"空想社会主义和科学社会主义"为标题发表的小册子的德文版。这部小册子有助于向德国工人党的广大干部和成员介绍《反杜林论》中关于马克思和恩格斯创立的工人阶级科学世界观的本质和结构的基本思想,同时,它本身也是科学社会主义的入门读物。

反社会党人法颁布以后,德国社会主义工人党在极其困难的情况下保持了革命的性质,巩固了自己的影响。在1881年10月的帝国议会选举中,在投票总数下降的情况下,该党尤其是在大城市的工业工人中间仍然保持并部分地扩大了自己的地位。这是一个巨大的成就。此时,为了社会民主主义目标需要更大范围地争取工人,为此尤其需要向将取代遭驱逐者和受迫害者的年轻一代干部传授理论知识。在这种情况下,需要使大家都认识到工人阶级的斗争必须以自己的科学世界观为依据,需要传播这种世界观的本质和结构。更深入地探究科学社会主义、宣传科学社会主义学说成为当务之急。

为了对付统治阶级变化了的策略,掌握和创造性地运用工人阶级的科学世界观也变得十分必要。统治阶级从1881年底开始奉行"甜点和皮鞭"的政策。将血腥镇压与宣布社会改良——实施意外事故、疾病、老年和残疾的保险法配合起来。随着剥削的变本加厉,这些措施无论如何都是必要的。采取这些措施是要将工人阶级束缚在统治制度上,削弱社会民主党人的影响。

这个政策伴随着大规模的思想宣传运动。资产阶级的思想家试图证明,已宣布的社会改良有助于解决"社会问题",俾斯麦政府所实行的铁路国有化和计划实施的烟草垄断都是向社会主义的迈进。

统治阶级狡猾的策略使社会主义工人党面临着严峻的考验。奥古斯特·倍倍尔和威廉·李卜克内西等马克思主义的革命力量的代表在党的中央机关报《社会民主党人报》上将许诺实施的保险法与俾斯麦国家的总的政策相对照，揭露了保险法的阶级性质。与此同时，主要以议会党团为其喉舌的机会主义力量则屈服于"国家社会主义"蛊惑宣传的影响。他们将最近的措施看做可以用法律手段解决"社会问题"的证明，他们要求放弃与俾斯麦国家势不两立的态度，满足于民主的社会改良的要求，取消社会主义目标。他们认为，这样便可达到取消反社会党人非常法的目的。保守势力许诺，如果能够使工人运动与现存制度和俾斯麦国家一体化，那么反社会党人非常法将会取消。

因此，党的性质及其对剥削者国家的态度这个原则性问题在宣布社会改良之后又被以新的方式提了出来。在这个问题上存在着两种截然不同的观点。马克思主义力量和机会主义力量之间围绕着《社会民主党人报》的立场及其在党内的地位问题展开了应走什么道路的争论。

按照恩格斯的建议，中央机关报将党员吸引到争论中来。在全国各地举行的许多次秘密集会上，参加者表示拥护《社会民主党人报》所代表的革命政策。围绕着党的原则性态度第一次展开了如此广泛的讨论。讨论的结果使议会党团中的机会主义力量承认了《社会民主党人报》是党的正式机关报。机会主义力量因此受到遏制，但是并没有被击败。争论不得不继续进行下去。

在讨论过程中已明显看出，需要从理论上论证现实斗争和出版相应的著作。例如，人们强烈要求《社会民主党人报》将来更多地刊登学术文章，报纸要经常出版学术副刊，或者像从前《前进报》那样，为了宣传目的出版特刊。人们在这样考虑时回想到《反杜林论》发表的情形也可能起了一定的作用。

人们认为现有的社会民主党人著作的大部分，包括斐迪南·拉萨尔的著作都已不再适用。因此，人们表达了这样一种愿望：倒不如出版一部小册子，从通俗地描述当今的腐朽状态出发，用生动通俗的语言向所有感兴趣的人阐明社会主义的最终目标。在编辑部的评论中还需补充说明，另外迫切需要辨别对社会主义本身的种种歪曲。

在这种情况下，1882 年 7 月初伯恩施坦向恩格斯提出建议，出版《空想社会主义和科学社会主义》的德文版来满足对新的宣传著作的普遍要求，"或许再加上一篇简短的分析俾斯麦社会主义的结束语"①。

"关于德文版《空想社会主义和科学社会主义》，我也早就在考虑"，恩格斯在复信中说，"特别是自从我看到这本书在许多优秀的法国人的头脑中引起了真正的革命以来。我高兴的是我们在这方面的意见一致"②，恩格斯问什么时候能够付印，并且打算马上开始工作，但是后来未能如愿。

1882 年 8 月 19 日至 21 日，议会党团和党的领导以及《社会民主党人报》的编辑部和管理机构在苏黎世的会议上聚在一起，在党的性质问题上发生了激烈的争论。倍倍尔和李卜克内西在伯恩施坦等人的支持下，强调了社会民主党人决不能放弃革命的社会变革的观点。《社会民主党人报》的立场最终得到赞同。

在辩论过程中还讨论了重新以小册子形式出版著作的必要性。同时，人们表达了为了启蒙年轻同志出版便宜的小册子的愿望，并且就拉萨尔的著作是否仍然适用的问题进行了争论，伯恩施坦在李卜克内西的支持下提出的观点是，拉萨尔的许多著作能够得到所有国家社会主义者的赞同，因此，不宜再版。之后，伯恩施坦建议出版恩格斯已表示愿意编辑的《空想社会主义和科学社会主义》德文版。根据讨论的结果，会议决定重新以小册子形式出版著作。为此目的指定了一个由倍倍尔、李卜克内西和威廉·哈森克莱维尔组成的委员会，该委员会应考察一下哪些小册子可以出版。

1882 年 9 月 1 日，伯恩施坦向恩格斯报告了苏黎世党的会议的结果。他说他在会上说明了恩格斯愿意为《空想社会主义和科学社会主义》的德文版做准备，对此，人们普遍愉快地表示欢迎。这本小册子非

---

① 1882 年 7 月 7 日爱德华·伯恩施坦致恩格斯的信。
② 《马克思恩格斯全集》历史考证版第 1 部分第 35 卷第 343 页。

常合乎时宜,能够马上开始印刷。伯恩施坦建议在这部著作中加入对俾斯麦的"国家社会主义"的批判,这个建议也获得通过,伯恩施坦再次详细地向恩格斯论证了这种批判的必要性,尤其是,"在德国,由于拉萨尔的宣传,强烈的国家崇拜在我们的队伍中作祟"①。

然而恩格斯认为在序言中论述这个问题不太合适,因为这样一来序言就会弄得太长。为此,他向伯恩施坦建议写一系列关于这个题目的文章,这些文章以后或者从一开始就可以出版小册子,他请伯恩施坦提供必要的资料。但是后来他放弃了这个计划,而是在他的著作的第三编中加上一个较长的脚注来表明对俾斯麦的国家社会主义的看法。他在这里对1880年2月继《空想社会主义和科学社会主义》之后立即撰写的《俾斯麦先生的社会主义》一文中已经包含的思想进行了加工,并指出俾斯麦的国有化和烟草垄断"无论如何不是社会主义的步骤",而仅仅是通过损害劳动者来维护统治阶级的利益。

伯恩施坦表示同意将《空想社会主义和科学社会主义》保持原状。他建议德文本也像法文本那样,附上一篇由出版者签名的前言,马克思曾经写了一篇简短的恩格斯的生平简介作为法文版的前言。伯恩施坦想以此使年轻一代了解恩格斯在革命工人运动中的活动,驳斥将恩格斯说成"议会社会主义者"的捏造。但是恩格斯断然拒绝了在由他自己出版的小册子中加上这样一篇"书开头的介绍"。

恩格斯很可能是在1882年9月14日开始准备这份手稿的。他与9月22日的信一起寄去了一篇新的注明日期为1882年9月21日的序言和经过修订的第一节和第二节。他在给伯恩施坦的信中写道,第三节及结尾的注解《马尔克》也已经完成,但是,他想再好好地润色一遍。直至11月中旬,恩格斯一直在修订第三节。1882年11月17日伯恩施坦证实收到了手稿;他同时建议恩格斯,将结尾处的概述刊登在《社会主义者报》上,同小册子的预告刊登在一起。

从1882年11月2—3日恩格斯给伯恩施坦的信中可以看出,伯恩

---

① 《马克思恩格斯全集》历史考证版第1部分第35卷第355页。

施坦对序言作了修改,然后恩格斯删去了提到维登党代表大会的话。修改的地方可能是在《马克思恩格斯全集》第 19 卷第 345 页第 2 段,在这里描述了出版德文版的详细情形。

从一开始,恩格斯就清楚出版他的小册子的德文版有些困难:"但是写一个比较简练的德文本,比起那个写得比较自由的法文本来,困难要大得多。把这个东西写得通俗又不损害内容,也就是要使它能够成为人人易懂的宣传性的小册子,任务是艰巨的……"① 他告诉倍倍尔,《反杜林论》的头两章被"大加修订和通俗化"了。

恩格斯并不是简单地照着《反杜林论》来写,他写出了一份新的付印手稿,这份手稿很可能是以为《空想社会主义和科学社会主义》的翻译所起草的草稿为基础的。他采用了法文本的结构及所有的特别是第三节中重要的补充,其中包括结尾处的概述。此外,他还对全文进行了认真细致的修改。

在著作的第 1 版序言中,恩格斯谈到形式和内容上所作的修改是必要的,因为原来的《反杜林论》不是为了直接在群众中进行宣传而写的。形式上的修改包括恩格斯用德文词代替外来词(例如:用"Kapitalisten"代替"Bourgeois",用"Kundgebung"代替,"Manifestationen"),或者对外来字作出解释,(例如:"苦修苦炼的、禁绝一切生活享受的……共产主义")。补充了引文出处,消灭了错误,采用了现代的拼写方法和标点符号。此外,还包括作了一系列修辞上的修改,分了新的段落和添加了大量的着重号,恩格斯用这些着重号说明重要的思想。从广义上来说,形式上的问题还包括这部著作德文版的外观形式。恩格斯根据发表在《社会主义评论》上的最初的法文本,将三节标上罗马数字,将结尾处的概述另起一页,从而使三个章节更加明显地划分开来。

恩格斯去掉了专门为法国读者所作的解释。例如对启蒙学者的时代"用头立地"这句话的注解为德国读者作了补充。例如,讽刺性地反

---

① 《马克思恩格斯全集》历史考证版第 1 部分第 35 卷第 343 页。

问：难道不应当用反社会党人法去反对黑格尔的危害公众的"颠覆学说"吗？

在超出法文本之外所作的内容上的补充从整体上来看服务于更清楚地论述科学社会主义本质的目的。

与法国工人运动相比，德国工人关于社会主义和共产主义先驱的知识要少得多，恩格斯认为让德国工人了解科学社会主义的来源具有十分重要的意义。标题的改动可能也是出于这个愿望。在着眼于社会主义向科学"发展"的同时，他还强调了对理论先驱们的延续性。在谈到空想社会主义和德国古典哲学的主要代表人物的序言中他特别指出了这一点。在一些地方他把他关于空想社会主义的表述更精确化了。恩格斯着眼于德国工人运动的历史并以这种方式强调历史唯物主义的延续性和新的特质，同时向国际工人运动的先锋德国工人运动阐明了无产阶级世界观的科学性。

在评价了三位伟大的空想主义者之后，恩格斯紧接着又加上了法文本中没有的《反杜林论》"引论"第一章中的一段和进一步精确的说明。在这一段中，他论述了此后社会主义思想的衰落和"折中的不伦不类的社会主义"的形成。论述科学社会主义与空想社会主义的一脉相承和区别，对恩格斯来说同时也是将马克思创立的社会主义与所有其他流派区别开来的手段。这些流派当时以科学性自居，诋毁社会主义的先驱们，而同时他们自己则远远地落后于这些社会主义的先驱。

恩格斯对科学社会主义的理论来源辩证法赋予特殊的意义。他在自己小册子的德文本中更为详尽地解释了自然、社会和思想的总体联系。同时，他指出必要地搜集自然科学和社会科学的材料是理论概括的前提，由此更加突出地强调了总体和个别的联系。

恩格斯在写作《自然辩证法》时所强调的一个中心思想是现代自然科学提出的一个证明，即自然也有其历史。他将这一思想补充到《社会主义从空想到科学的发展》中，指出了查理·达尔文在这个方面的功绩。他没有将这个段落像《社会主义从空想到科学的发展》中所作的其他补充那样收入后来出版的《反杜林论》版本中，因为此处提到达尔文的重要性在其他地方已作了详尽评价。

作一系列补充是为了使人们更深入地领会历史进程的辩证法，其中包括对证明阶级社会的历史的暂时的性质具有重要性的论断，即除原始状态外，以往的历史都是阶级斗争的历史。这里反映出，恩格斯将这一时期对史前史的研究成果吸收到论文中来。他还与马克思就这个问题交换过看法，他肯定接受了马克思的这方面的建议。通过将唯物辩证法用于法国革命（1789—1795）中的阶级斗争，恩格斯对无财产群众的行动的意义和局限性作了更精确的评价。

在德文本中恩格斯在探讨了历史和理论前提之后得出结论：社会主义是无产阶级和资产阶级间斗争的必然产物，它的任务就在于研究历史的经济的过程，并把由此造成的经济状况视为解决冲突的手段。在这个方面恩格斯出色地运用了辩证唯物主义历史观。

恩格斯在第三节中作了最大量的补充。他这样做显然是想更具体历史地同时也更形象地揭示资本主义生产方式及其矛盾发展的复杂过程。在一些地方恩格斯依据该世纪的资料把关于资本主义生产方式的开端的论断精确化了。

在解释资本主义的基本矛盾及其表现形式方面，恩格斯作了进一步的补充。德语术语"Grundwiderspruch"和法文本中的"antagonisme"、"fondamental"在这里都是第一次使用。

恩格斯清楚易懂地解释了劳动的社会性，详细具体地论述了分工与商品生产之间的联系。在这里他添加了好几个较长的段落。他再次用具体的例子解释了中世纪简单商品生产中农民和手工业者之间的交换。他将社会中自发的无计划的分工和工厂中有计划的分工区分开来，指出在市场上个体生产如何被社会化的生产所击败。

恩格斯还更为详尽地探讨了占有问题。他阐明，中世纪产品的所有权以自己的劳动为基础，随着生产的集中和生产资料的变化，劳动资料的占有者继续占有产品，而这个产品从这时起已经完全是别人的劳动产品了。在一个脚注中，他指出了占有的性质与占有形式的区别。

其他的补充是有关现代无产者即终身的雇佣劳动者的产生问题，以及有关商品的无政府状态问题。

关于商品生产的产生的概括阐述沿用了法文本，并进行了进一步精确的论述。社会力量的作用与自然力量的作用的比喻也同样出自法文本。同时，恩格斯还用更为精确的术语强调了自然发展与社会发展之间的区别。在当时的社会观中达尔文学说占有重要地位，并对工人运动产生了影响。在科学地论证社会主义的努力中人们一再追溯到达尔文主义。在这方面人们将达尔文所描述的"生存斗争"等自然现象用于社会。恩格斯从一开始就反对将"生存斗争"用于社会发展并由此论证阶级斗争。恩格斯在描述资本家的竞争时曾经使用了"生存斗争"的概念来说明这种竞争仍处于动物状态。而在《社会主义从空想到科学的发展》中，他用"个体生存斗争"代替了"生存斗争"。另外一系列补充是在阶级和国家的问题上。在这里恩格斯同样沿用了《空想社会主义和科学社会主义》中关于阶级分裂的经济条件的一个较长的段落。针对无政府主义废除国家的要求，他阐述了国家消亡的思想。

德文版最大篇幅的补充是附录《马尔克》。恩格斯利用这篇附录是要使德国工人了解关于土地公有制历史的长期的历史研究成果。他以此来支持党的争取农民为同盟者的努力，并满足在重新以小册子形式出版著作的要求中所表达出的为全国宣传提供资料的愿望。较晚些时候，恩格斯还补充了一个对序言所作的说明。在这个说明中他强调了科学社会主义的国际性，它除了黑格尔的辩证法之外，还把英国和法国的发达的经济和政治状况同等地作为前提。从第二版开始，将这个说明改为序言的脚注。

恩格斯1882年就曾建议拉法格根据包括《马尔克》在内的德文版出版新的法文版，从中可以看出，恩格斯认为在修订德文版时所作的改动和补充是十分重要的。尽管伯恩施坦在9月1日的信中便已保证将立即开始印刷小册子，但是印刷过程还是多次拖延。11月1日伯恩施坦寄出第一批校样，恩格斯于11月3日收到这批校样。1883年2月初他不得不严肃地进行催促。3月7日他仍旧未拿到样本。

1883年2月22日《社会民主党人报》第9号以《一本新的宣传小

册子》为题发表了一篇对这部即将问世的著作所写的简短书评。这篇文章向读者介绍了内容，还详细引用了结尾处的概述。1883 年 3 月初，这部著作以 1500 册的印数出版，1883 年 3 月 8 日《社会民主党人报》第 11 号预告了这部著作的出版。1883 年 3 月 21 日柏林王室警察总监命令禁止出版这部小册子。

《社会主义从空想到科学的发展》处于由 1883 年 3 月 29 日至 4 月 2 日哥本哈根党代会开创的传播马克思主义的思想和理论攻势的开端。在这次党代会上又与党内机会主义力量展开了激烈的争论。争论的结果是大会作出了以与容克资产阶级剥削体系作不妥协的阶级斗争为宗旨的决定。大会决定扩大社会民主主义宣传，销售影响广泛的小册子。

恩格斯的著作尽管遭到禁止，仍然特别迅速地传播开来。这个事实表明，恩格斯以他的著作极大地迎合了群众的现实需要。1883 年 4 月，第一版已卖掉了半数。此后不到一个月，伯恩施坦于 1883 年 5 月 17 日写信给恩格斯说，这一版已经"全部售出"，并且手上还有 600 份新的订单。伯恩施坦在 3 月份就曾建议出版第二版。4 月份开始印刷第二版。到 5 月底已印出高达 3000 册，并在 6 月 7 日《社会民主党人报》第 24 号上作了预告。8 月底，这一版也几乎售光了，结果又开始印刷第三版。到 3 月底达到了 5000 册的高印数。1883 年 10 月 11 日《社会民主党人报》第 42 号上通知这一版已印刷完毕。结果《社会主义从空想到科学的发展》1883 年连续出版了三版，共 9500 册，其中有 4500 册是在上半年之内售出的。

通过论述科学社会主义的基础和特征，恩格斯不仅满足了德国工人运动的迫切需要，而且还满足了国际工人运动的迫切需要。在随后几年中根据德文版出版了许多种译本这一事实说明了这一点。1884 年 1 月至 2 月《社会民主党人报》（哥本哈根）杂志以连载的形式发表了丹麦文译文，一年之后在那里又出版了小册子。维拉·伊万诺夫娜·查苏利奇将这部小册子翻译成俄文，1884 年在日内瓦出版，受到恩格斯的高度评价。荷兰文译文于 1886 年和 1889 年在海牙出版。这部著作被从 1884 年俄文版译成保加利亚文，于 1890 年在加布罗沃发表。

在1890年迫于群众压力废除了反社会党人法之后，出版了经过修订的德文第四版。在重新获得合法地位的条件下，党所面临的重要任务之一就是制定符合党的发展状况和新的合法斗争条件的新的马克思主义纲领。在这一时期，党的领导机构决定重新出版马克思和恩格斯的一系列著作。费舍将这一决定告诉恩格斯，并请他在这方面对党予以支持。在重新出版的著作中他首先提到《社会主义从空想到科学的发展》一书。恩格斯当时除了正在修订《资本论》第三卷手稿之外，还在为他的著作《家庭、私有制和国家的起源》的新版做准备，但他立即接受了这一任务，正如他所写的那样，因为"拉萨尔的那些胡言乱语在不停地翻印，必须用一些东西来加以抵制"。修订很可能是在1891年4月底和5月中之间。恩格斯为新版写了一篇序言，注明的日期是1891年5月12日，并作了"各种小的改动"。他只在两个地方作了较重要的补充——"第一章中有关圣西门的地方，对他的论述与对傅立叶和欧文的论述相比过于简短，还有第三章结尾处有关在此期间变得重要起来的新的生产形式'托拉斯'的地方"①。恩格斯《社会主义从空想到科学的发展》德文第四版在柏林出版了10000册。1891年至1895年期间，在这版的基础上产生了其他译文。1892年在巴黎和伦敦出版了波兰文版。1892年还发表了俄文第二版，这一版在1893年又进行了秘密再版。1891年在纽约出版的英译文受到恩格斯的尖锐批评之后，爱德华·艾威林搞出一个英译本，经过恩格斯同意，于1892年在伦敦和纽约出版。1894年，亚美尼亚文译本在维也纳出版，德文第四版在苏黎世重印。

---

① 《马克思恩格斯全集》历史考证版第1部分第27卷异文588.40—589.119。

第三章 《社会主义从空想到科学的发展》国内主要版本及其传播情况

一 新中国成立前的传播和版本发行情况

19世纪90年代末，随着马克思主义在欧洲及世界范围的广泛传播，在中国人向西方寻求真理的过程中，恩格斯作为马克思主义创始人的名字，同马克思一起，已经在中文刊物上出现，开始为中国人所知道。1899年2—5月，上海广学会主办的《万国公报》第121册至124册，连载了英国传教士李提摩太用汉文节译的颉德（Sonja Kidd）著的《社会的进化》，译名为《大同学》。书中多处提到马克思和恩格斯，但这不是中国人的著述，而是译文。稍晚，中国近代资产阶级启蒙学者梁启超撰写了《自由书》，其中有一篇题为《中国之社会主义》，提到了马克思，译作"麦喀士"。遗憾的是，他没有提到恩格斯的名字。20世纪初叶，《译书汇编》（后改名为《政法学报》）、《新民丛报》、《浙江潮》、《民报》、《天义报》、《巴黎新世纪》、《进步杂志》、《新世界》、《东方杂志》等我国许多刊物的文章中，出于各种不同的原因和动机，都提到了马克思、恩格斯及其学说。最早介绍马克思恩格斯生平并摘译其著作的是朱执信。1905年11月，《民报》第2号刊载了朱执信的《德意志社会革命家小传》，其中马克思一节第一次比较详细地叙述了马克思恩格斯的生平活动，并节译了《共产党宣言》中的十项纲领。1912年，中国社会党刊物《新世界》第一期至第七期上，还连载了由施仁荣译述的恩格斯《社会主义从空想到科学的发展》一书第一、二节和第三节的一部分，译题为《理想社会主义与实行社会主义》。① 弗里德里希·恩格斯译为"弗勒特立克恩极尔斯"。这是我国最早译载的恩格斯著作。

　　在俄国十月革命的影响下，五四运动以后，这部著作在俄国得到进一步的传播。1920年8月，上海群益书社和伊文思图书公司联合出版了郑次川译的名为《科学社会主义》的小册子，其内容就是《社会主义从空想到科学的发展》第三章。1925年2—3月，上海《民国日报》副刊《觉悟》上，连载了丽英女士（柯柏年）根据英译本译的《空想的及科学的社会主义》，这是《社会主义从空想到科学的发展》一书在我国最早的全译文。1928年5月，上海创造社出版部出版了朱镜我译的恩格斯这部著作的第一个全译本，译名为《社会主义的发展》。同年8月，上海泰东书局出版了黄思越根据日文本译的另一种版本，书名为《社会主义发展史纲》。1929年10月，上海沪滨书局出版了林超真根据法文本译的《宗教、哲学、社会主义》文集，其中收有《社会主义从空想到科学的发展》全文及英文版导言。由于销售很快，同年12月，上海亚东图书馆印行第二版，译者又根据俄文版重新校订了译文，并补译了德文第一版和第四版序言。吴亮平（笔名吴黎平），由中国共产党派往苏联莫斯科中山大学学习，1927年加入中国共产党，在中山大学期间就翻译了恩格斯的《社会主义从空想到科学的发展》这一经典著作，并在莫斯科出版发行。这些著作后来也在国内多次出版，促进了马克思主义的传播。②

　　在革命根据地，恩格斯这部著作得到广泛传播。1938年6月，延安解放社出版了吴黎平译的《社会主义从空想到科学的发展》单行本，列为"马克思恩格斯丛书"第三种。吴黎平的新译本，把德文第四版的改动反映出来，比以前的译本进了一步。《社会主义从空想到科学的发展》（吴亮平译）同时还收入了1882年德文第1版、1891年德文第4

---

① 以上内容参见郑仲兵、祁庆富：《恩格斯及其著作在中国早期介绍》，载《教学与研究》1981年第4期，第52页。
② 以上内容引自秦宝琦：《五千年中外文化交流史》（第4卷），福州：福建人民出版社2000年版，第185页。

版和1892年英文版的3篇序言。① 1943年11月,延安解放社出版了博古重新译校的该书的单行本,这是解放战争年代流行的版本。后来被定为"干部必读"书籍。1949年2月,由党中央重新审定的"干部必读"12种,其中马恩著作就有《共产党宣言》、《社会主义从空想到科学的发展》两种,而12种书目中的《社会发展简史》和《思想方法论》,则收入了马恩的言论摘录。"干部必读"在新中国成立初期大量重印,对广大干部和人民群众学习马列主义理论起了重要的作用。② 新中国成立前夕,中共中央为了提高全党干部的政治理论水平,迎接革命的胜利,规定了12种干部必读书,其中包括《社会主义从空想到科学的发展》一书,印数达300万册。新中国成立以后,马列著作的翻译出版工作出现崭新的局面。

二 新中国成立后的传播和版本发行情况

《社会主义从空想到科学的发展》这部著作流传更广,译文也经过多次校订。除单行本外,在《马克思恩格斯文选》(两卷集)第2卷、《马克思恩格斯全集》第19卷和《马克思恩格斯选集》第3卷中,都收入恩格斯的这部著作。1978年,中央编译局根据德文版并参考其他外文版本,对《社会主义从空想到科学的发展》一书又一次作了校订。新译文被收入《马列著作毛泽东著作选读》(科学社会主义部分),由人民出版社印成试行本,作为中央党校教材。③

在20世纪60—70年代,《社会主义从空想到科学的发展》一书也得到了广泛传播,各种版本相继发行。"20世纪60年代,党中央又发布了一个要求全党认真研读的30本马克思主义经典著作的书目,包括马克思

---

① 参见徐素华:《马克思恩格斯著作在中国的传播——MEGA² 视野下的文本、文献、语义学研究》,北京:中国社会科学出版社2013年版,第97页。
② 参见吴道宏:《我国关于马克思恩格斯著作编辑出版综述》,载《编辑之友》1989年第3期,第88页。
③ 以上内容引自白占群:《〈社会主义从空想到科学的发展〉一书在中国的传播》,载《社会主义研究》1985年第6期,第67页。

著作8本，恩格斯著作3本，列宁著作11本，斯大林著作5本，普列汉诺夫著作3本。恩格斯的著作里就包括《反杜林论》（附《社会主义从空想到科学的发展》英文版导言）。毛泽东还要求中央宣传部把这30本著作印成大字本，为年龄较大、视力较差的同志们的阅读提供方便。中央党校从1977年复校以来，新开设了'科学社会主义'课程。在高中级干部的培训进修的教材目录里，都把《社会主义从空想到科学的发展》和《共产党宣言》并列，作为首选必读的书籍。全国的高等院校、党校、社会科学院各系统培养的科学社会主义专业的硕士、博士研究生的必修课程里，也都列入了恩格斯的《社会主义从空想到科学的发展》一书。许多诸如马列原著'讲解'、'选介'、'内容提要和注释'、'导读'之类的书籍，以及许多诠释马克思主义基本原理的文章，也都宣传和阐发了恩格斯这部重要著作中的科学原理，使之得到了更加广泛的传播。"①

"文革"期间，恩格斯《社会主义从空想到科学的发展》先后有如下版本正式刊印出版发行，这些版本主要是出于政治宣传和普及所用，一般来说都是对原有版本的再版。

1966年出版了单行本《社会主义从空想到科学的发展》（作者：恩格斯著，出版社：人民出版社，出版年：1966）；1967年再次出版单行本《社会主义从空想到科学的发展》（作者：恩格斯著，中共中央马恩列斯著作编译局译，出版社：人民出版社，出版年：1967）；1970年出版的单行本《反杜林论》中附有《社会主义从空想到科学的发展》英文版导言；1972年，《社会主义从空想到科学的发展》包括英文版导言，收录于1972年出版的《马克思恩格斯全集》第3卷（出版社：人民出版社，出版年：1972）；1973年，《社会主义从空想到科学的发展（节选）》，收录于《马克思恩格斯列宁斯大林著作选》（郑州大学政治系哲学教研室编，页数：99，出版年：1973）；1974年出版朝鲜文的《社会主义从空想到科学的发展》（作者：恩格斯著，页数：136，出版社：民族出版社，出版日期：

---

① 吴雄丞：《科学社会主义的基本经典——恩格斯著〈社会主义从空想到科学的发展〉研读笔记》，载《高校理论战线》2006年第4期，第22—23页。

1974年5月）；1974年出版蒙文的《社会主义从空想到科学的发展》（作者：恩格斯著，页数：184，出版社：民族出版社，出版日期：1974年11月）；1975年：《社会主义从空想到科学的发展（摘录）》，收录于《马克思 恩格斯 列宁 斯大林论经济危机文章摘编》（出版社：人民出版社，出版年：1975）；1976年：节选《社会主义从空想到科学的发展》，收录于《马克思主义哲学经典著作选读》（吉林师范大学马列主义教研组编，页数：226，出版年：1976）；1975年经党中央批准筹建的中央民族语文翻译局是一个翻译五种民族文字的专门机构，出版工作仍由民族出版社承担。用蒙、藏、维、哈、朝五种文字分别出版的《马克思恩格斯选集》四卷本，大部分已经出版，已经出版的单篇本就包括《社会主义从空想到科学的发展》一书。① 1976年：《〈社会主义从空想到科学的发展〉英文版导言》，收录于《马克思主义文艺论著学习参考资料（上）》（广东师范学院中文系马克思主义文艺论著教材编写组编，页数：239，出版年：1976）；1976年出版藏文的《社会主义从空想到科学的发展》（作者：恩格斯著，页数：171，出版社：民族出版社，出版日期：1976年7月）；1976年出版维吾尔文的《社会主义从空想到科学的发展》（作者：恩格斯著，页数：208，出版社：民族出版社，出版日期：1976年7月）。

自20世纪90年代以来，恩格斯《社会主义从空想到科学的发展》的重新译介工作也取得了很大的进展，译文质量和水准不断提高，更为真实反映了原著作者的思想意图。《社会主义从空想到科学的发展》由人民出版社先后出版了多种单行本发行。1995年新版《马克思恩格斯选集》第3卷选编了马克思和恩格斯1871—1883年的著作，约70万字。其中有马克思的重要著作《法兰西内战》和《哥达纲领批判》，恩格斯的重要著作《反杜林论》和《社会主义从空想到科学的发展》。2009年12月，人民出版社出版了《马克思恩格斯文集》（10卷本）。《马克思恩格斯文集》是马克思主义理论研究和建设工程的重点项目，旨在为深入学习和研究

---

① 参见吴道宏：《我国关于马克思恩格斯著作编辑出版综述》，载《编辑之友》1989年第3期，第88页。

马克思主义理论提供译文更准确、资料更翔实的基础文本。为了编辑这部文集，经中共中央批准，马克思主义理论研究和建设工程成立马克思主义经典重点著作译文审核和修订课题组，由中央编译局组织实施。《马克思恩格斯文集》编为10卷，精选了马克思和恩格斯在各个时期写的有代表性的重要著作。文集的内容涵盖了马克思主义哲学、政治经济学和科学社会主义，以及马克思和恩格斯在政治、法学、史学、教育、科学技术、文学艺术、军事、民族、宗教等方面的重要论述，并体现了马克思主义理论体系形成和发展的历史进程。《马克思恩格斯文集》所收的著作按编年和重要专著单独设卷相结合的方式编排。《马克思恩格斯文集》所收著作的译文选自《马克思恩格斯全集》中文第1版和第2版以及《马克思恩格斯选集》中文第2版，并根据最权威、最可靠的外文版本对全部译文重新作了审核和修订。校订所依据的外文版主要有：《马克思恩格斯全集》历史考证版（MEGA^2）、《马克思恩格斯全集》德文版（柏林）和《马克思恩格斯全集》英文版（莫斯科、伦敦、纽约）。部分文献还参照了国外有关机构按照马克思和恩格斯的手稿编辑出版的专题文集和单行本。① 《社会主义从空想到科学的发展》中译文是依据《马克思恩格斯全集》历史考证版第一部分（马克思恩格斯除了《资本论》之外所有著作）第27卷翻译，同时参照《马克思恩格斯全集》德文版第19卷。《社会主义从空想到科学的发展》被收录在《马克思恩格斯文集》第3卷第487—567页。该版本是目前迄今为止国内《社会主义从空想到科学的发展》的最新中文译本。

---

① 参见庄前生主编：《马克思主义经典文献的出版和传播研究》，北京：中国社会科学出版社2010年版，第22—38页相关内容。

第二部分　研究状况

第四章　国外研究状况

　　国外学者在版本考证、文本阐释和现实反思等层面对《社会主义从空想到科学的发展》展开了广泛讨论。在对该文本的阐释过程中，学者们主要基于现实的历史发展现状重新思考恩格斯在该书中所提出的一些理论命题，尤其是与当今社会历史现实最为密切相关的理论议题。同时，在对该文本的阐释过程中，如何重新认识恩格斯的历史地位、恩格斯与马克思的学术思想关系、马克思恩格斯科学社会主义学说的当代意义、资本主义发展的历史趋势等问题得到学者们广泛讨论。尤其在新世纪如何重新认识恩格斯学说的当代价值，学者们展开热议。学者通过阅读恩格斯《社会主义从空想到科学的发展》、《反杜林论》等著作，试图重新挖掘恩格斯学说的时代价值。

　　从马克思主义发展史的角度看，国外学者秉持历史叙事和思想逻辑相统一的原则。一方面把有关《社会主义从空想到科学的发展》的国外研究放到社会主义思想史和国际社会主义现实运动发展史中给予历史和现实考量；另一方面结合马克思恩格斯有关对资本主义批判的理论构架、思想逻辑及其问题意识展开文献梳理。基于以上两点，本部分把自恩格斯发表该著作以来的历史年代按以下几个主要阶段给予分析和梳理：恩格斯及其去世后的第二国际时期；列宁及其前苏联时期；西方马克思主义和法兰克福学派；当代国外马克思主义与激进左派。以上几个阶段大体构成并折射出国外学界对恩格斯《社会主义从空想到科学的发展》中所提出的理论和现实议题的历史回应和研究谱系。

一 第二国际和苏俄东欧时期的研究概况

《社会主义从空想到科学的发展》发表以来,基于资本主义社会历史发展的不同阶段和出现的一系列新问题及其社会主义实践过程不同时期中出现的理论和现实议题,国外学者对该文献展开了多视角的文本解读和具有时代历史现实感的当代阐释。

第二国际时期①马克思恩格斯的战友和学生承担起继续深入批判研究资本主义、探索社会主义实现路径的理论重任。在一定意义上说,第二国际理论家基本继承了马克思恩格斯对资本主义科学批判的理论逻辑和价值理想,尤其是继承和推进了恩格斯晚年的理论工作,继续开展对资本主义的深入研究和探索社会主义实现的现实道路。然而,针对恩格斯在《社会主义从空想到科学的发展》中提出的"马克思把社会主义从空想变成科学"这一命题,第二国际理论家内部发生了激烈争执和讨论。如果暂且抛开欧洲各国共产党发展史,专门围绕恩格斯《社会主义从空想到科学的发展》一书中提出的理论提议和实践课题,可以把这个时期的理论研究状况和核心问题视域表述为:社会主义究竟是科学还是乌托邦?社会主义得以实现的未来前景如何评估?马克思恩格斯原典社会主义学说是否存在着科学性和价值性难以调和的矛盾等问题。围绕这一核心问题关切,以考茨基为代表的所谓"正统派"和以伯恩施坦为代表的所谓"修正派"展开了激烈讨论。考茨基和伯恩施坦都是第二国际久负盛名的资深理论家,他们的理论学说和争论在很大程度上能折射出整个第二国际理论思想的主要倾向。

在《社会主义的前途和社会民主党的任务》一书中,伯恩施坦直接对马克思恩格斯的科学社会主义学说提出了质疑和批判。他从哲学、经济学和政治学多角度对马克思恩格斯科学社会主义给予批判,并最终得

---

① 第二国际是一个历史称谓,于 1889 年 7 月 14 日在巴黎纪念法国大革命 100 周年的国家社会主义者代表大会上成立。

出"社会主义不可避免包含的空想和乌托邦","只有现实运动才是一切"的"修正路线"。针对伯恩施坦以上断言,在第二国际内部,普列汉诺夫、梅林和考茨基等人先后展开了对伯恩施坦的批判。尤其是以考茨基为主要代表,考茨基在伯恩施坦发表了《社会主义的前提和社会民主党的任务》之后,写了一系列有关社会主义的文章,专门并全面驳斥了伯恩施坦对马克思恩格斯思想的修正。考茨基在《疑问的社会主义对抗科学的社会主义》一文中,集中驳斥了伯恩施坦对马克思恩格斯社会主义科学性的批判,坚持了马克思恩格斯社会主义学说科学性和价值性的统一。考茨基具体从劳动价值论、唯物史观和剩余价值学说几方面展开论说。围绕伯恩施坦问题引发的争论,尤其是围绕恩格斯晚年所写的《法兰西阶级斗争》一书导言有关革命策略问题,又一次引发了德国社会民主党内部的激烈争论。有关社会主义的哲学基础、社会主义实现的未来前景和现实路径等问题依然成为第二国际理论争论和探讨的话语逻辑。

  第二国际围绕恩格斯有关社会主义科学性问题的论争在现实层面表现为对俄国走社会主义道路合法性和必要性的理论思考。针对伯恩施坦从"右"的方面对马克思列宁科学社会主义学说的批判及考茨基后来对马克思恩格斯科学社会主义学说的重新思考,列宁和俄国早期马克思主义者围绕本国社会主义发展的前景和道路展开了对社会主义理论本质的现实思考。列宁思想的聚焦点体现为探索一条既符合马克思恩格斯科学社会主义基本精神又符合本民族社会发展的社会主义复兴之路。"我们认为,对于俄国社会党人来说,尤其是需要独立地探讨马克思的理论,因为它所提供的只是总的指导原理,而这些原理的应用具体地说,在英国不同于法国,在法国不同于德国,在德国又不同于俄国。"① 俄国社会发展道路是否必定经历资本主义的发展阶段,列宁领导的十月革命和建立历史上第一个苏维埃社会主义共和国这一事实,实现了把社会主义从理想变成现实,社会主义可以在落后民族国家率先实现。这一点正印证了马克思恩格斯晚年对俄国社会主义发展道路的期待。列宁和俄

---

① 《列宁选集》第1卷,北京:人民出版社1995年版,第274—275页。

国早期革命思想家接受、学习和运用马克思恩格斯科学社会主义的过程，同时也是不断探索本民族社会发展道路和前景的艰辛历程。在很大程度上说，俄国马克思主义者在实践层面探索第二国际理论家有关社会主义"科学性"论争的理论命题，自始至终把探索本民族社会发展道路与马克思恩格斯科学社会主义学说的精神联系起来。第一次世界大战期间，列宁提出的"垄断资本主义"和"帝国主义理论"既是结合历史发展新的形式对马克思恩格斯对资本主义分析的扩展和深化，又是对第二国际拉法格、卢森堡和希法亭有关帝国主义理论的进一步批判性发展。从19世纪末到20世纪后半期是俄国和苏联探索社会主义道路的历史时期。自苏联解体以来，社会主义是否可行、社会主义与乌托邦、社会主义与极权主义等问题一直成为人们探讨的理论话题。时至今日，有关社会主义问题的理论探讨和现实思考仍然离不开俄国和苏联对社会主义的探索和践行这一历史经验教训。

前民主德国统一社会党中央委员会马克思列宁主义研究院女研究员雷纳特·梅尔克耳在其文章《论恩格斯的著作〈社会主义从空想到科学的发展〉的产生、意义和影响》[①]中对恩格斯的《社会主义从空想到科学的发展》这本小册子的文本写作内容及其为什么会得到如此广泛的传播以及人们为何能够接受社会主义等问题给予了翔实的文献和历史背景的思想史梳理。这篇文章是国外文献有关恩格斯《社会主义从空想到科学的发展》文本解读和介绍的一部珍贵文献。雷纳特·梅尔克耳认为，恩格斯为《社会主义从空想到科学的发展》1892年写的英文版导言当属 MEGA^2 的研究对象。1892年《社会主义从空想到科学的发展》英文版导言也属于对哲学资料的整理，恩格斯在该导言中概述了唯物主义的历史。另一个重点是理论著作，这里首先是理论史研究，一直持续至19世纪90年代（1883年和1894年研究基督教的历史，1886年初研

---

① 该文作者雷纳特·梅尔克耳为前民主德国统一社会党中央委员会马克思列宁主义研究院女研究员。该文是作者于1980年10月14日为纪念恩格斯《社会主义从空想到科学的发展》一书发表一百周年而作的学术报告。中央编译局编：《马列主义研究资料》（1984年第3辑），屏羽译，第8—43页。该文原载《马克思恩格斯年鉴》1982年德文版第5卷。

究路德维希·费尔巴哈，1892 年撰写《社会主义从空想到科学的发展》英文版导言）。[①] 细节性文本考证和学术梳理已成为《马克思恩格斯全集》历史考证版 $MEGA^2$ 的一个重要特征，它将为我们全方位、多层次、立体式地研究马克思和恩格斯的原生态思想提供较为宝贵的学术文献资料。前东德学者费拉·弗罗纳在其论文《纪念恩格斯的著作〈社会主义从空想到科学的发展〉发表一百周年》中，鲜明指出了科学社会主义和形形色色的虚假社会主义和空想社会主义的本质区别。费拉·弗罗纳指出：社会主义所有制是充分彰显每个人的自由个性和实现每个人发展是一切人自由发展的条件，是一个理想社会制度的基本原则，是充分实现每个人的自由个性发展的社会主义联合体。他把在社会主义所有制下实现的每个人的自由发展形象地称之为"社会主义人性"。"鉴于人是社会的人，所以，只有当人是自身关系的有觉悟的创造者和制造者的时候，人的自身关系的多样性和财富才能按人的特点来创造：即得到全面发展。而这一点，人只有通过有觉悟的联盟，即在社会主义和共产主义的条件下才能实现。因此，区别于科学社会主义和空想社会主义的地方，不在于对个性的研究，而在于空想社会主义撇开人的社会本质所产生的一切问题来考察人的个性。资产阶级意识形态一百多年来对'人'、人的'本性'、人的'自由意志'和人的'本质'所鼓吹和描绘的东西，并不因为带有假社会主义色彩而娓娓动听。人的思维和行动无疑是由社会关系首先是由社会的客观物质关系来决定的。所以，在社会主义社会中——从社会主义的意义上来说——首先要创造越来越好的物质和文化的先决条件，以便为'保证社会全体成员最高的福利和自由的全面发展'服务。社会主义国家在工人阶级及其政党的领导下已经形成的社会生活证明，工人阶级政权、生产资料公有制和社会关系的自觉创造都是一个社会制度的前提，'在那里，每个人的自由发展是一切人

[①] 中央编译局编：《马列主义研究资料》（1984 年第 3 辑），屏羽译，第 8—43 页。该文原载《马克思恩格斯年鉴》1982 年德文版第 5 卷。

的自由发展的条件'"①。

苏联学者戈尔曼在其论文《恩格斯和科学社会主义的历史发展》一文中指出了科学社会主义学说在恩格斯思想体系中的地位,并对科学社会主义发展历程给予了历史梳理。"在马克思主义科学思想的全部成果中,恩格斯特别重视使社会主义由空想变为科学这方面的两大发现:唯物主义历史观与剩余价值理论。恩格斯在研究社会主义学说史方面的著作,的确是非常全面和丰富的。总的来说,与马克思主义的发展对照起来,可分为两个时期:即它的形成阶段和它在无产阶级运动中进一步发展并为确立其原则而进行斗争的阶段。在第一阶段,恩格斯和马克思在一起共同建立了社会主义思想史的科学论点。他们在《共产党宣言》中对此作了经典表述。在第二个阶段,依据马克思的著作,在马克思的紧密合作下,恩格斯发展、加深并具体化了这些观点。恩格斯胜利完成了他力求实现的关于社会主义思想史的总结性著作——《社会主义从空想到科学的发展》。"② 俄国学者梅茹耶夫深刻指出辨别了"社会主义"和"共产主义"术语在马克思恩格斯思想语境中的本义,并阐明了科学社会主义的本质。他指出:"在恩格斯那里,'社会主义'这一术语(在《社会主义从空想到科学的发展》一文中)获得了某些另外的意义。它首先指的并不是共产主义运动的社会政治方面,而是理论方面,是共产主义者关于历史及其人类历史发展进程的思想体系。对于恩格斯而言,'科学社会主义'并不是一种政党或者一种运动,而是以马克思的发现——唯物史观和剩余价值学说为基础的学说。无论如何不应得出结论说,社会主义是一种特殊的社会形态,是处于完全意义上的共产主义之前的共产主义第一阶段。这种对社会主义的解释似乎产生于俄国的马克思主义者之中。"③此外,梅茹耶夫还把科学社会主义界定为既非乌

---

① 中央编译局编:《马列主义研究资料》(1984年第3辑),屏羽译,第8—43页。该文原载《马克思恩格斯年鉴》1982年德文版第5卷。
② 参见〔苏〕戈尔曼:《恩格斯和科学社会主义的历史发展》,载《国外社会科学》1980年第11期,第1—3页。
③ 〔俄〕梅茹耶夫:《我理解的马克思》,林艳梅、张静译,北京:人民出版社2013年版,第75页。

托邦也非意识形态的科学理论。在他看来，马克思恩格斯科学社会主义学说的真正价值在于：寻找真正实现每个人的自身能力和才华充分自由发展的可能条件。

综上，苏联东欧学者对恩格斯《社会主义从空想到科学的发展》的研究体现了对社会主义实践的理论反思。他们不局限于对《社会主义从空想到科学的发展》的单纯文本解读和考证，他们把对现实社会主义历史实践的现实思考和马克思恩格斯社会主义理论的梳理和反思结合起来。他们把对恩格斯《社会主义从空想到科学的发展》中有关社会主义的阐释放到了社会主义实践发展史中给予理解和阐发，具有强烈的历史和现实感，提出的一些问题和观点对深刻认识科学社会主义的实质具有重要的理论和参照意义。

二　当代西方马克思主义学者对《社会主义从空想到科学的发展》的研究概况

在第二国际和苏俄探索马克思恩格斯科学社会主义的理论征程和探索实践方面，西方马克思主义①理论学派和思潮（主要以卢卡奇、科尔施和葛兰西等为代表）是一个值得关注的现象。总体观之，西方马克思主义学者主要从哲学的视角审视马克思恩格斯科学社会主义的哲学基础（社会历史观），并针对当时西方的社会现实问题提出了值得思考的话题。从现实直观层面透视，西方马克思主义是对第二国际和苏联官方正统马克思主义的理论反驳；从更深层次透视，西方马克思主义虽然继承了马克思恩格斯对资本主义的批判精神，但在一定意义上，已经游离于经典作家对资本主义批判的理论逻辑和问题框架。透过西方马克思主义学者

---

①　西方马克思主义不仅仅是一个地域概念，也不是一个有着共同理论观点和倾向的理论学派。笔者认为，可以把西方马克思主义界定为：不同于第二国际和苏俄官方主流马克思主义，西方学者秉承马克思恩格斯对资本主义的批判精神，而对新时期资本主义现状的一种独特理解和文化解读。包括卢卡奇提出的"物化现象"、葛兰西的"文化霸权理论"、弗洛姆的"人道主义的马克思"等。

恩格斯《社会主义从空想到科学的发展》研究读本

们晦涩的哲学文本，一个隐性的问题逻辑仍然凸显：如何面对急剧变化的资本主义社会发展现实，通过社会历史批判探求资本主义社会发展的道路和前景。在对待马克思恩格斯科学社会主义学说方面，西方马克思主义学者大都能秉持一种开放的理论姿态，不局限于经典科学社会主义学说的理论逻辑，其研究旨趣日益多元化。他们把对社会主义问题的思考主要运用于对现实资本主义社会问题的微观思考和文化批判，并日益淡化马克思恩格斯对资本主义的政治批判。只有少部分学者仍从经典作家对资本主义的政治批判逻辑出发，展开对资本主义的批判和社会主义未来展望。①

苏联解体以来，当代西方左翼学者对社会主义态度存在多元化的价值取向。作为一种实践的社会主义运动处于低潮，对社会主义研究也日益成为不可能。但是，以苏联解体为契机，现代西方左翼学者结合变化了的资本主义社会现实，对现实的社会主义之历史、现实、实质和未来前景给予多方位审视。② 与马克思恩格斯科学社会主义学说的问题意识相比较，当代西方左翼学者研究的现实关切和问题意识更为现实和实际。他们基于资本主义新时期社会结构的新变化，对经典马克思恩格斯科学社会主义的理论分析范式给予理论重构，以更为微观的学术视角重新审视马克思恩格斯科学社会主义的价值理想和实现路径。学者们对诸

---

① 从近期国内翻译和出版的一些国外从事马克思主义研究学者的著作可以看到这一趋势。尤为值得强调的是纽约大学伯特尔·奥尔曼（Bertell Ollman）教授的专著《辩证法的舞蹈——马克思方法的步骤》（Bertell Ollan, *Dance of the Dialectic: Steps in Marx's Method*, Published by arrangement with the University of Illinois Press.）值得关注。奥尔曼教授是当今北美为数不多的至今仍坚持马克思恩格斯经典科学社会主义理论逻辑和对资本主义进行政治批判的西方马克思主义学者。另外，俄国马克思主义学者鲍·斯拉文教授的著作《被无知侮辱的思想——马克思社会理想的当代价值》值得关注。作者在该书中表达了一个纯正马克思主义学者的立场和学术旨趣。

② 这方面的国外学术著作近年被国内学界大量翻译出版。较有代表性的比如：〔英〕乔纳森·沃尔夫：《为什么还要研读马克思》；〔美〕埃里克·欧林·赖特：《阶级》；〔比〕欧内斯特·曼德尔：《革命的马克思主义与20世纪社会现实》；〔美〕赫伯特·马尔库塞：《苏联的马克思主义——一种批判的分析》；〔英〕拉克劳、墨菲：《领导权与社会主义策略》；〔英〕特里·伊格尔顿：《马克思为什么是对的》等。近年哲学界关于后马克思主义和新马克思主义思潮的研究尤其值得重视。这些著作有着共同的理论特征：把对马克思社会理想的憧憬放到当前资本主义社会现实中给予重新反思，并赋予马克思主义鲜明的时代主题。

如资本全球化、新帝国主义和阶级等当代资本主义社会现实议题展开深入探讨，其理论言说切中当今时代诸多现实性课题。但是，其理论旨趣和研究范式已逐步游离于经典马克思主义学说视域之外，逐渐弱化马克思对资本主义的政治批判和实现人类解放的理想维度。有的学者则围绕马克思社会理想、社会历史观与乌托邦①的关系问题展开深入学理探讨。

当代西方左翼学者主要从经济学、伦理学和政治学多重视角展开对恩格斯社会主义思想的起源、概念、实质、目的、价值和手段等多方位解读。重点聚焦在：社会主义的精神实质和价值目标；社会主义的政治经济制度；现实存在的社会主义。对现实资本主义和社会主义问题的思考，西方左翼学者们主要存在两种倾向：从道德伦理和经济策略两个层面反思现存的资本主义和社会主义。正如美国加州大学经济学教授约翰·罗默所指出："不能把社会主义简单定义为一种公有制体系，而应当把它定义为这样一种体制，这种体制保证积累起来的利润能按比例平等地分配。社会主义需要政治民主，但在此我主要关注社会主义的经济要件。"② 此外，还有部分学者们从政治哲学视角，基于平等和公平的理论维度界定马克思恩格斯科学社会主义学说的理论精神实质。在该部分学者看来，现实存在的社会主义的本真精神集中体现为对"平等"和"公平"的追寻。在把平等界定为现实社会主义核心价值旨趣基础上，自由、民主和正义等议题也被纳入现实社会主义精神实质的范畴中。如何探求以上价值目标的关键，在于切实寻求现实社会主义得以形成的实践路径。关于平等与社会主义的内在关系，英国牛津大学科恩（Gerald Allan Cohen）指出："我称之为社会主义的机会平等纠正的则是这样的

---

① 波普尔在《开放社会及其敌人》一书中把马克思社会理想观视为一个美妙乌托邦这一观点尤其值得批判性回应和反思。因为波普尔试图从理论根基上找出马克思社会历史观的致命伤。

② 约翰·罗默：《共产主义之后会出现社会主义吗？》（Can There Be Socialism after Communism?），见普兰纳勃·巴特汉（Pranab K. Bardhan）和约翰·罗默编：《市场社会主义：现行的争论》（Market Socialism: The Current Debate），牛津大学出版社（Oxford University Press, New York）1993年版，第90页。

不平等，这种不平等是由作为非正义的更深层根源的天赋差异引起的，它超出了由非选择的社会背景强加的不平等，因为天赋的差异同样是非选择的。……社会主义的机会平等试图纠正所有非选择的不利条件，即当事人本身不能被合理地认为对其负有责任的不利条件，无论它们是反映社会不幸的不利条件还是反映自然不幸的不利条件。一旦社会主义的机会平等得以实现，结果的差异反映的就只是爱好和选择的差异，而不再是自然和社会的能力与权力的差异。"①

基于当前资本主义社会经济、政治和社会现实问题，还有学者从生态主义、女权主义和民主社会主义②等多重视角和现实议题出发展开对现实资本主义社会的批判，有力推进了马克思恩格斯经典科学社会主义的现实研究议题和学术理论视野。当前西方左翼学者有关科学社会主义问题的思索更加具有真切的历史针对性和现实感。此外，非英语国家尤其德国和法国等国左翼学者，近年在对现实社会主义议题的反思和研究中也表现得较为活跃。比如德国《马克思主义创新杂志》2007 年发起的一个有关"21 世纪的民主和社会主义"的专栏。近年来，法国左翼思想界对国际社会主义运动和科学社会主义发展史研究较为关注。学者们探讨的问题焦点：共产主义运动史、第一国际和第二国际政论家的社会主义学说。③ 当代西方马克思学④基于文本考证和学理探究，对马克思恩格斯社会主义观给予考究式的文本解读，并提出了"马克思恩格斯学术思想关系"、恩格斯与社会主义历史实践等问题。法国学者吕贝尔（Rubel）通过对马克思恩格斯学术思想关系的深入分析，指出这样一个思想史话题。"马克思主义并非马克思思想路线的原始产物，而是恩格

---

① G. A. 科恩：《为什么不要社会主义》，段忠桥译，北京：人民出版社 2011 年版，第 27 页。

② 关于欧美，尤其是梳理英美学界对社会主义的新探索，国内学者吕薇洲有较为详细的学术梳理和评析。参见吕薇洲：《当代欧美三大社会主义流派辨析》，载《毛泽东邓小平理论研究》2012 年第 3 期，第 92 页。

③ 具体参见《国外马克思主义研究报告 2008》，北京：人民出版社 2008 年版，第 120—123 页。

④ 该学派以对马克思恩格斯文本的学理考证、文献梳理和校对为学术研究旨趣，从非政治意识形态的角度研究和评判马克思恩格斯的整个思想体系。

斯在其脑袋中构想出来的东西。至于'马克思主义'这个术语不在马克思而在恩格斯。而且，如果在今天，理解马克思的困难仍然是一个实际的理论焦点。"① 吕贝尔从文献学和思想史上考究马克思恩格斯学术思想关系、恩格斯著作在发展社会主义知识遗产和决定工人运动进程方面的作用。当代美国学者保罗·托马斯（Paul Thomas）针对马克思、恩格斯和科学社会主义三者的关系指出："科学社会主义"这个词随着历史进程的演变呈现出多种不同的含义，但是没有一种含义与马克思所写的内容相关。正是恩格斯而不是马克思把科学社会主义的概念留给了马克思主义，尽管他非常谨慎地以马克思的名义提出来。② 托马斯试图把马克思和恩格斯两人的社会历史观对立起来，这一观点需要国内学界给予辨析仔细辩驳和理论回应。从理论逻辑和问题角度看，国外有关《社会主义从空想到科学的发展》的研究主要围绕社会主义与实践的理论和现实问题展开。具体围绕马克思恩格斯本人的社会主义观、现实社会主义的可能性及其未来发展前景展开探讨。阿达米亚（Richard Adamiak）对马克思恩格斯两人关于未来社会观点的理论来源、内涵和发展过程等内容进行了充分而细致的阐述。在他的博士论文摘要中，他提出了一个令人深思的话题："理解马克思恩格斯关于未来社会的观点，必须在更为宽广的理论背景中进行考察。马克思主义是这样一种理论：该理论预言了资本主义的灭亡和随之而来的在将来社会中人和社会的根本转变。此刻，这个将来被称之为共产主义社会，尽管本文的研究表明该名称被置于马克思本人的名下是有问题的。"③ 他认为马克思社会理想中的未来社会不应该被看做共产主义社会，而是有更高的追求目标。这一观点值得学界反思。自从马克思恩格斯科学社会主义诞生以来，世界历史风云变幻，社会主义从作为一种价值理想到现实社会历史进程的转

---

① 袁贵仁、杨耕主编：《当代学者视野中的马克思主义哲学》（西方学者卷），吴晓明、张亮编，北京：北京师范大学出版社2011年版，第51页。
② 〔美〕保罗·托马斯：《马克思主义与科学社会主义——从恩格斯到阿尔都塞》，王远河等译，南京：江苏人民出版社2011年版，第4—6页。
③ Richard Adamiak, "The Visions of the Future of Karl Marx and Friedrich Engels: Sources and Evolution", Ph. D, The University of Chicago, 2001, pp. vii – xi.

变，历经诸多坎坷和磨难，并遗留下了诸多值得学者和世人探讨的历史问题。国外学界对科学社会主义问题的研讨虽然体现了逐步游离于经典科学社会主义的话语逻辑之外，但其提出的诸多现实议题和理论话题，值得国内学界充分借鉴。"科学社会主义"不是一个理论标签，而是一个现实的社会运动。如何解读和反思这一现实的社会运动，给予人们以社会主义的价值期许，以上问题仍是当代西方左翼思想家广泛研究和探讨的重要课题。

总体说来，学者们从无产阶级政党和社会主义发展史、当代资本主义社会发展现实等几个方面重新反思《社会主义从空想到科学的发展》中提出的相关思想。随着学者们对恩格斯《社会主义从空想到科学的发展》一书的重新解读，很多富有时代感的理论话题正得到越来越多学者的关注，恩格斯思想的当代意义正不断凸显。

第五章 国内研究状况

一 《社会主义从空想到科学的发展》国内研究概况

自恩格斯《社会主义从空想到科学的发展》发表以来,国内有关该文献的研究成果颇丰。有关对恩格斯《社会主义从空想到科学的发展》一书本身的文本解读和学理阐释的论著也多见于著作和期刊上。从已有的相关研究成果看,多数为导读和传记类的论著,学者们主要是从文本的理论框架和历史意义等方面展开讨论。① 也有学者从科学社会主义学科的视角审视《空想》的理论价值。学者们把对《空想》的文本阐释放到马克思主义哲学发展史中给予详细解读和阐释。同时,对有关《空想》中的具体理论观点的阐释,学者们也进行了讨论,比如"重建个人所有制"、"股份制"等议题。近期有学者基于恩格斯思想的整体理论特征全面阐释恩格斯的思想。学者们认为,对《空想》本身的理论解读是当前全面认识马克思和恩格斯思想全貌的规范文本。学者们主要是从马克思

---

① 国内已经出版有关恩格斯思想及其《社会主义从空想到科学的发展》导读类的文献,这些文献分别从各自不同的理论学科视角对恩格斯的经济学思想哲学思想和社会主义思想进行了充分而翔实的理论解读和现实反思,成果丰硕。例如,商德文等:《恩格斯经济思想研究》,北京:北京出版社 1985 年版。徐琳:《恩格斯哲学思想研究》,北京:北京出版社 1985 年版。吴家华:《理解恩格斯:恩格斯晚年历史观研究》,合肥:安徽大学出版社 2006 年版。徐琳、唐源昌主编:《恩格斯与现时代》,北京:中国人民公安大学出版社 1994 年版。胡大平:《回到恩格斯:文本、理论和解读政治学》,南京:江苏人民出版社 2011 年版。曹玉文:《〈社会主义从空想到科学的发展〉导读》,北京:人民出版社 1993 年版。如潜:《〈社会主义从空想到科学的发展〉名词解释》,北京:中国青年出版社 1953 年版。

主义哲学发展史的视角，通过对《空想》的文本解读，重新澄清恩格斯在马克思主义哲学发展史中的独特理论贡献。① 该著作比较全面地论述了恩格斯的思想，主要是哲学、科学社会主义方面的理论思想。不过，该书的问题意识还在一定程度上受到当前西方马克思学和马克思主义学者的问题意识所影响。针对《空想》的历史地位方面的评价，多数学者把对《空想》的阐释放到马克思主义发展史中给予梳理。《空想》本身的理论内容得到进一步挖掘，比如《空想》与马克思恩格斯之前的理论著作的学术传承关系问题。有学者认为，《空想》是对马克思主义世界观和社会理想观的全面总结和集中阐发。该部分学者认为，马克思恩格斯思想中展现了关于未来社会的有关设想，例如"个人占有现有的生产力总和"、"个人本身的才能的一定总和的发挥"、"在无产阶级占有制下，许多生产工具应当受每一个个人支配，而财产则受所有的个人支配"、消灭了私有制（"联合起来的对全部生产力总和的占有，消灭私有制"），等等。《社会主义从空想到科学的发展》进一步详尽阐释了马克思恩格斯早期对未来社会的设想。在1848年所写的《共产党宣言》这篇著作中，马克思恩格斯批判了种种虚假的和反动的社会主义，得出了"资本主义必然灭亡、社会主义必然胜利"的结论。马克思恩格斯把关于未来理想社会的阐释集中表述为："这个新的社会将是这样一个联合体，在那里，每个人的自由发展是一切人自由发展的条件"。此外，对《空想》中具体文本的相关解读也颇多，比如如何重新认识马克思恩格斯对未来社会所有制思想实质的阐发、如何界定当代资本主义生产方式的资本特质等现实问题。

二 《社会主义从空想到科学的发展》当代研究概况

国内学界对恩格斯《社会主义从空想到科学的发展》的研究谱系

---

① 例如胡大平教授的《回到恩格斯：文本、理论和解读政治学》，南京：江苏人民出版社2010年版。

贯穿着对中华民族近百年来探索本民族社会发展道路历史进程的实践探索。因此，要正确理解和把握马克思恩格斯科学社会主义理论及其在中国理论传播的内在思想轨迹，就必须正确理解近百年来社会主义在中国实践发展的历史进程。这一历史进程伴随着中国革命、中国社会主义建设和改革发展的一百多年历史。自从20世纪社会主义思潮传入中国以来，针对社会主义与中国发展道路的关系问题成为上世纪学术思想史和当代中国社会发展史的重要思想议题。《社会主义从空想到科学的发展》一书最早于1912年在上海《新世界》杂志以几期文章连载，一直到第一本完整的中译本①刊发以来，社会主义不断被国人逐渐知晓并逐步传播开来。恩格斯《社会主义从空想到科学的发展》一书的出版，为当时正面临"救亡图存"的中华民族提供了新的理论借鉴和实践向导。国内学界对恩格斯《社会主义从空想到科学的发展》的研究谱系贯穿着对中华民族近百年来探索本民族社会发展道路历史进程的实践探索。因此，要正确理解和把握马克思恩格斯科学社会主义理论及其在中国理论传播的内在思想轨迹，就必须正确理解近百年来社会主义在中国实践发展的历史进程。这一历史进程伴随着中国革命、中国社会主义建设和改革发展的一百多年历史。全面把握《社会主义从空想到科学的发展》传入中国和出版发行以来国内学界的研究走势，必须从社会主义思想史、社会主义道路革命和建设实践发展史几个方面加以整体把握。总体观之，国内学界对恩格斯《社会主义从空想到科学的发展》的研究和思考聚焦了对中国近百年来社会发展道路的学术争鸣。

自20世纪初以来，一批马克思主义经典著作在中国陆续出版和传播发行，加之苏俄苏维埃社会主义国家的成立，国内掀起了一波学习和传播社会主义思潮的理论高潮。在社会主义传播中国的过程中，最早在国内引起广泛争论的时代话题集中体现为：如何展望20世纪初中华民族未来社会发展道路，中国是走资本主义改良之路，还是走社会主义道路。各党派的理论界人士、学者和共产主义者参与了这场旷日持久的讨

---

① 第一个完整中译本于1928年由上海创造出版社出版，译者朱镜我。

论和争论。当时在很多的期刊杂志上发表了诸多有关社会主义问题的文章。争论的双方主要以赞同中国走社会主义道路的陈独秀、李大钊和李达等人为一方；以梁启超、张东荪为另一方赞同中国发展工业，走资本主义道路。陈独秀等主张以革命理想信念和变革社会制度为当下突破口，改善民众生活，实现国家富强。梁启超、张东荪等以当下中国国民性愚钝、经济基础和阶级基础薄弱为理由，主张发展实业，推进资本主义，进而改善国家和人民生活境遇。① 总体上说，随着时代的变迁和历史变迁，中华民族近百年来有关社会主义问题的争论经历了从作为一种挽救民族国家危亡的政治革命话语和社会建设话题体系的几个阶段。

自1949年新中国成立初期到改革开放伊始，国内学界对恩格斯《社会主义从空想到科学的发展》著作的研究主要体现在普及和宣传方面，具体表现为一些版本的重新刊印和对文本导读类介绍的小册子，其中一些刊物上也介绍了恩格斯《社会主义从空想到科学的发展》一书的相关内容。在"文革"时期，《社会主义从空想到科学的发展》先后刊印了的各种版本②，研究主要集中在理论政治宣传和为阶级斗争服务。"文革"结束后，在一定意义上受到"文革"历史阶段的影响，学人们带着反思以往社会主义道路上的一些挫折和经验教训的精神来重新思考社会主义的前途和命运，带着反思社会主义和为社会主义本质正本清源的意图来研读恩格斯的《社会主义从空想到科学的发展》。其中贯穿着对科学社会主义理论实质的正本清源和社会主义实践的现实反思，并贯穿着较强的阶级话语风格。例如：学者于凤梧于1980年发表在《北京师范大学学报》的文章《坚持科学社会主义——读恩格斯〈社会

---

① 参见黄楠森主编：《马克思主义哲学史》（第6卷），北京：北京出版社2005年版，第57—94页相关内容。20世纪20年代关于"社会主义问题"的争论在很大程度上仍是五四运动以来所激发的"救亡图存"历史使命的理论回响，也是对五四时期"问题与主义"之争的推进和延伸。具体争论内容参见《社会主义与中国》，《改造》第3卷第6号，1921年2月15日；《我对于张东荪和陈独秀两先生所争论的意见》，《改造》第3卷第6号，1921年2月15日；《再评东荪君底"又一教训"》，《新青年》第8卷第4号。

② "文革"期间《社会主义从空想到科学的发展》一书在中国出版发行情况，见本书第一部分第三章"《社会主义从空想到科学的发展》国内主要版本及其传播情况"。

主义从空想到科学的发展〉》颇有代表性。文章从几个方面解读了《社会主义从空想到科学的发展》一书的基本内容，同时指出要重新反思社会主义的本质，并坚持真正的科学社会主义。作者在文中指出："在社会生产力尚未充分发展之前，阶级差别是不会消灭的，工农差别、城乡差别、脑力劳动和体力劳动的差别是不会消灭的，'各尽所能，各取所需'这个人类历史上最先进的分配制度也是不可能实现的，因而也就根本谈不上向共产主义过渡，谈不上无产阶级的最终彻底解放。林彪、江青、康生一伙高喊政治决定一切、高于一切，否认人民群众的生产活动对人类历史发展的决定意义，大批所谓'唯生产力论'，反对发展社会生产。他们用政治代替经济、用所谓的阶级斗争代替生产斗争，他们攻击四个现代化是'西方化'、'资本主义化'，他们诬蔑发展生产、繁荣经济、改善人民群众生活的措施是'修正主义'或'资本主义'，他们鼓吹社会主义制度的巩固和发展不需要物质基础，宣扬普遍贫穷的'社会主义'，提倡脱离生产力发展的实际水平和客观需要的'穷过渡'。像他们这样政治上说得娓娓动听，一味醉心于'共产主义'的高调，而经济上却搞得一塌糊涂，生产大倒退，人民生活水平急剧下降，那么，共产主义就只能被糟踏成画饼充饥的魔术。这是对共产主义崇高事业的莫大污辱。林彪、'四人帮'的横行，从反面给全党和全国人民的一个重要教训就是：社会主义取代资本主义，就是要解放和发展生产力，不断提高劳动生产率，满足人民物质和文化生活的需要。这是社会主义革命的根本目的。无产阶级取得了全国政权，特别是在建立了社会主义制度之后，必须坚定不移地把工作着重点放在社会主义经济建设上，大力发展社会生产力，逐步改善和提高人民生活水平。现在，我国进入了一个新的历史时期。我们在现阶段的总任务就是：团结全国各族人民，同心同德，有计划、按比例，多快好省地发展社会主义经济，建设现代化的、高度民主、高度文明的社会主义强国。要建设社会主义的现代化强国，就必须坚持科学社会主义，坚定不移地走社会主义道路。社会主义制度在中国的出现，这是中国历史发展的必然结果，是中国人民在长期斗争中所作出的决定性选择。社会主义制度是人类历史上崭新的社会制度，同已经有了三四百年历史的资本主义制度相比，它还处在幼年时期，道路是不平坦的。在社会主义发展过程中，由于缺乏经验，我们曾出现过一些工作失误，甚至严重的错误。林彪、'四人帮'利用我们的错误，蓄意制造和推行了一条极左路线，使我国遭受了一场骇人听闻的浩劫，把国民经济拖到了崩溃的边缘。经过一场决定国家命运的大决战，林彪、'四人帮'彻底垮台了，我们的社会主义事业获得了新的活力。当前，我们国家的经济和文化还不发达，人民生活水平还比较低，但这丝毫不能说明社会主义制度没有优越性，除了历史的原因外，是由于社会主义优越性遭到破坏，没有得到充分发挥所造成的。我们坚信，在党的路线、方针的指引下，发挥社会主义制度的优越性，赶上和超过资本主义的前景一定会到来，社会主义是有伟大前途的。实践是检验真理的唯一标准。回顾恩格斯的不朽著作《社会主义从空想到科学的发展》问世一百年来的光辉战斗历程，充分证明科学社会主义学说具有无比强大的生命力。科学社会主义是无产阶级革命的科学，是建设社会主义和共产主义的科学，它的基本原理是万古长青的。但是，科学社会主义作为无产阶级运动的理论表现，它不是停滞不前的。科学社会主义的创立，结束了空想社会主义的历史，但并没有结束社会主义思想的发展，而是在更高的基础上为它的发展开辟了广阔的道路。我们知道，当初，马克思恩格斯在创立科学社会主义的时候，社会主义在他们的伟大著作中还只是一种科学的预见，因为他们还没有这种实践。可是到了今天，社会主义已在我国和其他一些国家变成了现实。实践常在，与人类共存。社会主义在实践中产生，在实践中发展。在社会主义实践过程中，必然会产生许多新情况、新问题和新经验，因此，科学社会主义也就必将在新的历史条件下，根据新的实践经验不断丰富和发展。我们坚信：科学社会主义的真理之花定会更加鲜艳美丽，共产主义的灿烂阳光必将普照全球。"① 从该文的表述中可以看出，作者行文最后落脚点落

---

① 以上内容参见于凤梧：《坚持科学社会主义——读恩格斯〈社会主义从空想到科学的发展〉》，载《北京师范大学学报》1980 年第 5 期，第 8—9 页。

在对"文革"期间政治革命话语超越经济发展的批判和反思上，从而基于恩格斯《社会主义从空想到科学的发展》的文本，重新理解和解释了科学社会主义的理论实质和精神品格。基于科学社会主义的灵魂是科学这一主题，上海社会科学院学者马勤对《社会主义从空想到科学的发展》中有关科学社会主义的科学性表征展开了详细的文本解读。他在该文中指出："马克思和恩格斯创立的科学社会主义，经过一个世纪以来的历史实践，特别是十月革命以来的历史实践检验，已经成为磅礴于世界的伟大精神力量和物质力量"①。论文从大工业早期的社会生产计划性的不可避免性，阶级划分、产生及其消灭的社会历史前提，社会所有制的历史必然性等方面，刻画了未来社会主义社会的基本特征。该文主要从科学社会主义历史表征的两个方面：社会主义代替资本主义的历史必然性和未来理想社会基本特征两个方面展开阐释。文章说理透彻，解读翔实，值得称道。但是，该文缺失对当下社会历史现实问题的回应和阐释。这方面不得不说是一个遗憾。

20世纪80年代，正值恩格斯《社会主义从空想到科学的发展》出版发行一百周年，国内学者围绕该文本展开了广泛讨论。一些纪念性的论文见于当时的报章杂志。学者们主要通过阐释《社会主义从空想到科学的发展》一书的具体内容，问题集中体现为对恩格斯有关科学社会主义学说实质的文本解读，有关未来社会思考之方法论的解析，还有对恩格斯有关唯物辩证法、唯物史观与科学社会主义关系的深入阐发。刘开通在论文《坚持科学的社会主义——纪念恩格斯〈社会主义从空想到科学的发展〉一百周年》中指出了科学社会主义的本质特征："但是，有了资本主义发展所造成的经济和政治情况，还必须有科学的世界观和方法去分析批判它，才能产生真正的结果。马克思的天才就在于他依靠人类在历史上特别是在资本主义时代所获得的那些知识的坚固基础，对人类整个历史特别是对资本主义社会进行了最确切、最缜密和最深刻的

---

① 马勤：《科学社会主义的灵魂是科学——学习〈社会主义从空想到科学的发展〉》，载《社会科学》1983年第5期，第13页。

研究，克服了旧唯物论的不彻底性，并借助于辩证法，把认识自然的唯物主义观点推广去认识人类社会的历史，提出了严整的唯物史观，从而不仅在认识自然方面而且在认识社会现象方面实现了真正的革命变革，得以用和那些空想的社会主义者截然不同的观点和方法去研究社会变革和人类解放的问题。这里特别需要指出以下几点：

第一，它告诉人们，研究社会主义问题，不能像空想家那样，从人的意志和愿望出发，从理性原则出发，而必须从实际出发，以历史上特别是当前现实的社会运动为依据，分析它的各种发展形式，从事实中发现这些形式的内在联系，并用实践加以检验，加以修正，从批判旧社会中去发现它的发展趋向和新的社会因素的成长。

第二，要辩证地考察社会运动，探索它的发展规律，即要把社会如实地看成由各种因素有机构成的活的机体，处于经常的变化发展之中。要全面分析它的各个方面，从它们的联系、它们的交互作用、它们的运动、它们的生长和衰亡中去考察，从而找出调节这个社会机体的历史规律来。

第三，要十分重视经济分析。根据唯物史观，历史过程是各种社会因素交互作用的结果，但在这种交互作用中，起决定作用的归根到底是经济运动，是在经济运动必然性基础上的交互作用。所以恩格斯指出，一切社会变化和政治变革的终极原因，'不应当在有关的时代的哲学中去寻找，而应当在有关的时代的经济学中去寻找'。必须从政治形式的外表深入到社会生活的深处，'从社会生活的各种领域中划分出经济领域来，从一切社会关系中划分出生产关系来，并把它当做决定其余一切关系的基本的原始的关系'。进而把生产关系归结于一定生产力的高度，这样才有可靠的根据把人类社会看做自然历史的过程，使社会历史的研究成为科学。

第四，要看到生产发展和阶级斗争、政治权力的相互作用。物质生产状况是基础，阶级、阶级斗争与政治权力都是和生产发展的一定阶段相联系的，为生产发展状况所规定、所制约，但是它们在其存在阶段，对生产发展又起着巨大的反作用。统治阶级的政治权力是以现行的经济制度为基础的,它当然要用它所拥有的全部工具(其中之一就是国家机器)来维护这个经济制度。为了废除这种经济制度,并用新的制度取而代之,就需要新兴阶级的斗争,这是变革旧制度的直接动力。所以要十分重视阶级斗争,要用客观态度分析具体环境中各阶级所处的地位及其发展条件,发现推动历史前进的主要动力,估计历史发展的全部合力。我们可以清楚地看到,马克思和恩格斯正是卓有成效地把这些方法应用来分析资本主义社会的发展前景,从而为社会主义提供了科学的论证。"①

针对以往社会主义道路的曲折发展,反思以往的经验教训,学者马知明通过解读《社会主义从空想到科学的发展》一书,阐明了科学社会主义的本真精神和价值关切。该文历史现实感强,全文孕育着浓烈的现实关切,即回应如何弘扬科学社会主义的本真精神,进而指导当前中国的社会主义现代化建设。"翻开《社会主义从空想到科学的发展》一书,革命导师对社会主义、共产主义那溢于言表的崇高信念,使我们莫不受到极大的鼓舞和教育。从科学社会主义的创立到恩格斯这部著作的出版,共产主义运动只经历了 32 年的历史,无疑,这与整个共产主义运动的历史比起来,是十分年轻的。这 32 年中,社会主义运动经受了像巴黎公社的失败、第一国际的解散等重大的历史考验。但马克思和恩格斯的伟大,正在于他们能从历史的曲折中发现其不可磨灭的意义,指出其必胜的光辉前程。一百年来的历史发展超过了当年恩格斯的乐观估计。一百年来,社会主义运动中尽管遇到了重大的挫折和暂时的倒退、失败,但它在曲折中前进的历史趋势始终没有改变。恩格斯有的预言虽然没有全部实现,但社会主义在世界上的胜利却是无可否认的。这一百年,是社会主义理想逐步地变为现实的一百年。恩格斯在这部著作中告诉我们:建立社会主义社会,消灭人剥削人、人压迫人的现象,这是几百年来人们梦寐以求的理想。在 16 世纪和 17 世纪就有理想社会制度的

---

① 参见刘开通:《坚持科学的社会主义——纪念恩格斯〈社会主义从空想到科学的发展〉发表一百周年》,载《福建师大学报(哲学社科版)》1980 年第 2 期,第 2—3 页。

空想的描写；在18世纪就有摩莱里和马布利的'直接共产主义的理论'。19世纪初，便出现了三个伟大的空想社会主义者：圣西门、傅立叶和欧文。他们的学说虽然尖锐地批判了资本主义，但由于找不到依靠的力量，理想的社会制度始终只存在于他们的'天才头脑'之中。由于马克思发现了唯物史观和剩余价值学说，社会主义才从空想发展到科学，并极大地教育和组织了无产阶级和广大劳动群众，使争取理想社会的学说，直接变成了广大群众的实际行动。如果说，1881年，即《社会主义从空想到科学的发展》出版后的第二年，法国工人党候选人在议会选举中只得到六万张选票的话，那现在已不是几万或几十万张选票的问题了。法国大作家雨果在《悲惨世界》一书中预言说：'19世纪是伟大的，20世纪是幸福的'。至少，通过群众如火如荼的斗争，雨果这个预言是部分地实现了，社会主义理想已在好多国家中实现了，被圣西门称之为'人数最多和最贫穷的阶级'，在人类历史上第一次可以谈论自己的幸福了。数以亿计的无产阶级和劳动人民夺取了国家政权，摆脱了私有制的桎梏，成了国家的主人，社会主义不是正在从理想变成活生生的现实吗？这是连社会主义的敌人也无法否认的。社会主义作为一种科学的思想体系，在世界工人运动中早已取得了统治的地位。列宁在讲到马克思主义学说的历史命运时曾指出：科学社会主义从创立到巴黎公社，它不过是无数社会主义派别或思潮之一而已，远不是占统治的地位。巴黎公社后到1904年这一阶段，也就是恩格斯这本著作问世前后，科学社会主义在工人运动中才'获得了完全的胜利'，并且得到了广泛的传播。这时，马克思主义在理论上的胜利，逼得它的敌人也装扮成了'马克思主义者'。现在的事实是，社会主义学说已经从幻想家的书斋里，从无政府主义的学说中，从密谋者的小圈子组，解放了出来，不仅由空想变成了科学，而且成了亿万无产阶级和劳动人民的强大思想武器；社会主义不仅从头足倒置的情况下，根本改变过来，牢牢地立足于现实的土壤上，而且通过工人运动的实践，通过人民解放斗争的实践，战胜了形形色色的非科学的社会主义流派，并不断地获得丰富和发展。世界上不管是那些自命不凡'理论骑士'，还是无政府主义的极左思潮，都不可能像科学社会主义那样，具有广泛的群众基础和强大的生命力。一百多年前，工人中真正懂得科学社会主义的人还是不多的。现在，一部《社会主义从空想到科学的发展》就赢得了遍布世界五大洲的亿万读者。'社会主义者'成了一种光荣的称号。一些不抱偏见而是以科学态度来分析和观察现实生活的人们，他们从比较中认识到：社会主义制度的确比资本主义制度好。由于社会主义享有越来越大的威信，世界上信仰社会主义的人越来越多。即使在发达的资本主义国家，也有不少有识之士看到了资本主义社会的不治之症，把希望寄托于社会主义，并在认真探讨实现社会主义的道路。第二次世界大战以来，亚非拉美民族解放运动蓬勃发展，在许多民族独立国家里，也有不少先进的人们，在探讨实践社会主义的问题。世界上宣布自己是社会主义国家或正在建设社会主义的国家竟有50多个。当然，这些国家的情况是很复杂的，一些自封的'社会主义'的学说与科学社会主义学说存在着原则的区别。但这一现象正从一个侧面表明了社会主义力量在世界上的强大，它的威望在人们心目中的提高，也表明了社会主义这面旗帜比资本主义具有更大的吸引力。学习恩格斯这部著作，我们不仅可以认识到社会主义必然胜利的历史规律，而且还可以认识到社会主义胜利的曲折性，从而划清与非科学的社会主义的界限。社会主义，它是一种崭新的社会制度，它要以社会主义公有制代替资本主义和一切剥削制度，它要消灭千百年来被剥削者认为是'天经地义'的人剥削人、人压迫人的不合理现象。建设这样一种社会制度，至今还只有60几年的历史，要经历'最复杂和最离奇的曲折道路'，那是无疑的。社会主义的公有制最终将代替资本主义的私有制。这条历史规律，科学社会主义的创始人已说得很清楚了。但要把这个理论变为现实，是不可能一帆风顺、迅速实现的。马克思主义认识论认为，在实践基础上创立科学理论是一个飞跃；把科学理论运用于实践，创造出理论所预言的那种新事物，更是一个飞跃。这第二个飞跃不是一蹴而就的，而是一个长期曲折的过程，其间有迂回，甚至还有倒退。科学社会主义虽然指明了历史发展的道路和前进的方向，给革命的人们以观察问题的立场、观点和方法，但是历史的具体发展却有它自己的步伐。实现第二个飞跃的曲折性，首先决定于无产阶级和资产阶级的力量对比。正如恩格斯指出的，社会主义是两个历史地产生的阶级，无产阶级和资产阶级间斗争的必然产物。这两个阶级的力量对比常常会发生变化的。实现社会主义不仅要有无产阶级这方面的主观条件，还取决于资产阶级那方面的客观条件。阶级斗争的复杂性，势必使社会主义只能在曲折中前进。其次，科学社会主义理论指明的是社会主义革命和建设的一般规律和原则，把这些原则运用于实践时，在德国不同于美国，在中国不同于俄国，诸如此类，这就难免出现挫折和失误，因机械照搬别国的做法而导致暂时的失误和失败是常有的，这也说明了把科学社会主义理论运用到实践中去，是一个巨大的飞跃。仅仅有了正确的理论还不够，还必须要有一个善于将科学理论运用于本国具体实际的领导集团，并领导千百万人民来实践这一伟大的飞跃。这是因为社会规律与自然规律不一样。自然规律没有人的活动也能自发实现，社会规律必须借助人的活动才能实现，社会主义代替资本主义虽然是客观规律，但必须通过工人阶级在共产党的领导下进行的革命活动才能实现。作为工人阶级的领袖，并非天生的英雄，要善于把科学社会主义运用到本国实践中去又谈何容易，犯一些错误，招致一些失败，也在所难免。这就更决定了第二次飞跃的曲折性。实现这个飞跃，是一个长期的、艰巨的、复杂的过程，我们不能因为在这个飞跃中出现了一些问题就怀疑科学理论的正确性，更不能悲观失望，因噎废食。还必须清醒地认识到，实现第二次伟大飞跃，必然会遇到形形色色的假社会主义的干扰和破坏。有时，人们也往往把非科学的社会主义理论当做'经典'来实行。中国社会主义建设的30年历史，自1958年以来出现了两次'马鞍形'，同'左倾'思潮是密切相关的。由于假社会主义思潮泛滥成灾，科学社会主义自然受到了阻碍。而'左'倾思潮以及各种假社会主义思潮之所以能泛滥，除了人们主观的责任外，还在于小资产占优势的国家里，有着传播种种空想社会主义的有利土壤。这种付出巨大代价的历史曲折，深刻地教育了我们：为了使社会主义取得真正的全面的胜利，必须同形形色色的非科学的社会主义划清界限。为此，我们一定要更好地学习科学社会主义理论，提高我们对假社会主义的识别能力。这是历史赋予我们的任务。"①

还有学者围绕唯物辩证法、唯物史观与科学社会主义的关系问题，详细解读了《社会主义从空想到科学的发展》一书，并运用恩格斯科学社会主义的理论基础对当代中国社会主义发展道路给予了期许和展望。张绪文指出："恩格斯在这部著作中，集中分析了社会主义从空想变为科学的理论和社会历史条件，说明了唯物辩证法对实现这一转变的决定意义。今天，当我们总结30多年来社会主义革命和建设的经验，进一步探索我国社会主义发展的规律，为实现社会主义现代化而斗争的时候，重新学习这部著作的基本思想，并回顾一下半个多世纪以来社会主义实践所走过的道路，是会得到教益的。社会主义从空想变为科学，是社会主义学说史上质的飞跃。完成这一飞跃是马克思恩格斯的巨大理论功绩，也是他们在哲学、政治经济学领域所实现的变革的结果。恩格斯在《社会主义从空想到科学的发展》一书中，精辟地阐述了马克思主义三个组成部分的内在联系，指出，唯物主义历史观和剩余价值学说的发现，使社会主义从空想变成了科学。唯物主义历史观的创立是马克思主义哲学形成的标志，是科学思想史的最大成果。然而，这一科学历史观的产生必须借助于辩证法。这是因为只有把社会历史看成一个有规律的发展过程而不是偶然事件的堆积，才有可能发现社会发展的一般规律。正因为如此，马克思恩格斯高度评价黑格尔，并极为重视对其辩证法合理内核的吸取和继承。马克思恩格斯在新的历史条件下，总结了无产阶级反对资产阶级的斗争经验，运用辩证法，创立了唯物主义历史观，从而使社会主义理论的研究建立在科学世界观方法论的基础之上了。按照历史唯物主义观点，除原始社会以外的历史都是阶级斗争史。马克思主义政治经济学'本质上是建立在唯物主义历史观的基础上的'。但是，单有这个基础还不够。马克思对资产阶级、小资产阶级政

---

① 参见马知明：《社会主义在曲折中前进——纪念〈社会主义从空想到科学的发展〉出版101周年》，载《新疆大学学报（哲学社会科学版）》1981年第3期，第9—13页。

治经济学的批判，对资本主义经济关系的解剖，不但离不开历史唯物论，而且离不开唯物辩证法。马克思主义是严密的科学体系，它的三个组成部分是一个有机的整体。马克思主义世界观是以科学社会主义为其理论结论的。科学社会主义理论的产生，又要依赖于马克思在哲学和政治经济学领域所实现的变革，首先是依赖于唯物辩证法。辩证法是马克思主义中有决定意义的东西。马克思恩格斯把社会主义从空想变为科学。列宁领导的十月革命第一次把社会主义理论从空想变成了现实。社会主义从空想发展到科学需要唯物辩证法，同样地，科学社会主义从理论转化为现实也离不开唯物辩证法。不同国家建设社会主义不能是一个模式。那么，在一个国家里，社会主义经济形式是否只能是一个模式呢？也不是。特别是像我们这样的国家，经济形式更需多种多样。谁都知道，中国是一个经济发展很不平衡的大国，生产力水平存在着多层次的状况，不仅不同部门、不同地区有很大差别，同一部门、同一地区的不同生产单位之间也有很大差别，这是一个基本的客观存在。如果尊重唯物论，尊重辩证法，从实际出发，着眼其特点，那么，在我国，不但要有两种公有制形式，而且无论全民所有制还是集体所有制，都不能只是一个模式。要鼓励多种经营形式，允许公有程度的差别。而且，要在社会主义公有制占绝对优势的条件下，在一定程度上容许其他经济成分（如个体经济、国家资本主义经济等）作为辅助同时存在。只有这样，才能使生产关系真正适合生产力的要求，调动一切人力、物力和财力，加速社会主义建设，更好地满足人民的需要。如果不是这样，所谓建设社会主义从生产力的实际状况出发，就只是一句空话，社会主义也只能沦为空想。"①

还有学者基于《社会主义从空想到科学的发展》文本本身展开恩格斯关于未来社会思考的方法论及其现实意义的阐发。"恩格斯在这一著作中，不仅阐述了社会主义从空想到科学的发展，正确地评价空想社

---

① 参见张绪文：《唯物辩证法和科学社会主义——学习〈社会主义从空想到科学的发展〉》，载《武汉师范学院学报（哲学社科版）》1980年第4期，第1—6页。

会主义的思想，而且指出科学社会主义的实质，以及同其他社会主义思潮的本质区别。科学地阐述了社会主义是资本主义基本矛盾发展的必然结果，以及无产阶级所担任的伟大的历史使命。至关重要的是恩格斯在这部伟大的著作中，为我们提供分析研究未来社会的方法论原则，以及他本人运用这些方法论原则分析社会的实践，为我们做出了光辉的榜样。我觉得研究恩格斯这一著作就要吸取这个有益的成果，来指导我们今天的建设具有中国特色的社会主义实践，以便坚持和丰富发挥马克思主义的科学社会主义学说，是有重大裨益的。恩格斯在这部著作中，为研究未来社会，提供了以下的一些方法论原则。第一，勾画未来社会的蓝图，从什么出发，这是一个原则问题，是坚持唯物史观还是坚持唯心史观的问题。科学社会主义学说，不是像空想社会主义者追求永恒的真理和正义出发，而是从实际的历史过程出发的。明确地提出了一条探讨未来社会的唯物主义路线。为了使社会主义变为科学，就必须首先把它置于现实的基础之上。所谓把社会主义置于现实基础之上，就是科学地理解社会发展，不是从人们头脑的虚构出发，而是从现阶段资本主义生产方式这个现实出发，通过分析资本主义的经济关系和阶级矛盾，揭示社会主义必然代替资本主义的客观规律，使社会主义变成科学。所以，从什么出发，不仅是坚持唯物史观还是坚持唯心史观的问题，而且是研究未来社会的唯物主义方法论原则之一。第二，就理论形式及其发展规律，也不能割断其历史发展。人们在构成某种新的社会理论体系或学说时，也必须从现实的思想资料出发。任何学说，除去它的阶级根源、社会根源以外，都有它的思想根源，和以往的学说有一定的联系。充分利用前人所遗留的丰富思想资料和文化成果，作为自己的理论发展的前提。恩格斯在著作中，对当时的三大空想社会主义学说是放在其产生发展的历史环境中，进行比较分析，给予了科学的评价，指出了空想社会主义学说产生的必然性和局限性、作用和意义。空想社会主义学说，尽管是空想的、不成熟的理论，但是也有它产生的必然性。这是和资本主义生产状况、阶级矛盾没有充分暴露和不成熟相适应的。但也必须看到，他们抨击资本主义社会的全部基础，为启发无产阶级群众觉悟和科学地研究资本主义社会提供了宝贵材料,他们的社会历史观点也有辩证法的因素,把社会看成是一个进步的、有规律的发展过程,在描绘未来的理想社会时也提出了一些积极主张。恩格斯指出,三大空想社会主义者的观点和科学社会主义是现代社会主义发展的两个互相衔接的阶段。两者都是资本主义社会基本矛盾和阶级冲突在观念形态上的反映,前者是不成熟的、不完备的表现形式,后者是它的成熟的、完备的、科学的表现形式。前者是后者的思想来源,后者是前者在新的更高水平上的继续和发展。所以在研究未来社会的学说时,不能忽视现有的思想资料,注意其历史继承性。第三,剖析现实社会的发展和对未来社会的预测,必须运用唯物辩证法和唯物史观。恩格斯在这本著作中,用了大部分篇章来论证这一世界观和方法论。第四,在批判旧世界中发现新世界,发现未来世界的某些主要特征,而不能预示未来社会的具体方案和形式,否则,那只能是空想。恩格斯在这本著作中运用历史唯物主义原理具体分析了资本主义社会。恩格斯这里所论证的预见未来社会的方法论,是以分析历史事实和发展过程为出发点的,那就是说,关于未来社会的观点是根据现在的历史事实和发展过程分析而得出的,随着事实过程的改变或者分析的深入,关于未来社会的观点也要随之改变。社会主义社会是取代资本主义社会发展而来的,社会主义社会也有其自身不断发展和变化的过程。对它的认识也应不断地深入和发展。"[①]

  20世纪90年代,这个时期有关《社会主义从空想到科学的发展》一书的研究呈现如下景象:随着学术文献资源的不断丰富,学者们对恩格斯《社会主义从空想到科学的发展》一书的文本解读日益翔实,在文本考证、思想史问题的梳理方面更进一步,在对《社会主义从空想到科学的发展》的现实反思和历史解读方面问题意识更加凸显和明晰。学者们关心的问题可以归结为以下几个主要方面:《社会主义从空想到科学的发展》是一本通俗著作还是科学研究著作;关于《社会主义从空

---

① 李玉硕:《恩格斯关于未来社会的方法论——读〈社会主义从空想到科学的发展〉》,载《学术交流》1986年第6期,第10—13页。

想到科学的发展》导读和总体评论性论著；关于社会主义历史的现实反思等问题。

《理论探讨》杂志于1991年第6期和1992年第2期刊印了两篇有关《社会主义从空想到科学的发展》是通俗著作还是学术著作的学术争鸣。魏鸿彬认为："在《马克思恩格斯全集》、《马克思恩格斯选集》和《社会主义从空想到科学的发展》的一些单行本里，关于《社会主义从空想到科学的发展》的注释，都是说：'1880年恩格斯应保·拉法格的请求，把《反杜林论》中的三章，改写成为一篇独立的、通俗的著作'。笔者认为，这种说法是值得商榷的。因为，这与事实不符。恩格斯认为，把这部'首先是纯粹科学的著作'用来'直接去群众中进行宣传'，还是适用的。这些，在德文第一版序言里，写得清清楚楚。恩格斯在准备《社会主义从空想到科学的发展》的德文第一版和增订的德文第四版的时候，对原文作了一些修改和补充，共有28处。仔细阅读这些对比材料，可以发现：这些修改、补充只是为了更确切、更完整、更深刻地表达他们的理论观点。并不是去改变表述方法，也不是在做什么通俗化的工作。把恩格斯《社会主义从空想到科学的发展》说成是通俗的著作，和现在通行的译本，都把马克思为这本书写的法文版导言里的最后那句话，译成'科学社会主义的入门'不无关系。'入门'在德文中是Einfuhrung，是引言、介绍、输入的思想。这个词在中译文里，虽然也可以译做'入门'。但由于'入门'的中文含义，必将包括粗浅、初步的意思。比如：'入门并不难，深造也是可以办得到的'，各种科学的入门读物，都可以理解为该学科的浅层次的通俗小册子。这样一来，'入门'的译法不仅有悖于德文在这里的本意，似乎又成为一些同志把恩格斯这部著作说成是通俗的著作的某种根据了。把《社会主义从空想到科学的发展》说成通俗读物，不符合马克思恩格斯对本书的评价。恩格斯指出，这是一部'纯粹科学的著作'，前面已经提到。马克思在法文版导言里，说这本书是我们摘录了《反杜林论》里面的'理论部分中的最重要的部分'。最重要的理论部分和理论的通俗解释，显然不能是一样的。如果按现在的译法，接下去的话，将会是：这一部分可以说是科学社会主义的通俗的著作。是自相矛盾，说不下去，不能成立的。我以为 Einfuhrung 这个词，在这里译成'导论'，比较更符合德文原词在这个地方的本意，同时可以消除'入门'译法带来的误解。因为这表明：可以把我们带进科学社会主义的理论殿堂。写作《社会主义从空想到科学的发展》的时候，马克思恩格斯都是60来岁，精力旺盛，经验丰富，理论成熟。这本书不仅吸收了《资本论》的成果，而且集中了《反杜林论》这部被誉为马克思主义百科全书的精华。完全可以说，这是马克思恩格斯的最成熟的、最基本的科学社会主义的理论著作。遗憾的是，长时期以来，对这一点，似乎并没有得到应有的肯定和承认。在不少同志写的介绍解释文章中，把这部书说成是某种通俗读物。'入门'的译法，也已习以为常。在广大的读者中，有着深远的影响。无形中贬低了这部书应有的价值。"[1]杨玲撰文提出不同的见解，与魏文针锋相对。"魏鸿彬同志在《理论探讨》1991年第6期上撰文认为，恩格斯的《社会主义从空想到科学的发展》一书不是通俗的理论著作，而是'马克思恩格斯的最成熟的、最基本的科学社会主义的理论著作'，将该书说成是通俗读物，'无形中贬低了这部书应有的价值'。对此，笔者查阅了一些资料，结论与其相左。《社会主义从空想到科学的发展》一书是通俗读本，还是艰深著作？笔者认为，最权威的鉴定人当属作者本人和本书的编辑。恩格斯在改写这部著作以及后来再版这本书时，多次指出，这是一本通俗性的小册子。恩格斯在为德文第一版写的《序言》中，说明了为使纯粹科学的著作适宜于直接的宣传，需要在形式和内容上作些什么修改，《社会主义从空想到科学的发展》一书的通俗性，还可以从这部著作的早期读者的评价中得到证实。《社会主义从空想到科学的发展》问世以来，被翻译成90种文字，出版了众多的版本，发行量数以百万计。这除了表明此书的重要价值

---

[1] 参见魏鸿彬：《〈社会主义从空想到科学的发展〉是恩格斯改写的一部通俗著作吗?》，载《理论探讨》1991年第6期，第91—93页。

外，也从另一个侧面说明了这部书的通俗性。"① 另外，学者们对《社会主义从空想到科学的发展》一书总体性介绍和导读著作评论展开阐释。姜丕之把《社会主义从空想到科学的发展》一书的内容整体上概况为三个话题，即马克思主义世界观的入门、两种思维方法的对立和唯物主义历史观的发现。② 李楠明从总体上谈了对《社会主义从空想到科学的发展》的几点理解。"《社会主义从空想到科学的发展》（以下简称《发展》）是科学社会主义的基本理论著作，是恩格斯阐述科学社会主义的理论渊源、形成机制和社会主义必然胜利的原因及实现途径的经典文献。恩格斯对资本主义必然灭亡、社会主义必然胜利的原因的揭示，今天对于我们正确认识资本主义的现实、坚定社会主义的信念、坚持走建设有中国特色社会主义道路仍具有十分重要的指导意义。《发展》一书过去教育了整整一代共产党人，使马克思主义的基本原理得到了广泛传播。今天加强对《发展》一书的理论和现实意义的研究，仍是当前理论界的一项重要任务。"③ 还有学者撰文评述学界有关对《社会主义从空想到科学的发展》导读论著的评述。"北京大学哲学系曹玉文教授的著作《〈社会主义从空想到科学的发展〉导读》（以下简称《导读》）近期由人民出版社出版了。《社会主义从空想到科学的发展》是科学社会主义的基本著作之一，它以《反杜林论》中关于社会主义的理论为基础，并有所扩充。曹教授多年来从事马克思主义著作的教学和研究工作，他的这本《导读》深入浅出地阐释了原著的思想，探讨了相关的理论问题，不仅有学术价值，而且具有现实意义。在建设有中国特色的社会主义的进程中，理论与实践的关系问题是一个常新的主题，既不囿于传统理论，又要具备关于社会主义的理性认识，这是改革过程中对于理论应有的态度，《导读》则是帮助人们认识社会主义的一本很好的入

---

① 参见杨玲：《〈社会主义从空想到科学的发展〉通俗著作考——兼与魏鸿彬同志商榷》，载《理论探讨》1992年第2期，第70—75页。

② 参见姜丕之：《读〈社会主义从空想到科学的发展〉三题》，载《齐齐哈尔师范学院学报》1991年第4期，第5—9页。

③ 参见李楠明：《学习〈社会主义从空想到科学的发展〉的几点体会》，载《高校理论战线》1999年第11期，第24—27页。

门书。书中紧紧抓住了如何理解马克思恩格斯的科学社会主义理论这个中心。在论述中《导读》分别体现出以下几个特点：第一，对原著的阐释与学术研究的新成果相结合。第二，实事求是的研究态度。第三，理论研究和社会主义现实相结合。"① 围绕《社会主义从空想到科学的发展》一书，重新反思社会主义的前途和命运也是学者们关注的问题。"人们对社会主义的认识，建立在对资本主义的认识和批判之上，经历了从空想到科学的发展过程。笔者通过反复学习恩格斯之《社会主义从空想到科学的发展》一文，深深感到：人类社会总是由低级向高级发展的。因此，社会主义代替资本主义，共产主义一定会实现，这是人类历史发展的必然规律。"② 冯深撰文指出："《社会主义从空想到科学的发展》一书，是世界工人运动传播最广、影响最大、最富启迪性的马克思主义著作之一。该书一个重要特点就是坚持用唯物辩证法揭示资本主义社会内在的矛盾，论证资本主义必然灭亡的规律，从而使社会主义真正成为科学。对于资本主义的灭亡，恩格斯并没有采取形而上学的态度，而是把它看做一个辩证发展的过程。就总的人类历史长河来说，资本主义的生产方式不可能永世长存，终究要为社会主义的生产方式所代替，但是这并不否定资本主义仍然有一定的扩展余地，在一定时期生产力还可能有较大的发展。恩格斯在书中还列举了这样的资料。但是，恩格斯认为，资本主义生产力的发展，并不表明资本主义不会灭亡，恰恰相反，它表明社会主义日益临近，因为它为社会主义提供了更加丰实的物质基础。"③

21世纪以来，学界对恩格斯《社会主义从空想到科学的发展》一书的研究呈现出日益多视角的重新审视，结合中国社会主义现代化建设的实践经验和时代主题，《社会主义从空想到科学的发展》

---

① 参见李涛：《评〈社会主义从空想到科学的发展〉导读》，载《北京大学学报（哲学社科版）》1995年第7期，第117—120页。

② 参见石荣卿：《社会主义代替资本主义是人类历史发展的必然——学习〈社会主义从空想到科学的发展〉》，载《娄底师专学报》1991年第3期，第6页。

③ 参见冯深：《社会主义是人类历史发展的大趋势——恩格斯〈社会主义从空想到科学的发展〉一书的不朽思想》，载《国际共运史研究》1991年第1期，第36—38页。

一书得到更加深入的研究和探讨，其当代价值意蕴不断得以阐发。这一时期，学界紧紧围绕《社会主义从空想到科学的发展》一书，提出了如下几个主要主题：如何基于实现马克思主义时代化和大众化的时代要求，重新审视恩格斯《社会主义从空想到科学的发展》一书对推进当前马克思主义时代化、中国化和大众化的理论和现实意义；如何基于新的时代问题意识和社会历史现实重新反思《社会主义从空想到科学的发展》一书有关科学社会主义学说实质的本真理解；如何重新理解恩格斯的国家观和对未来理想社会特征的思考等问题。

关于《社会主义从空想到科学的发展》与马克思主义中国化、时代化和大众化关系问题，徐峰指出："恩格斯在《反杜林论》的基础上改写而成的《社会主义从空想到科学的发展》，之所以极大地促进了马克思主义在欧洲大陆的传播和普及，是因为恩格斯运用了科学方法：首先从论战性学术著作需要转变到普及宣传之作；针对不同国家的接受者强调借助于辩证法和恢复唯物主义的权威以有效推动马克思主义的普及；在宣传普及的内容上则把重点放在马克思主义理论体系的内在联系和核心问题的表述上。恩格斯在'科学社会主义入门'中所运用的科学方法，对于推进当代中国马克思主义大众化具有重要的方法论意义。由此可见，在马克思主义发展史上，不仅需要马克思主义的民族化和时代化，而且在马克思主义发展到一个新阶段时需要马克思主义的大众化。只有在马克思主义理论创新的基础上，实现马克思主义大众化，才能使发展着的马克思主义成为人民群众认识世界和改造世界的思想武器。当代中国马克思主义大众化，不仅是马克思主义中国化的实践需要，也是中国特色社会主义理论体系丰富和完善的需要。在马克思主义大众化过程中，无论是在恩格斯生活的 19 世纪，还是在 21 世纪的新时代，都首先有一个把发展着的马克思主义理论体系由学术性著作转变为宣传、普及和大众化的过程和任务。恩格斯的《社会主义从空想到科学的发展》在使马克思主义大众化方面所运用的科学方法，为我们推进当代中国马克思主义大众化奠定了基本原则和提供了科学的方法论。"① 还有论者基于新的时代问题重新思考《社会主义从空想到科学的发展》一书的当代价值和时代精神，重新理解科学社会主义的本真精神和时代内涵。"恩格斯《社会主义从空想到科学的发展》是'科学社会主义的入门'之作，系统论述了科学社会主义的思想来源、理论基础和基本原理，清晰地归纳出社会主义发展的历史进程和理论逻辑，反映了科学社会主义理论体系形成过程中，在与各种非马克思主义错误思潮的斗争，指导人民变革社会的实践进程中，由科学理论到思想武器进而成为物质力量的大众化路径，并显示了巨大的理论价值和现实意义。"② 还有论者指出："今年是恩格斯的名著《社会主义从空想到科学的发展》一书发表120周年。科学社会主义是马克思恩格斯在19世纪所创立的关于无产阶级解放运动的崭新理论。它的形成经历了孕育和准备、正式形成和走向成熟、理论体系最终确立三个阶段。《社会主义从空想到科学的发展》是恩格斯在理论体系形成阶段所写的科学社会主义奠基作。这本书从发表到现在，始终是科学社会主义的奠基作、代表作、权威作。马克思为这本书写了导言，恩格斯写了三篇序言。马克思在导言中赞誉这部著作是'科学社会主义的入门'。"③ 吴雄丞对《社会主义从空想到科学的发展》一书的理论意义作了如下解读："《社会主义从空想到科学的发展》是一部阐述科学社会主义的思想来源、理论基础和基本原理的重要著作。它指出，空想社会主义是科学社会主义的直接思想来源；唯物史观和剩余价值学说两大理论发现使社会主义从空想变成了科学；资本主义基本矛盾的发展，导致社会主义的必然出现。这些认识对于今天科学分析当代资本主义及其新变化，具有重

---

① 参见徐峰：《〈社会主义从空想到科学的发展〉与马克思主义大众化的方法论意义》，载《郑州大学学报（哲学社会科学版）》2011年第2期，第13—16页。
② 参见李明：《科学社会主义理论体系的形成——纪念恩格斯〈社会主义从空想到科学的发展〉发表130周年》，载《中共南昌市委党校学报》2010年第2期，第6页。
③ 参见赵曜：《科学社会主义的奠基之作——纪念恩格斯著作〈社会主义从空想到科学的发展〉发表120周年》，载《科学社会主义》2000年第5期，第9—10页。

要的方法论意义。"① 针对科学社会主义和中国特色社会主义关系问题，张永健指出："党的十七大报告指出，'改革开放以来我们取得一切成绩和进步的根本原因，归结起来就是：开辟了中国特色社会主义道路，形成了中国特色社会主义理论体系。'进而又强调，在当代中国，'坚持中国特色社会主义道路，就是真正坚持社会主义。''坚持中国特色社会主义理论体系，就是真正坚持马克思主义。'如何正确把握这些重要论断，既需要放眼世界、立足实践寻找答案，也需要从理论追本溯源。今读《社会主义从空想到科学的发展》，亦有重要意义。"②

关于恩格斯的国家观问题，马娟娟指出："在《社会主义从空想到科学的发展》第三部分中，恩格斯表述了他对资本主义国家的看法，认为'（而）现代国家也只是资产阶级社会为了维护资本主义生产方式的一般外部条件使之不受工人和个别资本家的侵犯而建立的组织。现代国家，不管它的形式如何，本质上都是资本主义的机器，资本家的国家，理想的总资本家。它越是把更多的生产力据为己有，就越是成为真正的总资本家，越是剥削更多的公民。'从中我们不难看出，恩格斯对于资本主义国家是抱有极大的反感的。但是，纵观人类自古以来的国家观，我们不难看出，在当时资产阶级和无产阶级激烈对峙的时代背景下，恩格斯的国家观存在着一定的偏差。实际上，国家并不仅仅是统治阶级剥削和镇压被统治阶级的工具，它还拥有其他很重要的职能，而且在绝大多数时候，剥削和镇压甚至不是国家最主要的职能。"③ 基于以上所述，20 世纪 90 年代以来，随着探索中国特色社会主义道路伟大的历史征程不断推进和面临时代的新问题，国内学界对恩格斯《社会主义从空想到科学的发展》一书展开了多维度的全方位解读，推进了对该经典著作的

---

① 参见吴雄丞：《科学社会主义的基本经典——恩格斯著〈社会主义从空想到科学的发展〉研读笔记》，载《高校理论战线》2006 年第 4 期，第 22—23 页。
② 参见张永健：《科学社会主义理论的新发展——学习恩格斯〈社会主义从空想到科学的发展〉的一点体会》，载《理论探讨》2008 年第 1 期，第 25 页。
③ 参见马娟娟、孙一峰：《对马克思主义国家观的再思考——读〈社会主义从空想到科学的发展〉有感》，载《中共铜仁地委党校学报》2009 年第 3 期，第 15 页。

恩格斯《社会主义从空想到科学的发展》研究读本

研究。

从纵向总体上反思恩格斯《社会主义从空想到科学的发展》出版以来，科学社会主义在中国的践行和发展情况，也成为国内学者关注的问题。有学者撰文指出：科学社会主义作为无产阶级解放运动的真理表现，不仅适用于先进工业国家，也适用于经济相对落后的国家。科学社会主义在中国正式传播始于俄国十月革命和中国五四运动时期。90余年来，科学社会主义在中国不仅要战胜西方传来的资产阶级思潮，还要同中国本身的文化传统碰撞、斗争和论争。影响全局的重大论争有四次：五四运动到建党初期是第一次。第二次大论争发生在20世纪30年代，实际贯穿大革命失败到新中国成立前的整个过程。20世纪50年代后期到"文化大革命"结束前，可以说是科学社会主义在中国的第三次大论争。第四次大论争发生在20世纪80年代中后期。四次大论争覆盖了中国新民主主义革命时期和社会主义建设时期，系统地研究这些争论可从中观察到科学社会主义在落后国家运行的轨迹。[①] 如果说马克思恩格斯把社会主义从一种空想转变为科学，那么当今中国社会主义革命史、建设史和发展史就是在新的历史条件下对科学社会主义学说的历史检验和时代发展。如何理解当代中国社会主义发展史不同阶段的时代主题，对于站在新的历史起点认识科学社会主义学说的当代价值意义深远。针对这一点，有学者指出："自1848年《共产党宣言》发表以来，科学社会主义的发展大体以50年为期分为三个阶段，相应地，科学社会主义主题也经过了由社会主义必然取代资本主义到社会主义如何取代资本主义，再到社会主义如何在与资本主义共存、交流和冲突、对抗中发展自身的三次重大转换。对科学社会主义发展阶段及其主题转换的历史考察，有利于深入理解科学社会主义基本原理的当代价值和开拓科学社会主义新现实。19世纪40年代后半期到19世纪90年代中期为第一阶段。这是科学社会主义基本原理形成和发展的阶段。这一阶段科学社

---

① 以上内容见王雪梅：《科学社会主义在中国的运行轨迹及问题论争》，载《理论月刊》2000年第9期，第21—22页。

会主义发展的主题是资本主义必然被社会主义所取代，也就是社会主义必然取代资本主义。19世纪末到20世纪50年代中期为第二阶段。这是科学社会主义基本原理运用于实际，科学社会主义理论预言转变为社会革命、建设实践的阶段。这一阶段科学社会主义发展的主题转换为社会主义如何取代资本主义。20世纪50年代中期以来为第三阶段。这一阶段是科学社会主义基本原理广泛地运用于实际，科学社会主义由革命实践为主转变为建设实践、改革实践迅速发展的阶段。这一阶段科学社会主义发展的主题逐渐转换为社会主义如何在与资本主义共存、交流和冲突、对抗中发展自身并最终取代资本主义。"①

理论的反思、争论和创新总是伴随着并反映时代的历史变迁和经验总结。自新中国成立到改革开放后60多年时间里，中国人民不断探索着社会主义新的发展形势和实践道路。在这一探求实现社会主义道路的历史行程中，不仅充满了艰辛和令人难以忘却的历史教训和不应有的代价，还展现了中华民族睿智的实践智慧和探求真理的勇气和信心。针对上述一段历史和当今时代中国的现实课题，理论界对科学社会主义的当代价值意蕴也作了富有新意的理论诠释和当代解读。有学者撰文指出："中国社会主义事业的胜利不是我党照搬科学社会主义原理的结果，相反，其最重要的特点就是马克思列宁主义与中国革命和建设实践相结合，就是从中国国情出发，用自己的实践去检验一切革命理论和外国经验，依据自己实践摸索出的规律，形成有自己特色的革命和建设理论。毛泽东思想、邓小平理论继承和发展了科学社会主义，使之在中国有重大的突破性的发展。科学社会主义在中国第一个新的突破性发展，是突破了过渡时期短暂论，代之以社会主义初级阶段论。社会主义初级阶段论是新民主主义论的必然接续，是科学社会主义独创性的新发展。其实质就是落后国家的过渡时期理论。中国改革开放的实践，已经证明了它的正确性，无疑是落后国家向社会主义过渡的一个范例。科学社会主义

---

① 以上内容见顾海良：《科学社会主义发展阶段及其主题转换》，载《中国人民大学学报》2005年第3期，第3—5页。

在中国的第二个新的突破性发展,是突破了单纯计划经济论,代之以社会主义市场经济论。社会主义市场经济论的出发点在于解放生产力和发展生产力。认为只有发挥市场作用才能最大限度发展社会生产力,促进社会主义经济的发展,才能逐渐消除贫富差距,实现共同富裕的社会主义目标。然而,全面地建立起社会主义市场经济,还需要较长时间的努力。科学社会主义在中国第三个新的突破性发展,是突破了社会主义运动的国际统一论,代之以各国特色论。中国共产党现行的建设有中国特色社会主义的路线和历史上实行的有中国特色的新民主主义革命路线一样,就其内容来说,主要是关于中国革命和建设的理论与政策。但是,"有中国特色"的提法,实际上也包含了在国际社会主义运动内部关系上,主张实行各国特色论的路线。这也是社会主义运动史上一次重要突破。科学社会主义在中国新的突破性发展,是在当代社会主义运动的大背景下发生的。研究和实践这些突破性的发展,对于建设一个能够胜任社会主义新社会建设的执政党有重要意义,同时也为中国改革开放提供了动因和借鉴,充分说明这些新的突破性发展的伟大意义。①

如何反思改革开放 30 年来中国特色社会主义探索的宝贵经验,近年来有关民主社会主义和社会主义的关系问题成为学界讨论的一个敏感和焦点议题。② 近期有关"中国道路"问题的学术争鸣再次凸显该问题的重大现实性。如何秉持改革开放以来中国社会发展的新情况,立足全球视野,深入思考当代中国社会主义的发展趋势,仍需学者们给予深入学理探讨。具体来说,国内学界针对"科学社会主义"议题,集中探讨了马克思主义经典作家社会理想观的理论本质和精神实质。学者们基

---

① 参见唐纯良、刘焕明:《科学社会主义在中国新的突破性发展》,载《中共党史研究》2001 年第 4 期,第 29—30 页。

② 有关民主社会主义和科学社会主义问题的学术争鸣集中反映了当前中国社会主义建设和探索过程中问题的复杂性和艰巨性。有关这方面的学术论文多见于专业期刊杂志上,前中国人民大学副校长谢涛发表在《炎黄春秋》(2007 年第 2 期,第 1—8 页)的《民主社会主义模式和中国前途》一文引发了国内学界有关民主社会主义和科学社会主义关系的大讨论。近年出版了一些具有普及和通俗性的理论读本。较有代表性的参见张济顺:《中国命运和社会主义》,上海:上海教育出版社 2010 年版。该书对有关社会主义在中国的传播、民主社会主义和科学社会主义的区别、科学社会主义与当代中国的历史契合等问题给予了通俗的理论解释。

于马克思恩格斯经典文本，秉持强烈现实问题意识，从哲学、经济学等视角对"科学社会主义"思想以深入理论阐释和现实关照。"科学社会主义"思想的理论内涵、思想实质、价值关切及其与中国现实问题的内在契合等问题得到深入的文本解读和时代阐释，例如近年国内学界展开对马克思"重建个人所有制"① 思想的重新解读和时代审视。

总之，国内学界秉承强烈问题意识，从哲学、政治学和经济学等多学科视角解读恩格斯的社会理想观，激发了不同理论思潮之间的对话，澄清诸多重大理论难题，深化了对恩格斯科学社会主义社会理想本真精神的理解。

---

① 有关对马克思恩格斯未来社会下的"所有制"问题的现代诠释，引起了国内经济学、哲学和政治学领域诸多学者的理论兴趣。较有代表性的学术论文，参见〔苏联〕瓦·吉·康德拉索夫：《在社会主义条件下重建个人所有制的含义》，何干强译，载《国外理论动态》2011 年第 6 期，第 7 页。李惠斌：《谈谈财产性收入问题——从十七大报告到马克思的"重建个人所有制"理论》，载《马克思主义与现实》2007 年第 6 期，第 10 页。

第三部分　当代解读

第六章　文本结构和主要内容

　　《社会主义从空想到科学发展》包括和收入了几个重要版本的前言和序言。其中包括：马克思写的1880年法文版前言；恩格斯写的1882年德文第一版序言、1891年德文第四版序言和1892年英文版导言。几个序言内容丰富，简要介绍了《社会主义从空想到科学发展》一书不同时代的写作背景、写作动机和传播出版概况。在1880年法文版前言中，马克思简要介绍了恩格斯的生平及其学术背景，并高度赞扬了恩格斯在社会主义运动史中的杰出地位。马克思把恩格斯的《社会主义从空想到科学的发展》一书称之为"科学社会主义的入门"。在1882年德文第一版序言中，恩格斯交代了德文第一版的出版缘由并预测了该书将在德国工人运动中产生的积极影响。同时，他也提出："科学社会主义本质上就是德国的产物，而且也只能产生在古典哲学还生气勃勃地保存着自觉的辩证法传统的国家。"在1891年的德文第四版序言中，恩格斯简要介绍了《社会主义从空想到科学的发展》在不同国家的出版情况。同时，对第一章中有关圣西门的思想进行了补充和完善。尤其值得强调的是，1892年英文版导言内容极为丰富，在这篇导言中，恩格斯不仅全面介绍了《社会主义从空想到科学的发展》的写作背景和出版传播情况，还站在英国读者的立场上，详细阐发了现代唯物主义产生于英国的历史进程。恩格斯对英国社会主义工人运动给予了热烈的期待。恩格斯坚信，《社会主义从空想到科学的发展》的出版必将激发英国乃至欧洲其他国家的社会主义工人运动。这些国家的工人将会找到为自己命运代言的科学的社会主义理论指导。列宁称《社会主义从空想到科学的发展》是一部"概述社会主义发展史"的书。在《社会主义从空想到科学的发展》一书中，恩格斯运用唯物史观和剩余价值理论，分析资本主义的基本矛盾，得出社会主义必然代替资本主义的结论，清晰完整地预测了未来社会的重要制度特征。《社会主义从空想到科学的发展》是马克思恩格斯社会理想观的集中体现，是他们关于未来理想社会宏伟蓝图的理论设想。

《社会主义从空想到科学的发展》正文共三部分，第一部分阐述了科学社会主义的直接思想来源，翔实阐发了空想社会主义的历史进步作用及其局限性。第二部分阐述了唯物史观和剩余价值学说是社会主义从空想变成科学的两大理论基石，并集中阐发了历史唯物主义的基本真理。第三部分阐述了科学社会主义理论的基本原理、社会主义代替资本主义的历史必然性及其未来社会的基本特征，文中最后指出了科学社会主义的历史任务和无产阶级的历史使命。

一　科学社会主义思想发展前史（空想社会主义）和理论渊源

现代社会主义，既是对存在于现代社会中的经济矛盾与阶级冲突进行考察的结果，也是对前人已有理论成果的批判性继承。"同任何新的学说一样，它必须首先从已有的思想材料出发，虽然它的根子深深扎在物质的经济的事实中。"① 恩格斯阐明了唯物史观的基本原理，即任何时代的社会意识形态和思想，都不会是凭空产生的或纯粹主观杜撰的产物，都有其深刻的社会历史根源和理论渊源。

在第一部分中，恩格斯深刻地考察了以圣西门、傅立叶和欧文为代表的三大空想社会主义学说所产生的社会历史根源和思想理论基础。从社会历史根源的角度出发，恩格斯指出，空想社会主义学说是在资本主义社会的经济矛盾及其伴生于其上的阶级矛盾已有所暴露却又发展得不是很充分的特定历史条件下的产物。恩格斯着重指出了以法国唯物主义

---

① 《马克思恩格斯文集》第3卷，北京：人民出版社2009年版，第523页。

为代表的启蒙思想是空想社会主义得以产生的理论基础。恩格斯对空想社会主义理论家给予了理性客观的高度评价，也对其历史功绩和理论不足给予了详细分析。

恩格斯认为，空想社会主义理论具有不可忽视的历史意义：他们揭露了资本主义制度的弊病与资产阶级意识形态的"伪善"；他们的社会历史观中包含着对未来社会的某些天才预测，为唯物史观的形成和科学社会主义的创立奠定了理论基础。但是，以圣西门、傅立叶和欧文等为代表的空想社会主义者及其理论存在着先天不足。他们只是基于人道主义层面揭露和抨击资本主义社会的弊端，他们没有深入洞察资本主义的本质和科学把握社会发展的客观规律；他们都不是作为当时已经历史地产生的无产阶级的利益的代表出现的。他们不是想首先解放某一阶级而是想立即解放全人类。同法国启蒙学者具有共同的特点，空想社会主义理论家依然认为理性是现存事物的唯一裁判，应该建立理性的国家和社会，应当无情地铲除一切同永恒理性相矛盾的东西，而将社会主义看成真理、理性和正义的体现，只有天才人物才能认识它，而不是基于对资本主义社会的科学批判发现资本主义社会基本矛盾的运动规律，这必然决定他们没有找到变革的现实社会力量与实现社会理想的正确道路。"不成熟的理论，是同不成熟的资本主义生产状况、不成熟的阶级状况相适应的。解决社会问题的办法还隐藏在不发达的经济关系中，所以只有从头脑中产生出来。……这种新的社会制度是一开始就注定要成为空想的，它越是制定得详尽周密，就越是要陷入纯粹的幻想。"[①] 因此，"为了使社会主义变为科学，就必须首先把它置于现实的基础之上"[②]。

二 科学社会主义的理论基础及科学理论前提

《社会主义从空想到科学的发展》第二部分主要内容包括：马克思

[①] 《马克思恩格斯文集》第3卷，北京：人民出版社2009年版，第528—529页。
[②] 同上书，第537页。

恩格斯《社会主义从空想到科学的发展》研究读本

恩格斯在批判继承人类思想文化优秀成果的基础上，创立了唯物史观和剩余价值学说。正是由于这两个伟大发现，社会主义就被置于现实的基础之上，社会主义从空想变成了科学。唯物史观和剩余价值学说是科学社会主义的两大理论基础。

恩格斯概括了唯物史观的基本原理。"以往的**全部**历史，除原始状态外，都是阶级斗争的历史；这些互相斗争的社会阶级在任何时候都是生产关系和交换关系的产物，一句话，都是自己时代的**经济**关系的产物；因而每一时代的社会经济结构形成现实基础，每一个历史时期的由法的设施和政治设施以及宗教的、哲学的和其他的观念形式所构成的全部上层建筑，归根到底都应由这个基础来说明。"① 在第三部分的开头，他指出："唯物主义历史观从下述原理出发：生产以及随生产而来的产品交换是一切社会制度的基础；在每个历史地出现的社会中，产品分配以及和它相伴随的社会之划分为阶级或等级，是由生产什么、怎样生产以及怎样交换产品来决定的。所以，一切社会变迁和政治变革的终极原因，不应当到人们的头脑中，到人们对永恒的真理和正义的日益增进的认识中去寻找，而应当到生产方式和交换方式的变更中去寻找；不应当到有关时代的**哲学**中去寻找，而应当到有关时代的**经济**中去寻找。"②

唯物史观从宏观层面揭示了人类全部历史的基础在于生产力与生产关系、经济基础与上层建筑的内在矛盾运动。社会历史变革最根本的动因要追溯到该社会生产方式的变化。唯物史观从中观层面提出了从经济关系和阶级关系中去寻找解决社会冲突尤其是阶级社会内部冲突的理论视角；唯物史观真正指明了变革社会的主要力量。唯物史观从微观层面指出了正是包括每个现实的个人在内的人民群众创造了人类历史，无产阶级和广大人民群众是社会历史发展和进步的真正主体。"社会主义现在已经不再被看做某个天才头脑的偶然发现，而被看做两个历史地产生的阶级即无产阶级和资产阶级之间斗争的必然产物。"③

---

① 《马克思恩格斯文集》第3卷，北京：人民出版社2009年版，第544页。
② 同上书，第547页。
③ 同上书，第545页。

剩余价值学说是无产阶级认识世界和改造世界的科学思想武器。马克思的剩余价值理论是在批判地继承古典政治经济学和其劳动价值理论的基础上，经过长期的批判性分析建立起来的。恩格斯认为，以往的空想社会主义虽然批判了资本主义生产方式及其后果，但是不能说明这个生产方式，因而也就不能制服这个生产方式；它越是激烈地反对资本主义对工人阶级的剥削，就越是不能明白地指出，这种剥削是怎么回事，它是怎样产生的。① 因此，无产阶级必须用科学的理论武器揭露资本主义生产方式的非正义性质和历史暂时性。马克思恩格斯运用唯物史观，分析了资本主义生产关系和经济运动的范畴及其规律，彻底揭穿了资本主义剥削的实质。资本主义生产的实质就是剩余价值的生产，剩余价值规律是资本主义的基本经济规律，决定着资本主义的一切主要方面和矛盾发展的全部过程。

三　科学社会主义的当代现实表征及其未来特征

在第三部分中，恩格斯从分析资本主义的基本矛盾及其运动过程着手，论证了社会主义代替资本主义是历史的必然趋势，同时预测性地描述了未来社会的基本经济特征，阐述了无产阶级的伟大历史使命和科学社会主义理论的根本任务。恩格斯深入分析了资本主义的基本矛盾，即生产的社会化和生产资料的私人占有（私有制）之间的矛盾。

恩格斯进一步对资本主义社会经济运动过程和依附其上的阶级关系进行深入理性的考察，得出社会主义必然取代资本主义的理论结论。"随着商品生产的扩展，特别是随着资本主义生产方式的出现，以前潜伏着的商品生产规律也就越来越公开、越来越有力地发挥作用了。……社会生产的无政府状态已经表现出来，并且越来越走向极端。……社会化生产和资本主义占有之间的矛盾表现为**个别工厂中生产的组织性和整**

---

① 参见《马克思恩格斯文集》第 3 卷，北京：人民出版社 2009 年版，第 545 页。

个社会中生产的无政府状态之间的对立"①。社会生产力的发展及其生产社会化程度的提高，造就了庞大的无产阶级产业后备大军，并与资产阶级形成日益严峻的冲突态势。"集中在资本家手中的生产资料和除了自己的劳动力以外一无所有的生产者彻底分离了。**社会化生产和资本主义占有之间的矛盾表现为无产阶级和资产阶级的对立**。"② 社会生产无限扩大的规模和无产阶级群众购买产品能力日益缩小的"悖论"，造成社会生产的"相对过剩"。资本主义经济危机周期性的爆发，使社会生产遭到严重破坏，给无产阶级带来巨大灾难和痛苦，使无产阶级和资产阶级冲突日益尖锐。"一方面，资本主义生产方式暴露出它没有能力继续驾驭这种生产力。另一方面，这种生产力本身以日益增长的威力要求消除这种矛盾，要求摆脱它作为资本的那种属性，要求**在事实上承认它作为社会生产力的那种性质**。"③ 未来理想社会的特征集中表现为：废除资本主义生产方式，重建社会主义"公有制"和"个人所有制"，实现未来社会"自由人的联合体"。无产阶级将成为承载这一历史使命的真正主体。"这种生产方式日益迫使人们把大规模的社会化的生产资料变为国家财产，因此它本身就指明完成这个变革的道路。**无产阶级将取得国家政权，并且首先把生产资料变为国家财产**。"④ 通过以上途径能够使生产资料摆脱资本的属性。"通过这个行动，无产阶级使生产资料摆脱了它们迄今具有的资本属性，使它们的社会性质有充分的自由得以实现。"⑤

在《社会主义从空想到科学的发展》一文中，恩格斯在分析资本主义社会基本矛盾和发展趋势的同时，科学预测了将取代资本主义社会的未来社会即共产主义社会的一些基本特征：全社会共同占有生产资料，劳动生产者与生产资料相分离的状况不复存在；商品生产将被消

---

① 《马克思恩格斯文集》第 3 卷，北京：人民出版社 2009 年版，第 553—554 页。
② 同上书，第 551 页。
③ 同上书，第 557 页。
④ 同上书，第 561 页。
⑤ 同上书，第 566 页。

除，产品对人的统治也将随之消除；资产阶级社会下的社会生产内部无政府状态将为未来社会下的有计划的自觉的组织所代替；社会生产力的不断发展使阶级的存在成为时代的错乱，阶级差别和阶级对立将自动消失；随着社会生产的无政府状态的消失，国家将自行消亡；对人的统治将由对物的管理和对生产过程的领导所代替；人终于成为自己的社会结合的主人，从而也成为自然界与自身的主人，人类必将从必然王国进入自由王国。

恩格斯最后总结说：完成人类解放的事业，是现代无产阶级的历史使命，而科学社会主义则是"无产阶级运动的理论表现"[①]。科学社会主义是无产阶级的科学行动指南。科学社会主义的任务，乃在于考察这一事业的历史条件以及这一事业的性质本身，从而使负有使命完成这一事业的今天受压迫的阶级认识到自己行动的条件和性质。

[①] 《马克思恩格斯文集》第 3 卷，北京：人民出版社 2009 年版，第 567 页。

第七章 重要理论观点的当代阐释

自1949年新中国成立以来到改革开放之前的30年,中国人民不断在摸索和探索社会主义发展的阶段和规律。这是一个充满艰辛、苦楚和令人百感交集的岁月。经历过新民主主义革命之后的中国人民,开始探索和思考如何建设社会主义。这一时期,人们对社会主义的认识更多地是一种感性直观的认识。比如对社会主义的认识上受苏联斯大林话语体系的影响较大,把社会主义理解为一种高度统一计划和单一公有制的经济制度,把计划等同于社会主义,把市场等同于资本主义。受当时美苏两大国冷战的世界格局影响,学术界对社会主义的认识还主要是从意识形态和阶级斗争的角度来审视。可以说,当时国人没有深刻领会马克思恩格斯所指出的:社会主义不是一成不变的事物,它也要随着时代的变化和发展而变化;社会主义不是贫穷,而是解放和发展生产力,最终实现每个人的自由个性和全面发展。当时人们是用一种更高的标准来看待社会主义,而忽视了当时中国的实际国情和社会发展历史条件。由于当时国际形势等原因,改革开放之前的30年学界对社会主义的认识主要以一种革命和阶级话语体系为主。

但是,改革开放之前的30年对中国社会主义道路的艰辛探索,为国人理性认识什么是社会主义提供了宝贵的历史经验教训和财富,这一段历史我们不能够遗忘。就像邓小平所说的,中国人民在对社会主义和发展规律问题上是"摸着石头过河"。人们对社会主义的认识经历从不成熟到成熟的历史发展阶段,社会主义的本质得到学界更加深入和理性的理论思考和实践探索,从而加深了中国人民对什么是社会主义的新的理性认识,最终逐步开创了建设有中国特色的社会主义的新征程和发展道路。

中国自改革开放30年以来，很多新问题、新情况也不断涌现，这要求我们带着当代中国的问题意识，来重新审视社会主义的当今时代价值和历史意义，从而在更高的程度上秉持马克思和恩格斯关于科学社会主义本真精神实质的论述，丰富和充实恩格斯《社会主义从空想到科学的发展》中有关社会主义的相关论述。

本书此部分聚焦《社会主义从空想到科学的发展》一书有关的重要理论观点，展开专题论述和深入的文本解读和当代阐释。[①]

专题一 恩格斯与科学社会主义的"科学性"

近期有西方学者认为恩格斯在对科学社会主义本质精神的理解问题上与马克思的理解背道而驰，甚至断言恩格斯把本来就不为马克思所认同的科学社会主义学说强加于马克思，从而导致马克思与恩格斯在学术生涯的开始就走上了对科学社会主义不同理解的学术道路。[②] 如何理解恩格斯对科学社会主义"科学性"本真内涵和思想实质的界定；如何理性辨识马克思恩格斯关于科学社会主义学说思想实质的不同视角的解读，进而在此基础上澄清恩格斯科学社会主义观的本来面貌，这有待学界深入探讨和回应。我们把以上尚待求解的几个问题姑且称之为"恩格斯问题"。重新阅读恩格斯《社会主义从空想到科学的发展》这部社会主义经典文献，科学社会主义理论的本真精神便可得到理性辨别和思考。

一 "恩格斯问题"与科学社会主义

"恩格斯问题"姑且可以作为学术理论探讨的一个思想史问题来加

[①] 以下几个专题部分内容已经以学术论文的形式发表于国内学术刊物。与原文相比，作了适当调整和完善。

[②] 参见保罗·托马斯：《马克思主义与科学社会主义——从恩格斯到阿尔都塞》，王远河等译，南京：江苏人民出版社2011年版，第9页。作者明确指出："这本书不是试图拯救马克思，而是阐述以他的名义提出的一个信条——科学社会主义的概念。"

以研究和界定。如果把这一称谓放到马克思主义哲学思想史中给予探讨，所谓"恩格斯问题"就成为一个有待深入挖掘和理解马克思恩格斯哲学思想精神实质的重大学理性问题。深入展开对科学社会主义"科学性"问题的学理探讨是透视马克思恩格斯哲学思想整体理论特质、价值旨趣及其内在关联的重要视角。

作为马克思恩格斯嫡传弟子的伯恩施坦在恩格斯去世后，围绕恩格斯晚年政治论著，引发了所谓恩格斯晚年是否走上了与早年不同的社会主义"改良"道路的论争，并进而引发德国社会民主党内的政治纷争。这一纷争的结果影响尤为深远，乃至影响了作为对第二国际官方马克思主义理论反驳的西方马克思主义思潮。从思想史意义上说，当前西方马克思学有关马克思恩格斯学术思想关系的理论争鸣也一定程度上受到伯恩施坦晚年对恩格斯思想评价的影响。伯恩施坦基于对20世纪上半期欧洲社会主义运动思潮和工人阶级生活境遇在资本主义国家发生微妙变化的社会现实，在《科学社会主义怎样才是可能的》一文中提出了理解科学社会主义理论特质值得重视和反思的两个理论问题：社会主义究竟与科学有无内在联系？科学的社会主义是否可能以及是否必须应当有一种"科学"的社会主义？他认为，科学社会主义的"科学性"只能被理解为社会主义要求得以实现的论据（社会学知识），社会主义本身内在具有一种价值理想因子（理想目的）。所以，在他看来，科学社会主义不可能是纯粹的科学。从根本上来说，社会主义是一种关于未来社会理想制度的学说，而关于未来理想社会的学说本质上不能被严格的科学[①]所最终证实。在该文中，他以恩格斯《社会主义从空想到科学的发展》为主要文本依据，重新阐释了他对"唯物主义历史观和剩余价值学说的发现，社会主义变成了科学"这一命题的理解。随后，伯恩施坦的学说被第三国际官方正统马克思主义称之为"修正主义"。不可否认，在当今以"资本"为主导的全球化时代，由于受历史和现实多种

[①] 参见殷叙彝编：《伯恩斯坦读本》，北京：中央编译出版社2008年版，第388—400页。伯恩施坦认为，"严格的科学"是一种像精密自然科学预先确定某种现象那样确切预言社会主义在任何情况下必将到来的实证科学。

因素影响，马克思恩格斯的科学社会主义学说面临着重大历史挑战。如何基于新的社会历史现实重新思考科学社会主义的理论实质成为当前亟待思考的理论和现实问题。

秉持冲破对马克思思想教条式理解，澄清马克思哲学思想本真面貌，成为自卢卡奇、葛兰西等第一代西方马克思主义者的理论抱负。尤其在20世纪60年代的欧美等西方资本主义国家，马克思恩格斯思想成为西方左翼学者学术研究的一个理论话题。标榜"客观"、"学术"地探讨马克思哲学思想的一些西方马克思学学者出版了大量有关马克思恩格斯文本研究和考证的学术专著。从这些专著中可以看出，大部分西方学者基于严谨的文献考证深入探讨马克思主义文献相关问题研究。部分学者试图通过对马克思恩格斯学说思想的比较，来澄清和还原马克思本人的哲学思想，并折射出对恩格斯思想的贬低乃至批判。这一理论倾向尤为值得关注和反思。从文献学和思想史研究的角度看，这一研究路向有利于学界加深对马克思恩格斯思想文献的深入解读和理解，意义不言之明。但是，这种研究路径在很大程度上遮蔽了马克思恩格斯哲学思想本应具有的"现实"向度和"批判"维度。更为严重的是，他们误解和过度诠释了恩格斯的哲学思想，使恩格斯哲学的本真面目及其与马克思的关系问题变得更为复杂，进而走向一种把马克思主义学院化的理论极端。

近期，美国学者保罗·托马斯新著《马克思主义与科学社会主义——从恩格斯到阿尔都塞》中文版已出。此书内容极为丰富，作者从词源学上细致考证了马克思恩格斯对"科学"的不同理解及其在此基础上所导致的不同哲学观。保罗·托马斯认为恩格斯提出的"科学社会主义"学说是一种发明和臆造，恩格斯把本应不存在于马克思思想中的科学社会主义一词强加给了马克思。作者基于这一基本判断，随后又展开了对苏联官方马克思主义学说的评介，并探讨了阿尔都塞"科学"的马克思主义观。总体看来，该书提出很多发人深思的理论观点，丰富了对科学社会主义思想史和具体学理问题的言说视域，打破了正统马克思主义对"科学社会主义"的理解和评价。该书试图从学理和思想史方面对科学社会主义的"科学性"加以重新理解。但是，仔细阅读该书，我们不难发现其中很多观点似是而非，过于武断，存在颇多误读之处，仍需要给予批判性辨析。

二 科学社会主义"科学性"的理论内涵和思想实质

科学社会主义的"科学性"不仅仅是一个经验实证科学的问题，科学社会主义的"科学性"还蕴含着深刻哲学意蕴和价值关切。重新阅读《社会主义从空想到科学的发展》等社会主义经典文献，可以把科学社会主义"科学性"的理论实质集中概括为：

1. 作为无产阶级运动表现的"现实"和"革命"的历史科学

从马克思恩格斯思想关切来看，科学社会主义的"科学性"是直接针对空想社会主义的"空想性"而言。这一点具体表现为科学社会主义的"现实性"和"革命性"。具体来说，与以往空想社会主义者对未来社会幻想的描绘、对自身阶级属性的认识基于幻想不同，科学社会主义是基于对现实社会历史发展规律和趋势的分析，尤其基于对无产阶级现实运动的历史描述。这一点在马克思恩格斯合著的《共产党宣言》中得到进一步说明："本来意义的社会主义和共产主义的体系，圣西门、傅立叶、欧文等人的体系，是在无产阶级和资产阶级之间的斗争还不发展的最初时期出现的。"① 恩格斯在《卡尔·马克思》传记和《社会主义从空想到科学的发展》等著作中，鲜明指出了科学社会主义"科学性"的内在依据和原则。"这种新的历史观②，对于社会主义的观点有极其重要的意义。它证明了：至今的全部历史都是在阶级对立和阶级斗争中发展的"③。恩格斯把科学社会主义看成是历史地产生的无产阶级和资产阶级之间斗争的必然产物，作为无产阶级运动如实反映的现实的历史科学。"社会主义现在已经不再被看做某个天才头脑的偶然发现，

---

① 《马克思恩格斯文集》第 2 卷，北京：人民出版社 2009 年版，第 62 页。
② 恩格斯在《社会主义从空想到科学的发展》一文中，把这一历史观称之为"唯物主义历史观"。
③ 《马克思恩格斯文集》第 3 卷，北京：人民出版社 2009 年版，第 459 页。

而被看做两个历史地产生的阶级即无产阶级和资产阶级之间斗争的必然产物。它的任务不再是构想出一个尽可能完善的社会制度,而是研究必然产生这两个阶级及其相互斗争的那种历史的经济的过程;并在由此造成的经济状况中找出解决冲突的手段。"① 唯物主义历史观新世界观的形成以及剩余价值学说的发现,为作为无产阶级运动表现的革命性和现实性的科学社会主义奠定了科学和现实基础。但是这门科学的一切细节和联系仍需给予进一步说明。这一切细节和联系不能通过理性自身和善良愿望来研究,只能依靠从现实资本主义社会发展的历史趋势和现状中寻求答案。这一切恰恰又是通过政治经济学的批判和研究而得以展开。唯物主义历史观的创立被应用于马克思对资本主义政治经济学的批判和分析,探究资本主义生产方式的形成、发展和衰落的过程,进而开启科学社会主义实现的可能性空间。科学社会主义"科学性"不仅仅意指该学说产生的历史必然性和现实性,这一学说还蕴涵着深刻的"革命性"。"共产主义对我们来说不是应当确立的**状况**,不是现实应当与之相适应的**理想**。我们所称为共产主义的是那种消灭现存状况的**现实的**运动。这个运动的条件是由现有的前提产生的。"② 这个现实的运动就是资产阶级社会经济发展的趋势和历史现实,这个趋势和现实恰恰由唯物史观和剩余价值理论揭示出来,最终为共产主义的实现奠定现实基础。科学社会主义的"科学性"既非事实性本身,而是这一事实得以实现的现实历史性运动,这个现实历史运动在资产阶级社会中表现为"有产者"和"无产者"相互对立之阶级斗争的历史事实。进而言之,科学社会主义的"科学性"可被归结为"这个由历史运动产生并且充分自觉地参与历史运动的科学"③,即"革命的历史科学"④。

科学社会主义的"科学性"一方面只有通过唯物史观和剩余价值

---

① 《马克思恩格斯文集》第3卷,北京:人民出版社2009年版,第545页。
② 《马克思恩格斯文集》第1卷,北京:人民出版社2009年版,第539页。
③ 同上书,第616页。
④ 恩格斯在《路德维希·费尔巴哈和德国古典哲学的终结》中将马克思的历史观称之为"关于现实的人及其历史发展的科学"。

学说的科学性论证才能予以说明。恩格斯在给马克思《政治经济学批判——第一分册》的书评中，把马克思创立的新世界观（唯物主义历史观）作为其政治经济学的理论基础。这与马克思在《政治经济学批判——第一分册》序言中为自己从事经济学研究的历史回顾性说明相一致。"这种德国的经济学本质上是建立在**唯物主义历史观**的基础上的……这个原理，不仅对于经济学，而且对于一切历史科学（凡不是自然科学的科学都是历史科学）都是一个具有革命意义的发现"①。科学社会主义形成于资本主义社会发展过程之中，这一过程的内在趋势和发展前景已经由唯物史观和剩余价值学说揭示出来。在此意义上，科学社会主义具有实证科学意义上的"科学性"。但是，这并非科学社会主义"科学性"理论内涵的全部。马克思恩格斯所谓的唯一科学，即"历史科学"——真正的实证科学②。更为重要的是，"关于现实的人及其历史发展的科学"构成科学社会主义"科学性"的深层次价值理念。离开现实的人及其历史发展，离开现实的个人之自由个性的发展来抽象和纯粹经验地谈论科学社会主义的"科学性"至少是不彻底和片面的。包括伯恩施坦在内的第二国际部分理论家极力把马克思思想实证化和经验科学化，这一点造成的理论后果是没有从整体上把握马克思学说的理论特质，严重遮蔽了马克思学说本身内在固有的深刻批判性和人文关切。这也是后来的西方马克思主义学者极力挽回和挖掘的理论真空。总体上说，科学社会主义的理论实质既非历史哲学和实证科学，也非抽象的道德诉求和道德意识，而是一种充满"现实性"、"革命性"和"批判性"的社会历史理论。在这个意义上，考茨基关于社会主义和科学的必然关联及其对科学社会主义"科学性"的阐发值得借鉴："对于空想社会主义者来说，社会主义的全部动力在于它的特殊建议的合宜性和优越性，也就是在于'彼岸'。对于科学社会主义者来说，却是在于资本的发展和无产阶级的阶级斗争，也就是在于此岸。科学社会主义者一定要力求

---

① 《马克思恩格斯文集》第2卷，北京：人民出版社2009年版，第597页。
② "真正的实证科学"就是马克思恩格斯的唯物主义历史观。"真正"的实证科学恰恰要超脱传统实证科学，而非基于纯粹经验的传统实证科学。

认识最终目的，这不是为了借此使他的运动获得特别迷人的吸引力，而是为了使这一运动能够获得一致性和直线性，能够避免歧路和弯路，避免无益的牺牲。只要无产阶级的人数、力量和洞察力在增加，并且它同资本的矛盾没有减少，那么不管科学社会主义者的研究的结果会是怎样，社会主义运动的力量绝不会因此受到削弱。由此可见，它（科学社会主义——我们注）不是把科学当做达到一个预先设想的目标并且为这一目标辩护的辅助手段，而是只把它用于一个目的，即认识什么是必然的事物。这一新的立场使它不偏不倚到一定的程度，也就是在一个阶级对立的社会里探讨社会现象时一般能达到的程度。"①

2. 作为"真实的"、"批判的"和唯物主义的社会主义

伯恩施坦否认直接把唯物史观和剩余价值这一事实的发现作为社会主义科学性的理论基础，进而质疑作为科学社会主义现实基础的唯物史观和剩余价值学说本身。他认为社会主义和科学之间没有内在关联，两者之间不可调和。社会主义不可能是纯粹的科学，科学社会主义在多大程度上是必需的，也就是说人们可以合理地向一个想要创造崭新事物的运动的学说要求多大程度的科学社会主义，它也就在多大程度上是可能的。② 在他看来，科学社会主义在多大程度是可能的不仅仅取决于资本主义的社会现实发展情况，而且取决于生活在这个社会的民众对科学社会主义出现的主观愿望和价值期待。伯恩施坦试图从科学的经验实证性视角审视科学社会主义的可能性。"不是由于一时兴起，也不是咬文嚼字，而正是出于使社会主义理论具有尽可能高度的科学性的愿望，才促使人们对'科学的'这一附加的称号表示反对。"③ 他试图用"批判的社会主义"来取代"科学社会主义"。"科学社会主义这个名称对于我来说只有在其中'科学的'这一概念正是按批判的意义被理解为要求

---

① 王学东编：《考茨基文选》，北京：人民出版社2008年版，第82页。
② 参见殷叙彝编：《伯恩斯坦读本》（"科学社会主义怎样才是可能的"一文），北京：中央编译出版社2008年版，第377—409页。伯恩施坦认为，对科学社会主义在多大程度上是可能的这个问题的回答取决于现实的社会发展境遇和人们对这一境遇的感知能力。
③ 殷叙彝编：《伯恩斯坦读本》，北京：中央编译出版社2008年版，第401页。

和纲领时才保持它的充分理由。"① 在他看来,"科学"的方法和认识对于实现社会主义的目的和愿望来说仅仅充当指示器的作用。

需要指出的是,仅仅从表面和实证主义的视角解读马克思恩格斯科学社会主义学说的实质,而忽视科学社会主义内在的哲学意蕴和理论特质,这必然决定了伯恩施坦无法深入思考马克思恩格斯的科学社会主义理论的深层实质。这也是第二国际理论家把马克思学说实证化造成的理论后果。恩格斯也从来没有把"科学社会主义"解释为一门严格和纯粹的"实证科学"。伯恩施坦没有合理指认出这一点。相反伯恩施坦认为,科学社会主义这一概念假定存在着对社会主义的合乎规律的必然性的严格符合逻辑的证明,或者要求提出这种证明。……无论如何,不依靠先验的演绎的帮助是不可能提出社会主义内在必然性的证据的,因此要求为这一必然性提供在科学上彻底的证据,恰恰从科学性的观点看来是不合理的或应加谴责的。② 伯恩施坦之所以得出这一看法,在于他没有深入理解恩格斯社会主义学说的实质。科学社会主义如果真的需要先验演绎,如果基于纯粹的理性和正义来达成科学社会主义,那么这正是恩格斯所要批判的"不伦不类和空想的社会主义"。"对所有这些人来说,社会主义是绝对真理、理性和正义的表现,只要它被发现了,它就能用自己的力量征服世界;因为绝对真理是不依赖于时间、空间和人类的历史发展的……为了使社会主义变为科学,就必须首先把它置于现实的基础之上。"③

我们认为,伯恩施坦在对科学社会主义本质的理解问题上缺失应有的哲学素养。恩格斯是一个非常具有德国哲学素养的学者,他所提出的科学社会主义不能仅从历史事实推论出来,历史事实仅仅提供了理解科学社会主义的基础。恩格斯对这一问题有其明确的自我认识:"现在首先要做的是对这门科学的一切细节和联系作进一步的探讨。"④ 现代社

---

① 殷叙彝编:《伯恩斯坦读本》,北京:中央编译出版社2008年版,第401页。
② 参见殷叙彝编:《伯恩斯坦读本》,北京:中央编译出版社2008年版,第407页。
③ 《马克思恩格斯文集》第3卷,北京:人民出版社2009年版,第536—537页。
④ 同上书,第546页。

会主义"就其理论形式来说，它起初表现为18世纪法国伟大的启蒙学者们所提出的各种原则的进一步的、据称是更彻底的发展。同任何新的学说一样，它必须首先从已有的思想材料出发，虽然它的根子深深扎在物质的经济的事实中"①。在《反杜林论》旧序中，恩格斯进一步谈到，一个民族要想站在科学的最高峰，就一刻也不能没有理论思维。"但是理论思维无非是才能方面的一种生来就有的素质。这种才能需要发展和培养，而为了进行这种培养，除了学习以往的哲学，直到现在还没有别的办法。"② 恩格斯晚年研究自然辩证法的真实意图在于试图从自然界和人类社会发展的辩证过程中揭示出人类历史发展的辩证本性。恩格斯试图拯救的恰恰是辩证法的革命性、科学性（研究方法）和批判性。在这一点上，马克思恩格斯对辩证法的态度和观点是一致的。"辩证法在对现存事物的肯定的理解中同时包含对现存事物的否定的理解，即对现存事物的必然灭亡的理解；辩证法对每一种既成的形式都是从不断的运动中，因而也是从它的暂时性方面去理解；辩证法不崇拜任何东西，按其本质来说，它是批判的和革命的。"③

从思想实质上来说，科学社会主义是作为"真实的"、"批判"的唯物主义价值规范的理论延伸。④ "真实性"使科学社会主义区别于空想社会主义，即探求科学社会主义实践路径不是依据纯粹的头脑中的概念和理论设想，而是基于现实生活的感性活动和真切体认。科学社会主义离不开作为哲学基础的"真实"、"批判"的唯物主义和作为革命和批判的辩证法。"唯物主义"为科学社会主义指明了价值规范和原则。唯物主义理论原则内在地构成社会主义的哲学根基，对哲学基本问题的正确回答而连带出的对感觉和经验的理性关注是社会

---

① 《马克思恩格斯文集》第3卷，北京：人民出版社2009年版，第523页。
② 《马克思恩格斯文集》第9卷，北京：人民出版社2009年版，第435—436页。
③ 《马克思恩格斯文集》第5卷，北京：人民出版社2009年版，第22页。
④ 在对唯物主义和社会主义思想渊源和内在逻辑关联的论述上，国内学者张奎良教授有较为深入和精彩的理论阐释。参见张奎良：《唯物主义：社会主义的思想来源与实践指引》，北京：人民出版社2009年版。

主义产生的认识论前提。① 唯物主义蕴涵了科学社会主义的价值意蕴和人文关切："唯物主义关于人性本善和人们天资平等，关于经验、习惯、教育的万能，关于外部环境对人的影响，关于工业的重大意义，关于享乐的合理性等等学说，同共产主义和社会主义有着必然的联系。"② 马克思恩格斯之所以把秉持英国唯物主义传统的以爱尔维修为代表的18世纪法国唯物主义看成是社会主义的前身，原因在于：作为对于传统形而上学、政治专制和宗教神学批判的18世纪法国唯物主义，在理论目标上与社会主义和共产主义有着共同价值旨趣，即实现每个人的自由个性和发展，废除不合理的社会制度。科学社会主义就是作为与人道主义相吻合的唯物主义在革命活动中的实践展开，即 "对**实践的**唯物主义者即**共产主义者**来说，全部问题都在于使现存世界革命化，实际地反对并改变现存的事物"③ 的题中应有之义。恩格斯与马克思在看待唯物主义与社会主义关系的理解问题上观点是一致的。也正如恩格斯在《社会主义从空想到科学的发展》一书中，把现代社会主义形成的理论渊源和思想基础归结为对18世纪法国启蒙学者提出原则的进一步和彻底的发展。

三 重塑恩格斯思想原像：重新审视马克思恩格斯与科学社会主义的关系

恩格斯晚年对自然辩证法的研究，被当代许多西方学者所批判和责难，很多学者以学术化探讨的名义把马克思和恩格斯的哲学观对立起来。"恩格斯热心于一个关于科学的统一的观点，这个观点导致他草率地把一个事实归结为像规律一样的东西。特别是马克思的推断被恩格斯含蓄地加以重新定义，诠释范围被强加于其著作，对方法的强调超过了内容。以另一种综合而规范的方式介绍了无关的问题，确立了模棱两可之处。……恩格斯偏离了马克思思想的中心。甚至在争论中把马克思的

---

① 参见张奎良：《唯物主义：社会主义的思想来源与实践指引》，北京：人民出版社2009年版，第26页。
② 《马克思恩格斯文集》第1卷，北京：人民出版社2009年版，第334页。
③ 同上书，第527页。

政治经济学批判理解为当代市民社会的解剖学。他将马克思的著作置于哲学和学术化的语境，衍生出作为普世方法的哲学意蕴，附加了此后将要宣告的与之相关的，对自然科学的实证阐述。"[①] 这段话表达出卡弗（Terrell Carver）对恩格斯思想的总体评价。恩格斯对马克思思想中有关方法论的强调，尤其是对"如何看待科学"问题的强调及其晚年对自然辩证法问题的研究，绝不是一个无关紧要的问题。与其说恩格斯热衷于一个"科学统一"的问题，不如说如何理解科学，即他们世界观的"科学性"问题。这一问题是他们在摆脱德国唯心论创立自己世界观的过程中必须要面对的核心问题。从理论上来说，在对待唯物主义、辩证法和历史观方面，恩格斯与马克思在基本观点上是一致的。不是别人，恰恰是恩格斯秉持了马克思一生思想的核心旨趣，即"哲学家不仅仅是解释世界，而在于改变世界"的哲学理念；在价值旨趣上，他们两人共同体现了对无产阶级及其解放条件的实践探索。晚年恩格斯把马克思的整个世界观诠释为"关于现实的人及其历史发展"的科学，这个说法真正切中了马克思世界观的核心。科学社会主义并非恩格斯自己杜撰出来，也并未把这一思想强加于马克思。恩格斯明确把科学社会主义理解为"深入考察这一事业的历史条件以及这一事业的性质本身，从而使负有使命完成这一事业的今天受压迫的阶级认识到自己的行动的条件和性质"[②]。基于此，恩格斯一生秉持的这一价值理想信念与马克思有关实现一个"自由人的联合体"的未来设想完全契合。

科学社会主义的"科学性"相对于空想而言，即一种"革命"、"真实的"、"批判的"和唯物主义的社会主义。它既是一种价值理想和学说，也是一种表征马克思恩格斯世界观本真精神的理论意向和方法论原则。马克思和科学社会主义并非两种截然不同的学说体系，后者并非外在于前者。马克思和恩格斯共同创立了科学社会主义学说，这不是一个意识形态的简单称谓，而是两位经典作家理论学说的共同体现。科学

---

① 参见〔美〕特雷尔·卡弗：《马克思恩格斯学术思想关系》，姜海波等译，北京：中国人民大学出版社 2008 年版，第 125、135、142 页。

② 《马克思恩格斯文集》第 3 卷，北京：人民出版社 2009 年版，第 566—567 页。

社会主义是马克思全部理论学说精神实质的根本体现。恩格斯参与并创造了科学社会主义，他的这一方面的学术贡献恰恰被西方马克思学者所极力贬低。通过贬低恩格斯来凸显马克思思想的本真意蕴和原创性质是一个极其荒谬的理论态度。我们这里不是有意提高恩格斯，而是一种事实求是的判断。恩格斯不仅参与创立了科学社会主义，而且承担了把马克思的学说广泛普及到普通民众思想中的艰巨任务。恩格斯的形象仍需当前学界给予重新界定，其思想的理论精髓和学术价值需要学界给予澄清和阐释。西方马克思学家要求恩格斯无偿为后来教条化的马克思主义承担债务是不公正的。我们认为，所谓"恩格斯问题"不仅是个学术思想史和解释学问题，而是事关理解马克思恩格斯整体思想理论实质的重大基础性议题。作为马克思主义和科学社会主义创立者、解释者和传播者的恩格斯，仍是指引当前理论界非教条地而是本真地认识马克思学说的学术引领人及其思想启蒙者。恩格斯为我们指引出一条理性认识马克思主义和科学社会主义的路标和道路：马克思主义是一个统一的整体，唯物主义历史观、政治经济学批判和科学社会主义共同构成透视马克思主义世界观的理论棱镜。

专题二　从必然王国到"自由王国"——科学社会主义的理论基础和价值旨趣

时至今日，通过重读恩格斯《社会主义从空想到科学的发展》一书，我们受到的启发是：社会主义不是空中楼阁，社会主义的实现更不是纸上谈兵，是源于坚实的物质经济事实中：即物质经济条件和物质手段。人类必将实现从必然王国到自由王国的飞跃，这是100多年前恩格斯在《社会主义从空想到科学的发展》一书中提出的经典命题。社会主义萌生于资本主义的发展过程中，并且随着经济的发展和社会问题的产生，资本主义社会不断地调整其形式，从而客观上增加了社会主义的因素，并且这种趋势会形成不可阻挡之势；另一方面，社会主义在一定范围内选择资本主义作为可行的社会经济是可能的，并能够增加社会的物质财富。但是物质经济的发展并不等于完全意义上的社会主义，社会主义的终极价值不仅追求物质财富，更体现为一种追求公平、正义与和谐的幸福观。

作为当今世界的两大主流：社会主义和资本主义，都在谋求自身的发展，都希望在各自的制度体系下保证人民获得幸福生活，我想这是不言而喻的。争论社会主义的经济形式能否替代资本主义或资本主义的经济形式能否在社会主义的一定范围内存在，仍是当今时代的历史主题。因为早在一百多年前，唯物史观和剩余价值的发现，已经揭示了社会发展的必然趋势，而且实践发展也证明了人类的进步和文明是指向一种终极价值形式：公平、正义与和谐的幸福观。产生于资本主义内部并且作为向共产主义过渡的环节——社会主义是社会发展到现阶段的一种必然的价值选择形式，因为只有这样，才能逐步消解国家、社会和个人之间的矛盾。然而，当一些人仍在选择社会主义还是资本主义的问题上驻足的时候，一些人已经想方设法地论证资本主义全球化的必然性了。这方面最有代表性的学者莫过于曾红极一时的弗朗西斯·福山。他在《历史的终结及最后之人》一书中提出了人类历史将终结于以西方自由民主制度为代表的社会形态，在他看来，社会主义应被尘封到历史博物馆。我们认为，人为地制造两座山头的分水岭，这是形而上学的思维方法。在《社会主义从空想到科学的发展》一书中，恩格斯批判了这种思维方法的弊端。"一叶障目"、"只见树木不见森林"，即使今天，很多人也是割裂了事物间的联系孤立地看问题，看不到运动变化，以及相互转化，更看不到事物的产生和消亡、前进和倒退。因此，当我们再谈起资本主义或社会主义的时候我想不应该简单地下论断，"是就是，不是就不是"，尤其是在当前全球面临共同的发展问题时，更应该以辩证的思维方法考量人类共同关注的话题。就是要从现实条件出发，关注自身的发展，辩证地对待社会与个人的关系问题、社会对个人满足的程度以及个人对社会应负的责任，进而理性地把握幸福感，现实地追求一种公平、正义与和谐的社会主义幸福观。

一 从理想到现实：社会主义从空想到科学的发展

过去的社会主义反对者们认为社会主义作为可行的社会经济替代资本主义是不可能的，即使可能也是行不通的，进一步而言就是认为社会主义者的乌托邦计划只能造成极糟的社会，他们所幻想和宣扬的平等、和平和安全等在尼采那里给了一个消极的评价，认为社会主义者所幻想的生活是噩梦似的"奶牛的幸福"，享受绿色的草坪、美味的食物，之后悠闲地漫步在公园里，这样的日子到处可循但却是一种毫无目的的生活，而人们真正应该过的是一种"危险"的生活——对权力的追逐，而不是平庸乏味的所谓"奶牛的幸福"。[1]当然，尼采对社会主义幸福的理解是建立在他的"唯意志论"的哲学基础之上的，对权力的追逐事实上使他最终陷入了痛苦。在他生活的时代，资本主义的幸福观作为普遍的价值追求牢牢地拴住他的身体，但他的思想却远远超越了一个大时代，提前进入了后共产主义。

确定无疑的是，商品经济在资本主义形式发展的过程中，是以虚假意识的形式反映了现世的"无稽"和"苦痛"，"拜物"、"拜金"一度成为人们追逐的时尚和社会的主流，人们的主观幸福感是在对金钱物质的追求中得到满足的。生活在19世纪的精神贵族尼采试图击破历史的痕迹，回归生命的本源，他是以这样一种隐晦但内蕴强大力量的方式反叛现实的层层枷锁。在自身的生活中寻找生命的张力，与基督教不同的是这个张力是超人意志使然，而非上帝。而马克思主义者强调通过异化、虚假意识——消解异化、虚假意识——自由全面发展的人，找到解放人的途径、物质手段和物质力量。

回溯19世纪人们对普遍幸福的追求，最早要回到启蒙学者那里。他们依据正在发展成为资产者的中等市民的理想而建立的理性王国，知性成为衡量一切的标准。但是，"这个理性的王国不过是资产阶级的理

---

[1] Ishay Landa, On the Socialist Necessity of Re-appropriating Pleasure, Historical Materialism Annual Conference 2008.

想化的王国；永恒的正义在资产阶级的司法中得到实现；平等归结为法律面前的资产阶级的平等；被宣布为最主要的人权之一的是资产阶级的所有权；而理性的国家、卢梭的社会契约在实践中表现为，而且也只能表现为资产阶级的民主共和国。18世纪伟大的思想家们，也同他们的一切先驱者一样，没有能够超出他们自己的时代使他们受到的限制。"①

普遍的幸福被现实化为资产阶级的理性王国，公平与正义只是狭隘范围内的装饰品，付出的昂贵代价就是贫穷者拥挤在条件恶劣破烂不堪的贫民窟，这就是资本主义的弊端，在这里国家意义上的幸福观与社会的终极价值相差甚远，尽管资产阶级得到了理性的偏爱，但与市民社会的价值对立，使得不能从根本上解放人类，像尼采一样重估价值时会发现能力的无限膨胀并没有带来普遍的幸福。在《社会主义从空想到科学的发展》一文中，恩格斯给以同情的解释，是因为他们受到了时代的限制。但是不能因噎废食，不能因为时代的局限，就把一种曾经起到进步作用的制度形式和经济形式全盘否定。然而正是资本主义的经济形式蕴涵了社会主义的价值追求。现代社会主义就是深深地扎根在这种经济事实之中的。进一步而言，就是社会主义的最初形式是作为资本主义的对立物产生在资本主义的内部。

社会主义产生的最初形式，从一个极端走向了另一个极端，新学说的第一个表现形式就是禁欲主义的、禁绝一切生活享受的、斯巴达式的共产主义，这是生产所造成的种种对立在人们的观念中的反映。在现代资本主义社会，享乐主义和消费主义曾一度盛行，反对社会主义者们诸如尼采等对此也嗤之以鼻。但是在最初的社会主义形式里，绝对地拒斥享受和无视人的欲望是不合情也不合理的，不过针对资本主义的过度的物质享受，却具有一定的批判作用和进步意义。随着资本主义的发展，阶级对立之下爆发了无产阶级的革命运动，但这种运动是不成熟的，不成熟的革命运动必然产生不成熟的理论。市民社会对理想社会制度的渴望、对平等的要求，不仅仅体现在政治权利方面，而且要求扩大到个人

---

① 《马克思恩格斯文集》第3卷，北京：人民出版社2009年版，第524页。

的社会地位方面；不仅要消灭阶级特权，而且要消灭阶级差别本身。这就是空想社会主义产生的现实基础，此时人们所追求的幸福是普遍的幸福，是宗教的慈善的虚幻的幸福，是一种"应然态"，这种幸福观忽略了人与人之间的现实关系以及财产的所有制关系。空想社会主义者试图在资本主义的大环境中实现这种理想，但是局部环境的改变是暂时的，在整个资本主义生产的链条上，不平等的资本竞争使得空想社会主义者所建立的企业难以存活，所以社会主义在一开始受到了很多人的赞成，特别是资本家们也喝彩。但是一旦为了局部的利益要彻底改变大环境的时候，尤其在那个时代，社会主义的因素还没有占主导地位的时候，也就是说现实经济的发展还没有达到一定程度的时候，资本运行还没有成为一股巨大的力量把资本家抛向产业后备军的行列里的时候，没有哪个资本家会心甘情愿让出其优势地位。所以，在那时当欧文要进行共产主义运动的时候遭到了猛烈攻击，四面楚歌终将败北。空想社会主义者欧文是资本主义社会中的慈善家，他企图在社会内部消除剥削，以牺牲自身的利益来让大多数人过上幸福的生活，这应该是一种局部的社会主义，从整个世界来看，是不现实的，宗教的慈善是有限度的，而且也不能从根本上根除资本主义的弊病，但是一旦他转向共产主义时，要根除产生社会主义的土壤——资本主义甚至触及到私有制时，现有的势力就会向他扑来。此时他还不懂得掌握现实的物质手段，不懂得"武器的批判"要比"批判的武器"更有力量，更不懂得掌握群众，就是说，个人的英雄主义并不能帮助他实现他的理想。

　　空想社会主义者与启蒙学者的共同之处就是：都不是先解放一个阶级，而是解放全人类。空想社会主义理论的诞生实在是无奈之举，在社会中，并不能明确划分阶级的时候，就是说阶级对立还不鲜明的时候，社会各界的仁人志士在谋划救国方案，解决社会问题的办法仍然潜藏在经济关系中，社会的弊病通过头脑滋生的理性来消除，于是一套新的与不发达的资本主义条件相适应的社会理论诞生了。这种理论产生后试图从外部灌输给市民社会。恩格斯指出："不成熟的理论，是同不成熟的资本主义生产状况、不成熟的阶级状况相适应的。解决社会问题的办法还隐藏在不发达的经济关系中,所以只有从头脑中产生出来。社会所表现出来的只是弊病;消除这些弊病是思维着的理性的任务。于是,就需要发明一套新的更完善的社会制度,并且通过宣传,可能时通过典型示范,从外面强加于社会。这种新的社会制度是一开始就注定要成为空想的,它越是制定得详尽周密,就越是要陷入纯粹的幻想。"①恩格斯进一步批判了以往社会主义者的头脑中的虚幻意识,暗示了某种社会主义理论不是绝对真理,社会主义也不是在人们的辩论中产生的,而是扎根在现实的经济事实中。空想社会主义者的见解曾经长期支配着19世纪的社会主义观点,而且现在还部分地支配着这种观点。法国和英国的一切社会主义者不久前都还信奉这种见解,包括魏特林在内的先前的德国共产主义也是这样。对所有这些人来说,社会主义是绝对真理、理性和正义的表现,只要把它发现出来,它就能用自己的力量征服世界;因为绝对真理是不依赖于时间、空间和人类的历史发展的,所以,它在什么时候和什么地方被发现,那纯粹是偶然的事情。同时,绝对真理、理性和正义在每个学派的创始人那里又是各不相同的;而因为在每个学派的创始人那里,绝对真理、理性和正义的独特形式又是由他们的主观知性、他们的生活条件、他们的知识水平和思维训练水平所决定的,所以,解决各种绝对真理的这种冲突的办法就只能是它们互相磨损。由此只能得出一种折中的不伦不类的社会主义,这种社会主义实际上直到今天还统治着法国和英国大多数社会主义工人的头脑,它是由各学派创始人的比较不会引起反感的批判性言论、经济学原理和关于未来社会的观念组成的色调极为复杂的混合物,这种混合物的各个组成部分,在辩论的激流中越是磨光其锋利的棱角,就像溪流中圆圆的石子一样,这种混合物就越加容易构成。为了使社会主义变为科学,就必须首先把它置于现实的基础之上。②

空想社会主义由于割裂了理想和现实的关系,看不到经济交往中的

---

① 《马克思恩格斯文集》第3卷,北京:人民出版社2009年版,第528—529页。
② 参见《马克思恩格斯文集》第3卷,北京:人民出版社2009年版,第536—537页。

各种现实的关系，没有从根本上揭示出人民苦痛的根源，以及走向幸福之路的途径，所以终究是对现实的一种虚幻反映。因此，无论是启蒙学者还是空想社会主义者，所谈论的普遍的幸福只能是在部分的或局部的意义上而言的。现代社会主义就是在试图挣脱现有关系的束缚、渴望自由平等但又无奈于在经济事实的条件下之观念的在头脑中反映了生活的疾苦和无奈，原本梦想着能够沐浴理性王国的幸福之光，现在却荡然无存了。而科学社会主义理论的诞生，使一切虚幻的存在于神的王国里的美好转化为现实的幸福成为可能。

19世纪，随着大工业的发展，阶级斗争的激化，唯心主义和形而上学在认识中的地位变得岌岌可危。资产阶级经济学家的谎言"资本和劳动的利益一致"、"自由竞争必将带来普遍和谐和人民的普遍福利"日益被关注，而唯心主义历史观看不到任何物质利益、基于物质利益的阶级斗争以及生产和一切经济关系。新的事实迫使人们对以往的全部历史作一番新的研究，结果发现：以往的全部历史，除原始状态外，都是阶级斗争的历史；这些互相斗争的社会阶级在任何时候都是生产关系和交换关系的产物，一句话，都是自己时代的经济关系的产物；因而每一时代的社会经济结构形成现实基础，每一个历史时期的由法的设施和政治设施以及宗教的、哲学的和其他的观念形式所构成的全部上层建筑，归根到底都应由这个基础来说明。黑格尔把历史观从形而上学中解放了出来，使它成为辩证的，可是他的历史观本质上是唯心主义的。现在，唯心主义从它的最后的避难所即历史观中被驱逐出去了，一种唯物主义的历史观被提出来了，用人们的存在说明他们的意识，而不是像以往那样用人们的意识说明他们的存在，这样一条道路已经找到了。[①]

根据恩格斯的推论，社会主义是资产阶级和无产阶级斗争的必然产物。它的任务不再是构想出一个尽可能完善的社会体系，而是研究必然产生这两个阶级及其相互斗争的那种历史的经济的过程；并在由此造成的经济状况中找出解决冲突的手段。那么，这种新的理论和以往的社会

---

① 参见《马克思恩格斯文集》第3卷，北京：人民出版社2009年版，第544—545页。

主义主要不同表现在：以往的社会主义固然批判了现存的资本主义生产方式及其后果，但是，它不能说明这个生产方式，因而也就制服不了这个生产方式；它只能简单地把它当做坏东西抛弃掉。它越是激烈地反对同这种生产方式密不可分的对工人阶级的剥削，就越是不能明白指出，这种剥削是怎么回事，它是怎样产生的。但是，问题在于：一方面应当说明资本主义生产方式的历史联系和它在一定历史时期存在的必然性，从而说明它灭亡的必然性，另一方面应当揭露这种生产方式的一直还隐蔽着的内在性质。这已经由于剩余价值的发现而完成了。"这两个伟大的发现——唯物主义历史观和通过剩余价值揭开资本主义生产的秘密，都应当归功于**马克思**。由于这两个发现，社会主义变成了科学"①。

科学社会主义的诞生，为走向幸福之路找到了一把钥匙。就此文而言，恩格斯抛开了资本主义的外壳，看清了对社会发展起决定作用的因素——社会经济结构。就恩格斯的特殊经历来看，他对这个经济过程是熟悉的，他看到了大工业带来了人类社会的进步，但同时造成了更多人的贫困以及生存条件的恶化，或许是他的同情心或许是他的伟大抱负——渴望一切人都能够获得幸福，而最需要帮助的首先是穷人，他们有权利要求生活条件的改善，只有这样才能为个人的发展提供更大的空间，从而逐步解决个人与社会的矛盾。

二 唯物辩证法：理解社会主义精神实质的一把钥匙

自从科学社会主义诞生距今已有 100 多年的历史，今天，重读恩格斯的《社会主义从空想到科学的发展》，两种思维方法跃然眼前：形而上学和辩证法。尽管尼采已经终结了西方自古希腊以来的形而上学的传统，但是其现实的根基仍然存在，直到今天很多人还是在绝对不兼容的对立中思维，恩格斯说："……看到一个一个的事物，忘记它们互相间的联系；看到它们的存在，忘记它们的生成和消逝；看到它们的静止，

---

① 《马克思恩格斯文集》第 3 卷，北京：人民出版社 2009 年版，第 545—546 页。

忘记它们的运动……"①

这样的思维方法并不是一无是处，相反，在研究静态的单个的事物时能够更准确地把握它的存在状况，事物就是它本身而不是他事物，但是忽略了联系和发展结果只能得出片面的狭隘的认识。另一方面，辩证法却能促使人们的认识更科学和客观。"要精确地描绘宇宙、宇宙的发展和人类的发展，以及这种发展在人们头脑中的反映，就只有用辩证的方法，只有不断地注意生成和消逝之间、前进的变化和后退的变化之间的普遍相互作用才能做到。"② 用这两种不同的方法解读社会主义和资本主义的关系会得出不同的结论。

用形而上学的方法分析资本主义和社会主义的关系，得出的必然结论是：二者是对立的，根本无视二者的同一。用这一方法分析公平和正义，只能是绝对的有或绝对的无。这种思维方法看不到事物的前后发展是一个过程，社会主义的公平和正义也是以往理论思想发展的结果，公平和正义事实上是一个终极价值目标。同时，在现实的基础之上，判断的标准也是不一样的。社会主义与资本主义并不是绝对对立的，资本主义的生产方式在一定历史时期存在是必然的，在一定程度上人身自由的获得，社会财富的猛烈增加，但是经济危机也频频发生，并且造成社会分化，穷的更穷富的更富，如何认识并且解决这样的社会问题，从启蒙学者到空想社会主义者，都不能找到解开这个秘密的钥匙。当历史唯物主义和剩余价值学说揭示了剥削的秘密之后，为资本主义向共产主义过渡找到突破口，消灭剥削，消除两极分化，这是共产主义运动过程中的一个重要环节，这里潜含着这样一个规则：剥削和两极分化是共产主义运动的前提。社会主义的任务就是消灭剥削，消除两极分化，最终解放全人类，从而进入共产主义社会。这是在资本主义发展没有出现新情况的前提下共产主义运动的一种逻辑思路。在资本主义从自由竞争发展到垄断阶段，工人阶级只能在帝国主义发展的薄弱环节取得胜利，这是众

---

① 《马克思恩格斯文集》第 3 卷，北京：人民出版社 2009 年版，第 540 页。
② 同上书，第 541—542 页。

所周知的。

共产主义运动的路径不是唯一的,但社会主义的任务却是不可避免的,无论当前是资本主义制度还是社会主义制度的国家,只不过任务完成的方式和手段不同而已。事实上社会主义对资本主义的否定,不是绝对的抛弃,要吸收其优秀的成果,合理运用在资本主义外衣包裹下的经济形式以及社会财富。但是这两种形式不是绝对的前后承继,在一定条件下总是相互共存的,一方的存在以另一方的存在为条件,在资本主义内部,资本运行规律会促其社会主义因素的增加;在社会主义内部,私有财产在一定范围内的存在激发了个人劳动的积极性,为个人能力的扩张提供了发展的空间和动力。社会主义宏观上满足了社会化生产的要求,把社会发展和个人发展的矛盾调节在可行的范围之内,使生产、消费、分配、流通保持其"良性循环",改变资本主义状况下的"恶性循环",避免经济危机波及社会经济的发展。马克思主义诞生一个多世纪以来,无产阶级和资产阶级的不断斗争,走社会主义还是资本主义之路的不断争论,最后一个必然的结果就是不想后退就要前进,要改变物质上的贫乏和精神上的空虚,尽管这个过程可能是被动的,但是都在寻找超越这种对立的思维方式的解决办法。邓小平的"先富"与"共富"思想就是对科学社会主义理论的创新。尽管"平均主义"的局面被扭转,贫富差距的拉开,经济激励了个人能力的扩张但同时个人和社会矛盾凸显,生产力内部诸要素的不合理搭配,使社会公平和正义日益成为一个重要的问题。

人类历史进入20世纪,在全球范围内社会主义作为一种社会制度尽管没有完全取代资本主义,却击破了"谎言"的狡诈。但是,在资本主义内部存在的矛盾,同样在社会主义内部以对立的形式存在:社会主义同样要解决普遍的幸福追求与现实生活条件不足以实现的矛盾。社会主义不应该是符号化的生活,社会主义应该运用多种手段和方式发展社会经济,增加社会福利来提升大众的生活质量,社会主义经济作为可行的社会经济不仅要消解资本主义的罪恶,而且要把生命投资于积极的目标,促使个人生命本性与生命冲动得到健康与良性的发展;就社会而言，从"先富"到"共富"，从温饱经济向"美学"经济的转化，只有这样才能抵制由于单纯追求"奶牛的幸福"而走向消费主义的弊病；另一方面，对资本主义意识形态的需求，不得不跨越思想的边框，间接地挪用。面对新时代新情况需要解放思想，需要超越性的思维。

三 社会主义的价值旨趣和终极追求：人类从必然王国到自由王国的飞跃

恩格斯在《社会主义从空想到科学发展》中提出了取代资本主义生产方式的未来社会的基本特征。在未来社会中，商品生产、阶级和国家将随之消亡。商品生产被社会直接占有生产资料的社会所有制所取代，社会生产内部无政府状态将被有计划的自觉的社会组织所代替。阶级和国家的存在将是时代的错误。"个体生存斗争停止了。于是，人在一定意义上才最终地脱离了动物界，从动物的生存条件进入真正人的生存条件。"① 如何使每个人的生活条件达成真正的人的生存条件，这是社会主义的最高价值追求。在恩格斯看来，真正人的生活条件只有在实现了全社会共同占有生产资料的基础上才可以实现。这里需要明确的是，社会共同占有生产资料并不等同于国有化政策，国家占有生产资料只是通往社会主义的中介和桥梁。"生产力归国家所有不是冲突的解决，但是这里包含着解决冲突的形式上的手段，解决冲突的线索。"②在这个问题上，我们必须吸取以往社会主义走过的曲折道路，避免"一大二公"和国家社会主义极权制度的滋生。恩格斯在对这个的理解有着充分的理论自觉。"我说'**不得不**'，因为只有在生产资料或交通手段**真正**发展到不适于由股份公司来管理，因而国有化**在经济上**已成为不可避免的情况下，国有化——即使是由目前的国家实行的——才意味着经济上的进步，才意味着达到了一个新的为社会本身占有一切生产力作准备的阶段。但是最近，自从俾斯麦致力于国有化以来，出现了一种冒牌的社

---

① 《马克思恩格斯文集》第3卷，北京：人民出版社2009年版，第564页。
② 同上书，第560页。

会主义,它有时甚至堕落为某些奴才气,无条件地把**任何一种**国有化,甚至俾斯麦的国有化,都说成社会主义的。"①

问题的关键是社会共同占有生产资料是否可能以及社会共同占有生产资料的实现能否保证社会中每个人的自由个性和全面发展真正得以实现。恩格斯对以上两个问题是有着充分的理论估量。针对第一问题,恩格斯通过指出资本主义生产方式的内在矛盾:社会化生产和资本主义占有之间的矛盾;个别企业生产的组织性和整个社会中生产的无政府状态之间的对立。这种内在的矛盾机制只有社会所有制才能从根本上得以解决。"把生产资料从这种桎梏下解放出来,是生产力不断地加速发展的唯一先决条件,因而也是生产本身实际上无限增长的唯一先决条件。但是还不止于此。生产资料由社会占有,不仅会消除生产的现存的人为障碍,而且还会消除生产力和产品的有形的浪费和破坏,这种浪费和破坏在目前是生产的无法摆脱的伴侣,并且在危机时期达到顶点。此外,这种占有还由于消除了现在的统治阶级及其政治代表的穷奢极欲的挥霍而为全社会节省出大量的生产资料和产品。通过社会化生产,不仅可能保证一切社会成员有富足的和一天比一天充裕的物质生活,而且还可能保证他们的体力和智力获得充分的自由的发展和运用"②。

针对社会所有制是否能切实实现社会中每个人的自由和发展这个问题,恩格斯是从社会占有生产资料为人真正实现人自身的生活提供基础和现实条件的意义上言说的。具体说来,每个生产者将不被产品所控制,不被物的依赖关系(商品、货币和资本)所统治。从这个意义上说,社会主义的实现意味着包括每个人在内的人类从必然王国到自由王国的飞跃。"人们周围的、至今统治着人们的生活条件,现在受人们的支配和控制,人们第一次成为自然界的自觉的和真正的主人,因为他们已经成为自身的社会结合的主人了。人们自己的社会行动的规律,这些一直作为异己的、支配着人们的自然规律而同人们相对立的规律,那时

---

① 《马克思恩格斯文集》第3卷,北京:人民出版社2009年版,第558页。
② 同上书,第563页。

就将被人们熟练地运用,因而将听从人们的支配。人们自身的社会结合一直是作为自然界和历史强加于他们的东西而同他们相对立的,现在则变成他们自己的自由行动了。至今一直统治着历史的客观的异己的力量,现在处于人们自己的控制之下了。只是从这时起,人们才完全自觉地自己创造自己的历史;只是从这时起,由人们使之起作用的社会原因才大部分并且越来越多地达到他们所预期的结果。"①

人类从必然王国到自由王国的飞跃表征着人的自由个性的充分彰显,这是一个形象的比拟和隐喻。人类的本质属性当然具有自然性,人的发展离不开自然,这不是问题的关键,问题的关键在于如何实现人与自然、人与人及人与社会的最大程度的和解。人能够充分自觉地察觉社会规律是人自身行动而非抽象的自然和社会规律,人们能够自觉地创造历史和参与历史,但这并不意味着人能够脱离历史和社会而存在。自由王国表征着人类对自己社会生活的自觉意识和充分理解。必然王国意味着人的活动始终受到抽象自然规律和社会规律的控制而具有的集体无意识。自由王国不是脱离必然王国而实现,而是在必然王国的基础上的再次升华。两者始终是一个辩证的关系。以上论述,真正道出了恩格斯在《社会主义从空想到科学的发展》一书中所提出的"人类从必然王国到自由王国飞跃"的真实意义和理论实质。人类从必然王国到自由王国的飞跃最为集中体现了社会主义的最高理论旨趣和价值关切,它的实现将是一个长期漫长的历史过程。反观以往社会主义所走过的曲折道路,重温恩格斯对社会主义本质的理解,有助于我们理性反思社会主义的精神实质和当代发展走向。

专题三 恩格斯关于未来社会基本特征和发展趋势的理论阐释

恩格斯在《社会主义从空想到科学的发展》一书中指出:"那时,

---

① 《马克思恩格斯文集》第3卷,北京:人民出版社2009年版,第564页。

资本主义的占有方式，即产品起初奴役生产者而后又奴役占有者的占有方式，就让位于那种以现代生产资料的本性为基础的产品占有方式：一方面由社会直接占有，作为维持和扩大生产的资料，另一方面由个人直接占有，作为生活资料和享受资料。……随着社会生产的无政府状态的消失，国家的政治权威也将消失。人终于成为自己的社会结合的主人，从而也就成为自然界的主人，成为自身的主人——自由的人。"① 在当今中国推进社会主义市场经济体制的时代背景下，如何深入解读和理解恩格斯在《社会主义从空想到科学的发展》中对未来社会的特征和发展趋势的科学论证，如何解读恩格斯对未来社会下生活资料和享受资料的"个人占有制"，如何界定这一占有制度的理论实质，如何深入理解未来社会下"个人占有制"的本质特征和个人的生活状态，如何深入理解恩格斯对股份制社会本质属性的阐释，对这些问题的理论阐释对当前学界探讨和推动中国特色社会主义道路的发展提供了充分的理论资源和依据。近期国内学者就以上部分问题进行了广泛讨论。②

一 恩格斯关于未来社会基本特征和发展趋势的思考

马克思恩格斯关于未来社会特征和发展趋势的实现，必须深深奠基于如下两个前提：一是生产力的高度发达，否则会造成贫困，并使人们陷于对生活必需品的争夺；二是世界历史的趋势下普遍交往的形成，未来社会只能是"世界历史性"的存在，否则只能是一种"地域性"的存在。他们对未来社会基本制度特征归结为以下几个主要方面：

第一，全体社会成员共建共享社会发展的成果。恩格斯指出，在未

---

① 《马克思恩格斯文集》第3卷，北京：人民出版社2009年版，第561、566页。
② 国内一些学者针对这一问题展开了讨论。具体可参见李惠斌：《重读〈共产党宣言〉——对马克思关于"私有制"、"公有制"以及"个人所有制"的重新解读》，载《当代世界与社会主义》2008年第3期，第32—35页。韩立新：《关于"个人所有制"解释的几个问题——兼评李惠斌〈对马克思关于"私有制"、"公有制"以及"个人所有制"问题的重新解读〉一文》，载《马克思主义与现实》2009年第2期，第26—28页。姚颖：《马克思所有制理论的文本解读——第十届"马克思学论坛"概述》，载《马克思主义与现实》2009年第2期。

来社会并非要消灭所有制的一般形式，而是要消灭建立在生产资料私人占有基础之上的私有制。正是私有制，导致了一切剥削和不公平的根源，也是阻碍人类进一步发展和完善的桎梏。在未来社会中，生产资料的私人占有被社会占有所代替，社会所有成员都拥有获得和使用社会的生产资料和自然资源的平等权利。作为废除私有制的主要结果，恩格斯在《社会主义从空想到科学的发展》中作出了翔实的解释："这种解决只能是在事实上承认现代生产力的社会本性，因而也就是使生产、占有和交换的方式同生产资料的社会性质相适应。而要实现这一点，只有由社会公开地和直接地占有已经发展到除了适于社会管理之外不适于任何其他管理的生产力。……在这个阶段上，不仅某个特定的统治阶级的存在，而且任何统治阶级的存在，从而阶级差别本身的存在，都将成为时代错乱，成为过时现象。所以，社会阶级的消灭是以生产高度发展的阶段为前提的，在这个阶段上，某一特殊的社会阶级对生产资料和产品的占有，从而对政治统治、教育垄断和精神领导地位的占有，不仅成为多余的，而且在经济上、政治上和精神上成为发展的障碍。这个阶段现在已经达到了。"[①] 社会共同占有生产资料和产品成果，是未来社会的最基本的规定性，正是在这个基础上，整个社会的生产组织形式、产品分配体系、社会管理和运作形式等才获得全新的意义。马克思也得出和恩格斯较为相似的结论："这是否定的否定。这种否定不是重新建立私有制，而是在资本主义时代的成就的基础上，也就是说，在协作和对土地及靠劳动本身生产的生产资料的共同占有的基础上，重新建立个人所有制。"[②] 并且，马克思也曾设想，在未来社会的"自由人联合体"中，人们"用公共的生产资料进行劳动，并且自觉地把他们许多个人劳动力当做一个社会劳动力来使用"[③]。

第二，全体社会成员对社会事务进行公共管理。与所有制所发生的历史变迁相应，人类历史历经了原始的公共管理、国家的公共管理和未

[①] 《马克思恩格斯文集》第3卷，北京：人民出版社2009年版，第560、563页。
[②] 《马克思恩格斯文集》第5卷，北京：人民出版社2009年版，第874页。
[③] 同上书，第96页。

来社会公民的公共管理阶段。一方面，由于阶级与阶级差别的彻底消灭，作为阶级统治工具的国家将消亡，国家权力被社会成员的权利所消融，"对人的奴役"被"对物的管理"所取代。正如恩格斯所指出的："国家真正作为整个社会的代表所采取的第一个行动，即以社会的名义占有生产资料，同时也是它作为国家所采取的最后一个独立行动。那时，国家政权对社会关系的干预在各个领域中将先后成为多余的事情而自行停止下来。那时，对人的统治将由对物的管理和对生产过程的领导所代替。……无产阶级将取得公共权力，并且利用这个权力把脱离资产阶级掌握的社会化生产资料变为公共财产。通过这个行动，无产阶级使生产资料摆脱了它们迄今具有的资本属性，使它们的社会性质有充分的自由得以实现。从此按照预定计划进行的社会生产就成为可能的了。"① 但这并非意味着不存在公共事务的管理及公共权力（如健康、教育和福利服务），只不过是公共权力失去政治性质或阶级性质，而成为真正的社会性的权力，即真正服务于人的自由发展的权力；另一方面，这个社会在任何方面都会体现出平等的原则，它并不否认个体天赋的差异，而是强调所有社会成员之间互相充分认可、拥有同等参与社会生活的机会。由于这种平等，彼此能够就他们的需要、行动和责任等重要问题达成自觉、理性的理解与共识。

第三，社会每个个体得以实现自由和全面的发展。恩格斯在《社会主义从空想到科学的发展》一书中，把未来理想社会下每个人的生活状态描述为："人们周围的、至今统治着人们的生活条件，现在受人们的支配和控制，人们第一次成为自然界的自觉的和真正的主人，因为他们已经成为自身的社会结合的主人了。人们自己的社会行动的规律，这些一直作为异己的、支配着人们的自然规律而同人们相对立的规律，那时就将被人们熟练地运用，因而将听从人们的支配。人们自身的社会结合一直是作为自然界和历史强加于他们的东西而同他们相对立的，现在则变成他们自己的自由行动了。至今一直统治着历史的客观的异己的力

---

① 《马克思恩格斯文集》第 3 卷，北京：人民出版社 2009 年版，第 562、566 页。

量，现在处于人们自己的控制之下了。只是从这时起，人们才完全自觉地自己创造自己的历史；只是从这时起，由人们使之起作用的社会原因才大部分并且越来越多地达到他们所预期的结果。"① 这一论断显著表征了人的自由全面发展作为未来社会的终极追求：它意味着要推翻一切导致人类不平等的社会根源，由于全体社会成员掌握着全部生产资源，社会生产通过一种公开而民主的计划形式予以实施，它将无产阶级从资产阶级的剥削中解放出来；它意味着推翻导致人类异化的社会制度和社会关系，使人们有公平的权利得以用一种自我实现和自我创造的方式去参与到劳动实践之中，并勇于承担全民自决过程中所产生的职责——这时劳动不再成为一种谋生的手段或其他异化的形式，而是"人生的第一需要"和实现人的本质的方式，这种完全自由的、具有"直接社会性"的劳动"使人的世界和人的关系回归于人的自身"。

第四，社会制度及其作为虚假意识之表征的意识形态的消失。现实世界的宗教反映只有当实际日常生活的关系在人们面前表现为人与人之间和人与自然之间极明白而合理的关系的时候才会消失。"人们自身的社会结合一直是作为自然界和历史强加于他们的东西而同他们相对立的，现在则变成他们自己的自由行动了。至今一直统治着历史的客观的异己的力量，现在处于人们自己的控制之下了。只是从这时起，人们才完全自觉地自己创造自己的历史；只是从这时起，由人们使之起作用的社会原因才大部分并且越来越多地达到他们所预期的结果。"② 在未来理想社会，社会的外在表象与本质合二为一，而且因为经济社会的运行皆由社会成员的民主计划所引导，所以他们不必也不需要被对社会的错觉——如个人与产品、个人与劳动、个人需要与社会需要、个人利益与集体利益等方面的抽象对立——所笼罩。由此，罗尔斯正确地解释道，存在于此前一切历史阶段并困扰人类获得自由解放的异化也将不存在，生产者自由联合的社会实现了"理论与实践"的统一——即我们理解

---

① 《马克思恩格斯文集》第 3 卷，北京：人民出版社 2009 年版，第 564 页。
② 同上。

我们为什么去做那些我们所做的事情,并且,在自由的条件下,我们所做的事情实现了我们的本质力量。①

综上,上述基本规定性是恩格斯基于社会历史发展的基本矛盾与资本主义社会生产运行的逻辑出发作出的历史性判断。当下我们重新理解恩格斯有关未来社会的设想,就是要从其原初语境出发,从其整体的逻辑语境出发,从当时的历史环境出发,才能真正理解和彰显恩格斯未来社会理想观的真正理论实质和当代价值意蕴。虽然当今人类社会发展比恩格斯的描述所假定的要复杂得多,但纵观当代社会发展形势,这些对未来社会的基本规定性仍然具有强烈的时代感和引导社会发展的价值感。

二 恩格斯分析未来社会特征和发展趋势的方法论特质

与此同时,我们看到,在恩格斯对未来社会的理论构想中,总是渗透着对人类历史的反思、对现实资本主义制度的批判以及对未来社会的建构意识三重向度。这三重向度并不是单向度地运用,而是统一于他对未来社会研究的方法中。

首先,恩格斯是从世界历史与社会发展趋势的高度来研究未来社会。理解社会发展的趋势,或者展开对未来社会的研究,极容易陷入主观意志或客观精神的沼泽不能自拔,也容易沉湎于对未来社会的具体刻画。我们看到,恩格斯对未来社会的探索与理解不是凭空产生的,但也不是执著于对具体经验问题的考察,而恰恰是站在历史与社会发展规律的高度来研究。纵观恩格斯的研究生涯,他对未来社会的研究都是同其对社会发展规律和趋势的探索紧密相关。在恩格斯思想发展的早期,恩格斯对未来社会所作的思考与它对社会发展规律的思考一并结合,从总体上理解社会形态间的有机联系及其发展序列;另一方面也总结了社会发展的一般规律;恩格斯研究未来社会主要是通过对资本主义社会发展的规律研究来完成,因而既揭示出资本主义社会发展的内在机制和变化

---

① 罗尔斯:《政治哲学史讲义》,杨通进等译,北京:中国社会科学出版社2011年版,第379页。

规律，又坚定了共产主义代替资本主义的信念。在恩格斯思想发展的晚期，恩格斯写了《家庭、私有制和国家的起源》，通过对人类社会早期发展阶段的分析，一是理解了社会发展规律的普遍性与特殊性，二是论证了在世界历史语境中实现未来社会路径的多样化。通过对社会历史发展趋势和规律的研究，恩格斯清楚地说明了未来社会的实现，绝不是主观精神或客观精神的物化过程，而是物质性的社会生产力不断发展和推向纵深的结果，是不可抗拒的世界历史生成和演化的必然趋势。"自从资本主义生产方式在历史上出现以来，由社会占有全部生产资料，常常作为未来的理想隐隐约约地浮现在个别人物和整个整个派别的头脑中。但是，这种占有只有在实现它的实际条件已经具备的时候，才能成为可能，才能成为历史的必然性。正如其他一切社会进步一样，这种占有之所以能够实现，并不是由于人们认识到阶级的存在同正义、平等等等相矛盾，也不是仅仅由于人们希望废除这些阶级，而是由于具备了一定的新的经济条件。"① 质言之，马克思恩格斯对未来社会的理解，正是基于对存在于社会自身的结构与运动的规律的深刻理解之上，正是基于对世界历史这一新的历史趋势的深刻把握之上。

其次，恩格斯基于"经验性"和"规范性"双重视角来审视未来社会。作为人类未来存在的社会形态，过往的研究主要有两种理路。一种是依据主观意志，从抽象的人性论或道德观出发去批判现存的社会，试图谋划一套更符合人性和正义的理想社会。它在本质上将社会的发展理解为精神的逻辑及其实现的历史。另一种是从社会历史发展的经验材料出发，强调从旁观者的角度，用自然科学般的客观性原则去描述社会历史，并拒斥对人类社会发展趋势作价值规范方面的考量。马克思和恩格斯当然反感对未来社会作唯心史观的理解，然而，这并不意味着他对社会历史研究持"价值无涉"的经验性态度，正相反，其研究一开始并始终体现着对人类幸福、人的解放和发展执著的关注与追求。恩格斯有关未来社会特征和发展趋势的总问题可以概括为——对"自由人的联

---

① 《马克思恩格斯文集》第3卷，北京：人民出版社2009年版，第562页。

合体"得以形成的条件的思索，里面始终有一根红线始终贯穿，那就是在实践的基础上以崇高的价值理念和对社会历史结构及其发展规律的实证分析相结合的理论努力。历史辩证法要求对任何事物包括未来社会既要从经验性的角度又要从规范性的角度去理解。因为，未来社会是依赖于我们的实践结构而生成的，一方面只有分析较为客观的社会环境和社会发展阶段，才能对未来社会形成的物质性基础进行考察，另一方面只有通过充分考察它们的目标、价值、意义，人们才能充分理解未来社会的实现意味着人类终极自由的实现。正如恩格斯在《社会主义从空想到科学的发展》中指出的那样："因此，要精确地描绘宇宙、宇宙的发展和人类的发展，以及这种发展在人们头脑中的反映，就只有用辩证的方法，只有不断地注意生成和消逝之间、前进的变化和后退的变化之间的普遍相互作用才能做到。"[1]

再次，恩格斯对未来社会给予整体性的把握和思考。恩格斯对未来社会的理论研究并没有仅仅停留在一般具体的、部分的描述，而是着重在于通过一种整体性的视域和方法进行研究：一是从纵向看，人类社会历经低级形式向高级形成的发展，未来社会代表了一个新时代的到来，从这个意义上说，未来社会的实质性意义在于它使人摆脱了资本的奴役和控制，人类的解放不应当仅仅止步于资本主义时代所获得的政治层面的解放；二是从横向看，人类社会历经民族历史、区域历史向世界历史转变的过程，"未来社会"意味着与"世界历史"具有的"时代的同构性"；三是未来社会代表着一种全新的人类文明与人类生活的整体变革，将未来社会视做奠基于生产力的巨大发展和世界性交往的形成之上的一种全新的文明，由此，在未来社会人类不仅获得丰富的物质财富，而且在社会生活、精神生活与人的本质的自我实现等领域实现了全新的进步和境界。恩格斯对未来社会的整体把握和致思取向，将会随着现在进入未来，并随着我们的不断实践而变得更加具体。无论是从恩格斯未来社会学说所秉持的问题意识、理论旨

---

[1] 《马克思恩格斯文集》第3卷，北京：人民出版社2009年版，第541—542页。

趣，抑或是从研究方法来看，恩格斯的未来社会学说在当代仍然具有重要的价值。

综上所述，尽管世界历史已经发生了较大变化，马克思恩格斯未来社会特征和发展趋势的阐释并没有失去其当代价值，它对于人类社会的发展仍具有重要参验作用，对于建设中国特色社会主义仍具有重要的指导意义。当然，他们对未来社会所作的预测是建立在一定的社会历史条件下的，而没有任何人能够超脱一定社会历史时空的局限，我们也不可能期待经典作家能够为我们一劳永逸地解决问题，并期待他们赠送我们一张直达未来社会的车票。在这一点上，我们既要反对教条式的生搬硬套，以固定不变的思维方式去简单地对待马克思恩格斯的一些观点，也要反对简单地以比照现实为基础，一概否定或苛责马克思的这些论断。实践是检验真理的唯一标准，我们只有不断地发现新问题，研究新问题，解决新问题，总结新经验，并在这一动态的历史进程中不断践履马克思主义与时俱进的理论品格，"不动摇、不懈怠、不折腾"，才能在未来真正夺取社会主义建设事业的胜利。

三 对恩格斯关于未来社会中"个人占有制"本质内涵的解读

改革开放 30 年以来，如何结合中国社会所有制的历史现实来重新认识恩格斯在《社会主义从空想到科学的发展》一书中提出的"个人占有制"的观点呢？"现代生产资料的本性为基础的产品占有方式：一方面由社会直接占有，作为维持和扩大生产的资料，另一方面由个人直接占有，作为生活资料和享受资料。"① 重温恩格斯的这个经典命题对当下社会主义市场经济条件下的当代中国具有很强的现实意义，因为当下的中国正在大力推行社会主义市场经济体制并进行全方位的现代化建设。随之而来，人们的生活方式及其思维方式都发生了很大程度的变化并呈现出社会学家们通常所说的"社会转型"的迹象。当前学界不论

---

① 《马克思恩格斯文集》第 3 卷，北京：人民出版社 2009 年版，第 561 页。

是对"重建个人所有制"、"股份制"的阐释，还是对"社会主义市场经济体制"问题的重新理解，本身都是对马克思恩格斯未来社会中"个人占有制"本身应有内涵的当代阐释。

我们认为，"个人占有制"中的"个人"在马克思恩格斯的语境下，并不仅仅是单指每个个人，尤其不是指每个相互分裂的个人，而是彼此之间有内在联系的联合起来的个人，受整体关照的个人所组成的每个相互联系的个人，即"联合起来的生产者"。在这里"个人"具有很强的整体和社会韵味。"个人所有也可以翻译成'每个个人的所有'，它本身就包含着集合起来的众多个人的所有的含义。而这些个人结合起来，组成'自由人的联合体'，实际上就是一种社会所有"。① 马克思和恩格斯本人也曾多次强调未来社会所有制下的"个人"："共产主义和所有过去的运动不同的地方在于：它推翻一切旧的生产关系和交往关系的基础，并且第一次自觉地把一切自发形成的前提看做是前人的创造，消除这些前提的自发性，使这些前提受联合起来的个人的支配。"② 在描述"自然王国"领域里的自由的生活状态时，马克思恩格斯指出："这个领域内的自由只能是：社会化的人，联合起来的生产者，将合理地调节他们和自然之间的物质变换"③。恩格斯把超出这个"自然王国"领域人的自由状态形象地称之为"人类从必然王国进入自由王国的飞跃"。在这个"自由王国"里，"人们周围的、至今统治着人们的生活条件，现在受人们的支配和控制，人们第一次成为自然界的自觉的和真正的主人，因为他们已经成为自身的社会结合的主人了。人们自己的社会行动的规律，这些一直作为异己的、支配着人们的自然规律而同人们相对立的规律，那时就将被人们熟练地运用，因而将听从人们的支配。人们自身的社会结合一直是作为自然界和历史强加于他们的东西而同他

---

① 韩立新：《关于"个人所有制"解释的几个问题——兼评李惠斌〈对马克思关于"私有制"、"公有制"以及"个人所有制"问题的重新解读〉一文》，载《马克思主义与现实》2009年第2期，第29页。
② 《马克思恩格斯文集》第1卷，北京：人民出版社2009年版，第574页。
③ 《马克思恩格斯文集》第7卷，北京：人民出版社2009年版，第928页。

们相对立的,现在则变成他们自己的自由行动了。至今一直统治着历史的客观的异己的力量,现在处于人们自己的控制之下了"①。

中国的经济体制改革,本质上是对不同个人所在群体利益的调整。改革开放前,个人完全依附于群体,个人的能动性很大程度上被抹杀。正如有学者指出:"经济体制改革本质上是人们之间利益的重新调整。利益关系的调整是一个相当复杂的过程,就阶段而言,大致可以分为两个阶段,第一是利益分化阶段,第二是利益整合阶段。"② 改革开放以来,个人的利益在一定程度上已经被承认。尤其在当前市场经济下的中国,个人的利益更为凸显出来。物权法的出台就是一个很好的证明。物权法明确规定了个人对物所具有的法律意义上的正当权利,包括所有权和支配权。这个法律的出台表明个人正当权利已获得法律上的认可,从整体上看,这是历史的进步。但在强调个人利益正当性的同时,出现了一种脱离群体的极端化的个人主义倾向。这同时也表明当前中国不仅仅处于利益分化的阶段,而且处于正迈向整合阶段的过程之中。"目前,我国正处在由第一阶段向第二阶段转折的关头。"③ 我们认为,恩格斯的"个人占有制"思想如果放在当下的中国来衡量,多少有一点"超前"的韵味,为什么这么说呢? 因为,马克思和恩格斯"个人占有制"提出的历史语境和前提是在资本主义时代的成就基础之上,也就是说,在生产力高度发展的基础上的协作和对土地及靠劳动本身生产的生产资料的共同占有的基础上。从这个意义上来说,当下的中国还谈不上真正的"个人所有制",因为重建的前提还不存在,生产力并没有发展到马克思恩格斯所说的"充分涌现"的程度,所以,当下的中国与其说是真正重建"个人占有制",不如说是正步入"重新承认和规范个人所有制"的历史阶段。在中国,"真正的个人所有制"才刚刚开始,还谈不到马克思恩格斯的符合人类本性的"个人占有制"的境界和高度。从

---

① 《马克思恩格斯文集》第3卷,北京:人民出版社2009年版,第564页。
② 孙立平:《转型与断裂——改革以来中国社会结构的变迁》,北京:清华大学出版社2004年版,第41页。
③ 同上。

经济学层面上来考虑，恩格斯的"个人占有制"也是中国以后要走的很长的路，至于走多长时间乃至能否走到还需要时间和实践的检验。具体来说，就是如何在发展市场经济以凸显个人价值取向的同时仍保持"个人"、"群体"和"社会"和谐共生的关系。在对待恩格斯"个人占有制"这个理论的态度上，必须反对两种理论偏激。一方面，极力凸显"个人占有制"社会整合韵味，而缺失了对当下"个人"正当利益的关切，从而走向改革开放前的纯而又纯的"一大二公"的计划经济体制下的全民所有制。这是一种历史的退步，一种违背恩格斯的"从动物的生存条件进入真正人的生存条件"的基本精神。这一点不用多说，每个人都能深刻地体会到。另一方面，极力夸大"个人"概念，而丢失了或遮蔽了"个人占有制"中"个人"所具有的整合性意蕴，最终导致走向"个人私有制"的境地。这一点也违背了恩格斯的基本理论精神和初衷。恩格斯揭示出了资本主义生产方式的占有制的剥削实质："这里无须解释，虽然占有**形式**还是原来那样，可是占有的**性质**由于上述过程而经历的革命，并不亚于生产所经历的革命。我占有我自己的产品还是占有别人的产品，这自然是两种很不相同的占有。顺便提一下：包含着整个资本主义生产方式的萌芽的雇佣劳动是很古老的；它个别地和分散地同奴隶制度并存了几百年。但是，只有在历史前提已经具备时，这一萌芽才能发展成为资本主义生产方式。"① 恩格斯对未来社会中"个人占有制"的本质精神给予了这样的解释，未来社会中的"个人占有制"既不是前资本主义社会下的通过自己劳动产品的交换实现社会联系的个体生产者的社会，也不是资本主义生产方式下的通过商品交换来实现社会联系的商品社会。未来社会中的"个人占有制"将从根本上改变一部分人占有另一部分人产品的社会特征，这时将不存在商品交换和资本的运转。人将成为人自身的主人，人类将实现从必然王国到自由王国的飞跃。

---

① 《马克思恩格斯文集》第 3 卷，北京：人民出版社 2009 年版，第 551 页。

四 对恩格斯关于"股份制"本质属性的现实解读

恩格斯在《社会主义从空想到科学的发展》中对股份制作为社会化生产形式的本质属性作了精到的论述。"猛烈增长着的生产力对它的资本属性的这种反作用力，要求承认生产力的社会本性的这种日益增长的压力，迫使资本家阶级本身在资本关系内部可能的限度内，越来越把生产力当做社会生产力看待。无论是信用无限膨胀的工业高涨时期，还是由大资本主义企业的破产造成的崩溃本身，都使大量生产资料不得不采取像我们在各种股份公司中所遇见的那种社会化形式。……无论向股份公司和托拉斯的转变，还是向国家财产的转变，都没有消除生产力的资本属性。在股份公司和托拉斯的场合，这一点是十分明显的。而现代国家也只是资产阶级社会为了维护资本主义生产方式的一般外部条件使之不受工人和个别资本家的侵犯而建立的组织。"① 如何结合股份制在当代中国的表现形式，深入反思"股份制"的本质属性，进而坚持社会主义的价值原则，恩格斯的上述论断，至今读来，仍具有现实意义。

在针对"股份制"是否是真正体现了恩格斯所提出的"个人占有制"精神实质的问题上，学者们意见不一。有学者认为，"股份制"并不直接就是恩格斯所谓的"个人占有制"，但只要把"股份制"中所含的劳资关系解除，解决了剥削问题的股份制企业就是劳动者联合体，并基于此提出了社会主义股份制的说法。② 当然，也有学者认为，"股份制"本身就是资本主义的经济运行机制，不可能解除劳资和剥削关系。"股份制"是彻头彻尾的资本主义的东西，不可能存在什么社会主义股份制。我们认为，还要合理看待"股份制"的问题。马克思恩格斯在对"信用在资本主义生产中的作用"问题进行论述时，明确地阐述了他对"股份制"的看法。"在股份公司内，职能已经同资本所有权相分离，因而劳动也已经完全同生产资料的所有权和剩余劳动的所有权相分

---

① 《马克思恩格斯文集》第 3 卷，北京：人民出版社 2009 年版，第 557、559 页。
② 参见姚颖：《马克思所有制理论的文本解读——第十届"马克思学论坛"概述》，载《马克思主义与现实》2009 年第 2 期，第 31—41 页。

离。资本主义生产极度发展的这个结果,是资本再转化为生产者的财产所必需的过渡点,不过这种财产不再是各个互相分离的生产者的私有财产,而是联合起来的生产者的财产"①。可见,马克思和恩格斯是从对生产资料社会化即为未来社会劳动者共同占有生产资料奠基物质基础这样的视角来看待"股份制"的社会作用。恩格斯在承认"股份制"在使社会生产资料和资源社会化、为未来社会劳动者共同占有生产资料和资源提供物质基础和手段的同时,也揭露了其历史暂时性和不合理性,他指出:"但是,无论向股份公司和托拉斯的转变,还是向国家财产的转变,都没有消除生产力的资本属性。在股份公司和托拉斯的场合,这一点是十分明显的。"② 恩格斯的这一看法与马克思不谋而合。"在股份制度内,已经存在着社会生产资料借以表现为个人财产的旧形式的对立面;但是,这种向股份形式的转化本身,还是局限在资本主义界限之内;因此,这种转化并没有克服财富作为社会财富的性质和作为私人财富的性质之间的对立,而只是在新的形态上发展了这种对立。"③ 从以上这两段话中,不难看出,马克思和恩格斯从根本上和原则上是坚决反对"股份制"公司的资本主义的剥削属性和对抗性质。基于这一点并结合中国当下的社会生产力水平整体不高的现实,从仅仅有利于提高和整合社会资源的角度可以借鉴"股份制"的经营管理方法。不能仅仅看到恩格斯对"股份制"的承认就因此认为股份制就是当代中国经济运行和分配的合法性,这是一种短视,是一种对恩格斯思想的片面理解。理清马克思恩格斯对"股份制"的基本看法之后,还要结合当前中国的社会现实。"股份制"从当下中国现实来看,还是很有市场。因为,它促进了当下中国社会生产力的提高和资源的整合配置。从这个意义上它在当下中国具有一定的历史合理性。但是,不容否认的是,当下的"股份制"企业中还存在一些剥削现象,我们一定要正视这个问题,而不应该回避,回避是解决不了问题的,关键是如何正视这种剥削现

---

① 《马克思恩格斯文集》第7卷,北京:人民出版社2009年版,第495页。
② 《马克思恩格斯文集》第3卷,北京:人民出版社2009年版,第559页。
③ 《马克思恩格斯文集》第7卷,北京:人民出版社2009年版,第498—499页。

象，这才是解决问题的正确思路。"股份制"的实行和对其评价，不仅仅要看它对社会生产力和资源整合的贡献和力度，还要看它对当下中国的大多数人，尤其是对那些劳工阶级和弱势群体的关注和帮助。① 所以，我们认为，在当下中国的经济发展现实，关键在于如何"规范"当前"股份制"企业的经营理念和加强对弱势群体的关注。需要国家出台强有力的措施保障劳工阶级及那些弱势群体的人身合法权益和社会地位。近几年国家出台劳动合同保障法以保护劳工群体的合法权益。总之，简单地否定和赞成"股份制"的激进言辞，都解决不了任何问题。

小　结

随着时代的发展所凸显出来的一些新问题，也在考验着恩格斯关于未来社会理想之实现的可能性及其前景。他们当年所设想的资本主义必然会被将来的"自由人的联合体"社会所取代这一社会理想至今仍未成为现实；他们当年所设想的作为无产阶级代言人和革命主力军的工人阶级的地位已经发生了很大程度的改变，资本主义国家工人的地位也得到了明显的改善；作为一个整体的"阶级"解放在当下的现实世界中显得多少有些不合时宜。他们所设想的未来理想社会的实现需要生产力的极大发展、社会产品极大丰富作为前提，可是这些前提本身的实现是否受到自然环境、资源的限制呢？这些问题的提出对马克思恩格斯的阶级解放思想、对马克思恩格斯关于未来社会的理想——"自由人的联合体"思想理论生成逻辑提出了严峻的考验。但不可否认的另一个事实是，当今世界的全球化趋势的日益明显，世界各地各种非政府性组织的诞生，人们在网络世界中所能享受到以前无论如何也不能想象的自由的信息交流平台和公共性空间。所有这些现象，也都无不印证了恩格斯有关未来社会理想的当代现实效应，恩格斯的社会理想正逐步成为我们日常生活中现实的一部分。"在全球化和现代科学技术迅猛发展的 21 世

---

① 前几年吉林通化钢铁公司关于被个体私营企业收购和股份重组的例子值得借鉴和反思。

纪，人类活动的诸多新的因素和新的历史进程表明，马克思恩格斯早已预示的这种人类理想的共同体正在一步步向我们走来。"① 在这个"后现代"思潮日益活跃的时代，谈论社会理想问题总是面临着一定的指责和风险，加上一些西方学者对马克思恩格斯对未来社会理想给予歪曲及"妖魔化"，波普尔、麦金泰尔等人把科学社会主义完全视为一种所谓的"乌托邦"，一种美妙的幻想。加之许多后现代思想家对宏大叙事的解构，谈论社会理想问题总是被赋予一种所谓脱离实际的"乌托邦"标签。原因主要在于他们没有理清马克思对"未来"的科学洞见。没有理清马克思的"社会理想"与"乌托邦"的本质区别。基于这个问题，有学者指出："近百年来，由于中国独特的历史，对民族未来的思考始终占据着知识探索的焦点。不过奇特的是，我们的未来想象，很少在严格意义上的乌托邦立场上进行。这可能具有多方面的原因，其中较为显著的是，无论是采取追赶型现代化道路，还是采取跨越式现代化道路，乌托邦都是被排斥的，对于前一种道路来说，它是坐着说话——不腰疼，对于后一种道路来说，它是旗杆上挂地雷——空想。特别是在马克思主义占据意识形态的主导地位后，'乌托邦'这个术语一直是在贬义上被使用的。这意味着，在我们的学术中（特别是马克思主义哲学研究中）谈论乌托邦总是要冒一定的风险。"② 以上所引的这段话，把当前学术理论研究尤其是马克思主义哲学界理论研究中以"乌托邦"作为理论研究倾向的理论危险和缘由与当前中国社会现代化发展的现实和道路联系起来，这一提法本身是契合了我们这个时代的主题和理论研究的现实关怀。结合中国 20 世纪 60—70 年代出现的激进的"文化大革命"运动，这一灾难应归为炽热的理想本身抑或我们对理想本身的认识呢？答案是后者。原因很显然，我们不能把"理想"本身"原罪"化。我们经历了以"阶级斗争"为纲的残酷岁月，心中仍苦苦追寻着我们心目中的未来社会。直到改革开放以来，我们的国家才摆脱了政治斗争

---

① 郭湛主编：《社会公共性研究》，北京：人民出版社 2009 年版，第 40 页。
② 大卫·哈维：《希望的空间》，胡大平译，南京：南京大学出版社 2006 年版，译序部分，第 2 页。

的阴沉岁月，而迎来了改革开放的希望之春。自此，中国在经济发展、学术研究、科技教育和人民生活水平等方面都发生了可以说是翻天覆地的深刻变化。而这一切都是以"实践是检验真理的唯一标准"理论讨论为理论先导。

专题四　科学社会主义的当代现实表征——对中国特色社会主义道路的思考

恩格斯《社会主义从空想到科学的发展》这部社会主义经典文献所阐发的唯物史观的基本原则为洞悉社会主义与市场的辩证关系提供了重要的理论资源，为当前推进中国特色社会主义道路和辨识"中国道路"的理论实质提供了可靠的理论基础。秉持当代的问题意识重新思考恩格斯的这部社会主义经典文献，仍有着重要的时代和现实意义。关于"社会主义"与"市场"的思考体现了马克思恩格斯对人类社会从资产阶级社会过渡到社会主义社会实现路径的深刻洞见。改革开放的伟大实践，推动了中国特色社会主义事业的蓬勃发展，"中国道路"、"中国经验"等问题成为学界思考中国未来发展走势的强烈理论诉求。"社会主义"与"市场"的关系问题成为洞悉"中国道路"问题实质的重要现实参照。从某种意义上说，当今中国社会正步入马克思和恩格斯对"社会主义"、"市场"、"资本主义"和"人的自由和发展"等问题思考的历史境遇。中国自改革开放30多年以来在政治、经济和文化等方面取得了令人瞩目的成绩。2008年美国爆发金融危机，中国在应对这次危机中的良好表现激发了国外学者和国内学人对中国道路问题的热议和讨论，尤其关于"中国模式"问题的论争值得学人关注。在有关"中国道路"问题的讨论中，中华民族的民族感情一度升温，冷静的学理讨论仍有待推进。对"中国道路"问题的理性审视关涉中国社会发展趋势和中华民族未来命运的切身发展。唯物史观的理论精髓表征为对人类社会历史发展规律和发展趋势的深邃理论阐释和方法论澄明，其中，关于"社会主义"与"市场"问题的思考彰显了恩格斯和马克思对人类社会历史发展规律和趋势的深刻洞察。当代中国正步入恩格斯和马克思当年对"资本"、"市场"、"社会主义"及其"人的自由和解放"等问题思考的历史境遇。当今中国社会发展的问题在很大程度上仍然没有游离出他们当年思考的问题域。他们当年所揭示的"资本"奴役人的现状和所追求的人的自由和全面发展问题成为当今中国面临的重大时代课题。随着中国市场化进程不断推进，这一问题的严峻性也不断凸显出来。当今世界全球化格局不断加深，"资本"已经成为世界公民，而发展中国家（包括中国）的底层劳工仍被"资本"所奴役。正因如此，"社会主义"与"市场"的关系问题成为学界把唯物史观与对"中国道路"问题的思考相结合的现实契合点，也正切中当今中国社会发展的亟待关注和解决的重大时代性理论和现实课题。进而言之，唯物史观这一关于人类社会历史发展规律和趋势的理论学说，尤其关于"社会主义"和"市场"关系问题的思考对于理性审视和辨析当下学界热议的"中国道路"（或"中国模式"）问题的实质提供了契合中国问题本身的合法性学理资源和价值评判视角，同时也成为当前深入理解马克思主义中国化和时代化具有历史必然性的重要理论依据。"中国特色社会主义道路"的言说视域和价值意蕴、中国未来社会主义的发展方向，对这些问题的科学认知和理性判断在学理和现实层面必然集中到对恩格斯《社会主义从空想到科学的发展》的重新体认和领悟。

一　马克思恩格斯关于"社会主义"和"市场"及其关系的思考

在马克思和恩格斯看来，"社会主义"作为一种学说以理论上的形式表现出来，但是其理论内容却深深扎根于其现实生活之中。恩格斯也是在这个意义上并在《社会主义从空想到科学的发展》一书中明确地界定了"社会主义"。"现代社会主义，就其内容来说，首先是对现代社会中普遍存在的有财产者和无财产者之间、资本家和雇佣工人之间的阶级对立以及生产中普遍存在的无政府状态这两个方面进行考察的结果。但是，就其理论形式来说，它起初表现为18世纪法国伟大的启蒙学者们所提出的各种原则的进一步的、据称是更彻底的发展。同任何新的学说一样，它必须首先从已有的思想材料出发，虽然它的根子深深扎在物质的经济的事实中。"①

恩格斯一方面对社会主义的关注是基于理想性和立足于未来的维度来看待："社会主义"是一种直接以"人"和"自然"本真的状态来反映"人"和"自然"本身的理论学说。恩格斯在《社会主义从空想到科学的发展》一书中指出了未来理想社会中人的自由和本真生活状态。"个体生存斗争停止了。于是，人在一定意义上才最终地脱离了动物界，从动物的生存条件进入真正人的生存条件。人们周围的、至今统治着人们的生活条件，现在受人们的支配和控制，人们第一次成为自然界的自觉的和真正的主人，因为他们已经成为自身的社会结合的主人了。人们自己的社会行动的规律，这些一直作为异己的、支配着人们的自然规律而同人们相对立的规律，那时就将被人们熟练地运用，因而将听从人们的支配。人们自身的社会结合一直是作为自然界和历史强加于他们的东西而同他们相对立的，现在则变成他们自己的自由行动了。至今一直统治着历史的客观的异己的力量，现在处于人们自己的控制之下了。只是从这时起，人们才完全自觉地自己创造自己的历史；只是从这时起，由人们使之起作用的社会原因才大部分并且越来越多地达到他们所预期的结果。"② 恩格斯在把"社会主义"作为一种理论和学说来看待的同时，并试图把这一理论和学说与社会历史实践结合起来。在《德意志意识形态》中反对"真正的社会主义"一节中，马克思针对德国一些学者歪曲法国社会主义的学说并用德国的哲学来粉饰法国社会主义学说的错误行径指出："他们并没有考虑到，这些著作即使在宣传某些体系，也是以实际的需要为基础的，是以一定国家的一定阶级的整个生活条件为基础的。……共产主义对我们来说不是应当确立的**状况**，不是现实应当与之相适应的**理想**。我们所称为共产主义的是那种消灭现存状况**现实的**

---

① 《马克思恩格斯文集》第 3 卷，北京：人民出版社 2009 年版，第 523 页。
② 同上书，第 564 页。

运动。这个运动的条件是由现有的前提产生的。"①

"市场"本身是作为在一定历史条件下（生产力发展，产品有剩余，人们社会需要之间的互相补充）的"交往方式"，"市场"这种交往方式的社会性质主要是通过资产阶级社会中的商品、货币和资本表现出来，"市场"这种交往方式又借助于商品而逐渐为自己开辟道路。从根本上说，社会主义实现于资产阶级社会所开创的社会历史条件，而"市场"、"商品"、"货币"和"资本"又集中体现了资产阶级社会的重要社会特征。马克思恩格斯对资本主义社会的分析是从"商品"入手，资产阶级社会中的"商品交换"又与"市场"、"货币"和"资本"问题内在相关联。这就决定了对社会主义的思考离不开对"商品"、"货币"和"资本"问题的分析。"由于开拓了世界市场，使一切国家的生产和消费都成为世界性的了。……它的商品的低廉价格，是它用来摧毁一切万里长城、征服野蛮人最顽强的仇外心理的重炮。它迫使一切民族——如果它们不想灭亡的话——采用资产阶级的生产方式；它迫使它们在自己那里推行所谓的文明，即变成资产者。"② 上述这一段语言优美的文字，深刻地表达了这样一个思想：作为一定历史阶段的"生产方式和交换方式的一系列变革的产物"的资产阶级的所谓的"市场"③ 文明迫使一切旧民族采用这一所谓的"文明"才能生存下去。

恩格斯指出了作为资本主义生产方式之表征的"市场"交换的无政府状态和内在悖论。"但是，在自发的、无计划地逐渐形成的④社会内部分工成了生产的基本形式的地方，这种分工就使产品具有**商品**的形式，而商品的相互交换，即买和卖，使个体生产者有可能满足自己的各式各样的需要。中世纪的情况就是这样。例如，农民把农产品卖给手工业者，从他们那里买得手工业品。在这种个体生产者即商品生产者的社

---

① 《马克思恩格斯文集》第1卷，北京：人民出版社2009年版，第588、539页。
② 《马克思恩格斯文集》第2卷，北京：人民出版社2009年版，第35—36页。
③ 这里的"市场"特指资产阶级所开辟出来的世界性的交换体系，而非前资本主义社会的简单的交换场所。
④ 在1883年德文第一版中没有"无计划地逐渐形成的"。——编者注

会中，渗入了一种新的生产方式。它在整个社会中占支配地位的自发的**无计划的**分工中间，确立了在个别工厂里的有组织的**有计划的**分工；在**个体**生产旁边出现了**社会化**生产。两者的产品在同一市场上出卖，因而价格至少大体相等。但是，有计划的组织要比自发的分工有力量；采用社会化劳动的工厂里所制造的产品，要比分散的小生产者所制造的便宜。个体生产在一个又一个的部门中遭到失败，社会化生产使全部旧的生产方式发生革命。但是它的这种革命性质并不为人所认识，结果它反而被用来当做提高和促进商品生产的手段。它的产生，是同商品生产和商品交换的一定的已经存在的杠杆即商人资本、手工业、雇佣劳动直接联系着的。由于它本身是作为商品生产的一种新形式出现的，所以商品生产的占有形式对它也保持着全部效力。"① 资本主义生产方式造成了产品统治生产者的荒谬现象。个别生产者的有序生产和整个社会的无政府状态更加鲜明地表现出来。恩格斯翔实地描述了这一现象："在中世纪得到发展的那种商品生产中，劳动产品应当属于谁的问题根本不可能发生。当时个体生产者通常都用自己所有的、往往是自己生产的原料，用自己的劳动资料，用自己或家属的手工劳动来制造产品。这样的产品根本用不着他去占有，它自然是属于他的。因此，产品的所有权是以**自己的劳动**为基础的。即使利用过别人的帮助，这种帮助通常也是次要的，而且往往除工资以外还得到别的报酬：行会的学徒和帮工与其说是为了吃饭和挣钱而劳动，不如说是为了自己学成手艺当师傅而劳动。后来生产资料开始集中在大的作坊和手工工场中，开始变为真正社会化的生产资料。但是，这些社会化的生产资料和产品还像从前一样仍被当做个人的生产资料和产品来处理。从前，劳动资料的占有者占有产品，因为这些产品通常是他自己的产品，别人的辅助劳动是一种例外，而现在，劳动资料的占有者还继续占有产品，虽然这些产品已经不是**他的**产品，而完全是**别人劳动**的产品了。这样，现在按社会化方式生产的产品已经不归那些真正使用生产资料和真正生产这些产品的人占有，而是归

---

① 《马克思恩格斯文集》第3卷，北京：人民出版社2009年版，第549—550页。

资本家占有。生产资料和生产实质上已经社会化了。但是，它们仍然服从于这样一种占有形式，这种占有形式是以个体的私人生产为前提，因而在这种形式下每个人都占有自己的产品并把这个产品拿到市场上去出卖。生产方式虽然已经消灭了这一占有形式的前提，但是它仍然服从于这一占有形式。"①

在这种生产和占有方式下，每个生产者都成为生产的附庸，成为一群集体无意识的被操纵者。资本主义生产方式渗透到了社会生活的方方面面，渗透到了通过自己劳动产品的交换而实现社会联系的个体生产者的社会。恩格斯在《社会主义从空想到科学的发展》一书中说道："每个以商品生产为基础的社会都有一个特点：这里的生产者丧失了对他们自己的社会关系的控制。每个人都用自己偶然拥有的生产资料并为自己的特殊的②交换需要而各自进行生产。谁也不知道，他的那种商品在市场上会出现多少，究竟需要多少；谁也不知道，他的个人产品是否真正为人所需要，是否能收回它的成本，到底是否能卖出去。社会生产的无政府状态占统治地位。但是，商品生产同任何其他生产形式一样，有其特殊的、固有的、和它分不开的规律；这些规律不顾无政府状态、在无政府状态中、通过无政府状态而为自己开辟道路。这些规律在社会联系的唯一继续存在的形式即交换中表现出来，并且作为竞争的强制规律对各个生产者发生作用。所以，这些规律起初连这些生产者也不知道，只是由于长期的经验才逐渐被他们发现。所以，这些规律是在不经过生产者并且同生产者对立的情况下，作为他们的生产形式的盲目起作用的自然规律而为自己开辟道路。产品支配着生产者。"③ 具体说来，这一以商品交换为基础的社会所体现出来的社会性质怎么样呢？"使用物品成为商品，只是因为它们是彼此独立进行的私人劳动的产品。这种私人劳动的总和形成社会总劳动。因为生产者只有通过交换他们的劳动产品才发生社会接触，所以，他们的私人劳动的独特的社会性质也只有在这种

---

① 《马克思恩格斯文集》第3卷，北京：人民出版社2009年版，第550—551页。
② 在1883年德文第一版中不是"特殊的"，而是"个人的"。——编者注
③ 《马克思恩格斯文集》第3卷，北京：人民出版社2009年版，第552页。

交换中才表现出来。换句话说，私人劳动在事实上证实为社会总劳动的一部分，只是由于交换使劳动产品之间、从而使生产者之间发生了关系。……劳动产品只是在它们的交换中，才取得一种社会等同的价值对象性，这种对象性是与它们的感觉上各不相同的使用对象性相分离的。劳动产品分裂为有用物和价值物，实际上只是发生在交换已经十分广泛和十分重要的时候，那时有用物是为了交换而生产的……从那时起，生产者的私人劳动真正取得了二重的社会性质。"① 从这段较长的引文，可以看出，"市场"所具有的"交换"本性决定了生产者个人劳动的两重性。他们劳动产品的有用性不是由劳动者自身内在的本质需要所界定，而是由于交换性而界定。从这个意义上说，劳动产品分裂为有用物和价值物。劳动产品的有用性与生产者对他的发自内心的感觉和需要而分离开来。这正是资本主义生产方式下每个劳动者异化生活状态的根源，这种社会根源，每个人都没有洞察到，都是一种集体无意识。

马克思恩格斯对资本主义生产方式的批判是一种具有原则高度的批判，既承认其巨大的推动历史前进的作用，也看到了它的负面效果并对这个问题进行了人本主义式的阐释和论证。"理想"与"现实"、"事实"与"价值"的双重内在张力构成了马克思恩格斯思考"市场"（经济）的两个维度。但是，在通向马克思所说的"每个人的自由个性和全面发展"的过程中，资本主义所特有的交换方式，即"市场"及其所内在的交换价值在创造巨大生产力的同时也摧残了人的自由和个性。"全面发展的个人——他们的社会关系作为他们自己的共同的关系，也是服从于他们自己的共同的控制的——不是自然的产物，而是历史的产物。要使**这种**个性成为可能，能力的发展就要达到一定的程度和全面性，这正是以建立在交换价值基础上的生产为前提的，这种生产才在产生出个人同自己和同别人相异化的普遍性的同时，也产生出个人关系和个人能力的普遍性和全面性。"② 但是，资本主义生产方式推动社会和

---

① 《马克思恩格斯文集》第5卷，北京：人民出版社2009年版，第90页。
② 《马克思恩格斯文集》第8卷，北京：人民出版社2009年版，第56页。

人发展的同时，也造就了这样一种人的异化状态："不管活动采取怎样的个人表现形式，也不管活动的产品具有怎样的特性，活动和活动的产品都是**交换价值**，即一切个性，一切特性都已被否定和消灭的一种一般的东西。"① 在现实社会中，物品的使用价值是直接与物品的属性相联系，从根本上说，人们之间之所以相互交换产品是因为基于物的价值，而非交换价值自身。而古典经济学家恰恰相反，他们把交换价值本身归结为物品的自然属性，交换本身与物品的自然属性无关，它与一个社会历史发展阶段的社会性质相关联。

恩格斯在《社会主义从空想到科学的发展》一书中指出了资本主义生产方式内在悖论所造成的社会破坏性："资本主义生产方式渗入了商品生产者即通过自己产品的交换来实现社会联系的个体生产者的社会。但是，每个以商品生产为基础的社会都有一个特点：这里的生产者丧失了对他们自己的社会关系的控制。每个人都用自己偶然拥有的生产资料并为自己的特殊的交换需要而各自进行生产。"② 恩格斯接着指出："经济的冲突达到了顶点：**生产方式起来反对交往方式**。……社会的生产无政府状态就让位于按照社会总体和每个成员的需要对生产进行的社会的有计划的调节。"③ 恩格斯认为：资本主义社会的生产是无计划的，而取代资本主义社会的未来社会（自由人的联合体）的生产是有计划的。"资本主义社会的无计划生产向行将到来的社会主义社会的计划生产投降。……从此按照预定计划进行的社会生产就成为可能的了。生产的发展使不同社会阶级的继续存在成为时代错乱。随着社会生产的无政府状态的消失，国家的政治权威也将消失。"④ "只有当社会生活过程即物质生产过程的形态，作为自由联合的人的产物，处于人的有意识有计划的控制之下的时候，它才会把自己的神秘的纱幕揭掉。"⑤ 叶汝贤教授

---

① 《马克思恩格斯文集》第 8 卷，北京：人民出版社 2009 年版，第 51 页。
② 《马克思恩格斯文集》第 3 卷，北京：人民出版社 2009 年版，第 552 页。
③ 同上书，第 557、561 页。
④ 同上书，第 558、566 页。
⑤ 《马克思恩格斯文集》第 5 卷，北京：人民出版社 2009 年版，第 97 页。

指出:"马克思恩格斯对市场机制的高效率曾给予高度评价,认为资产阶级利用它在不到一百年的时间内所创造的生产力,比过去一切时代创造的全部生产力还要多,还要大。但他们并不认为社会主义可以采用市场机制,而认为必须用计划经济取代它。"① 当然,马克思和恩格斯对这个取代过程的认识充满了历史的辩证态度,即:"权利决不能超出社会的经济结构以及由经济结构制约的社会的文化发展。……集体财富的一切源泉都充分涌流之后,——只有在那个时候,才能完全超出资产阶级权利的狭隘眼界,社会才能在自己的旗帜上写上:各尽所能,按需分配!"② 一方面马克思和恩格斯是从资产阶级法权的意义上看待"商品交换"的,而"商品交换"又是市场(经济)的基本原则。另一方面,他们又把超越"商品交换"的原则归结为社会生产力的极大发展,社会产品的极大丰富。如果把"社会主义"看成是一种社会历史发展阶段,那么在马克思和恩格斯的理论视野中,"社会主义"将成为"后市场"的社会发展阶段。如果把"社会主义"理解为一种价值理念,那么在马克思的理论视野中,"社会主义"将与"市场"处于对立的状态。

马克思恩格斯是用一种历史辩证的眼光来看待资本主义的生产和交往方式——即"市场"(经济)及内在所特有的交换特质。马克思恩格斯在评判资本主义的市场和交换价值的时候,其思想深处隐约透露出其"人本主义"批判的维度。"历史"研究和"价值"批判统一于科学社会主义理论学说中,尤其是统一于他对作为资本主义生产和交往方式之症候的"市场"和交换价值的认识之中。他们认为,资本主义生产方式和交往方式的变革带来了巨大的物质财富和生产力,这为每个人的自由个性发展提供了客观条件,随着生产力的不断发展,资本主义特有的交往方式及表象——"市场"及其"交换价值"也将随之消亡。"一旦直接形式的劳动不再是财富的巨大源泉,劳动时间就不再是,而且必然不再是财富的尺度,因而交换价值也不再是使用价值的尺度。**群众的剩**

---

① 《叶汝贤自选集》(《唯物史观与当代中国》第一卷),北京:社会科学文献出版社2009年版,第223页。

② 《马克思恩格斯文集》第3卷,北京:人民出版社2009年版,第435、436页。

余劳动不再是发展一般财富的条件，同样，**少数人的非劳动**不再是人类头脑的一般能力的条件。于是，以交换价值为基础的生产便会崩溃，直接的物质生产过程本身也就摆脱了贫苦和对立的形式。个性得到自由发展，因此，并不是为了获得剩余劳动而缩减必要劳动时间，而是直接把社会必要劳动缩减到最低限度，那时，与此相适应，由于给所有的人腾出了时间和创造了手段，个人会在艺术、科学等等方面得到发展。"①可见，他们对未来社会中人的生存状态的期许多少带有些理想的"超验"韵味。劳动时间不再是财富的尺度，而物质生产过程直接服务于大多数人，并为大多数人提供最可能多的自由时间。每个人都可以在这个自由时间里从事有利于自己个性发展的事务。

马克思和恩格斯对"市场"的批判总体所持的观点对正在深入推进市场化进程的当代中国无疑可以提供理论上的借鉴。在对待他们关于"市场"（经济）真实态度上的合理观点是：一方面既要避免一味强调对"市场"（经济）唱赞歌的实用主义的观点，从而忽视他们思想中所特有的价值批判和规范的维度；另一方面也要防止一味强调他们思想中的社会批判和价值规范的维度，从而忽视他们思想中所特有的历史性维度。这里涉及如何看待和传承经典作家的思想与社会现实之间的关系。因为，一方面，中国实行社会主义市场经济主要是基于当前中国自身发展的阶段性特征，即生产力不发达、人们生活水平低下而言的。现实的历史发展的阶段特征及其以往的历史经验教训迫使中国走上改革开放和实行社会主义市场经济体制的道路。另一方面，如果只局限于经典作家的原话而把其思想原封照搬到现实社会中来，是一种缺少对思想本身之反思的"教条化"。在这一点上，邓小平提出的"中国特色社会主义"这一理念本身体现了社会主义的制度不是一成不变的抽象的理论教条和历史哲学，而是随着社会历史条件的变化而不断发展和完善的理论学说，这体现了邓小平在坚持马克思恩格斯社会主义理论基本价值精神的前提下对社会主义现实形态的重大发展和创新。艾兰·米吉（Allan

---

① 《马克思恩格斯文集》第 8 卷，北京：人民出版社 2009 年版，第 196—197 页。

Megill）的看法对我们合理看待马克思和恩格斯对市场（经济）的看法不无启示。"在对一些关于马克思和恩格斯反市场的观点进行辩解和缓冲的解释者中，存在这样一种为他们关于反市场观点之无误辩解的冲动。换句话说，在这些解释者的眼中，潜在地存在一种使他们的理论观点最大化地适应于现实这样一种理论冲动。……从另一方面说，使过去的理论适用于现实在和将来本是合情合理。但是，话又说回来，我们应找出这样一种理论思考路径的缺陷。对作者某一观点的更改或强调就是对该作者其他理论方面的遮蔽。在关于过去和现在之间的连续性和普遍性的问题上需要不断的论证和说明，而不是仅仅作简单的假设。"① 尽管艾兰·米吉仅从早期著作中寻求理论依据简单把马克思和恩格斯反对市场的缘由仅仅归结为他们对"市场"的蔑视这个结论笔者不赞同，但其所提出的如何客观看待他们有关市场的认识视角无疑是合理和睿智的。这个视角是合理和睿智的，因为它可以启发人们看待这样一个问题：从马克思和恩格斯对"市场"（经济）的看法中可以具体引申出如何科学和理智地认识和看待马克思恩格斯经典作家有关"社会主义"和"市场"的论述与当下中国所实行的社会主义市场经济体制的理论传承关系。"在保留既有理想性理论的真精神的条件下，根据现实生活情况对既有的理论进行重大修改，使之能与现实达到一种较高程度的符合。具体的方法乃是对既有理论进行重构，将既有理论中理想性成分与现实性成分区分开来，寻找或发现其间新的中介环节，以期能将理想性与现实性在新的条件下再度结合起来。"②

二 中国特色社会主义道路的开辟："社会主义"与"市场"的真正结合和创新

改革开放 30 多年以来，中国社会经济发展水平和人们生活水平日

---

① Allan Megill, *Karl Marx: The Burden of Reason (Why Marx Rejected Politics and the Market)*, Maryland: Rowman & Littlefield Publisher, Inc., 2002, p. 130.
② 王南湜：《社会主义：从理想性到现实性》，载《马克思主义与现实》2009 年第 3 期，第 141—142 页。

渐提高，中国社会面貌发生巨大变化，并为世人所瞩目。中国自此逐渐形成和走上了一条具有自身特色的社会主义发展道路，走向了对社会主义本质认识和发展的正确轨道。这其中自然与中国实行社会主义市场经济体制的改革开放密不可分。但与此同时，中国在推进市场化的进程中，也存在一些问题值得人们警醒。正如有学者指出："另一方面，社会主义作为一种关于理想社会的理论，与任何一种社会理论不同，它本身就蕴涵着一种鼓舞人们将其实现的力量。这就带来了一个在别的社会发展过程中不曾出现过的问题：理想中的社会主义与现实中的社会主义的差异问题。……社会主义一旦从单纯的理论进入到其实现过程中，就不可避免地会把理想与现实的关系问题凸现出来。"[1] 改革开放之前和在计划经济单一的经济体制条件下，人们对"社会主义"和"市场"关系的认识仍局限于马克思和恩格斯当年在特定历史条件下做出的关于未来理想社会的相关论点，并坚持把马克思在《哥达纲领批判》中所界定的共产主义第一阶段的社会所有制认定为公有制，并依然坚持"除了个人的消费资料，没有任何东西可以转为个人的财产"。[2] 马克思和恩格斯所提出的"共产主义"第一阶段的思想是建立在资本主义大生产基础之上的，严格来说，当前中国所推行的社会主义经济运行机制，即社会主义市场经济体制还没有达到他们所说的"共产主义第一阶段"，而是低于这个阶段的发展水平。马克思和恩格斯心目中的理想社会，即"自由人的联合体"思想所表征的社会形态，即"共产主义的高级阶段"是这样一幅图景："在共产主义社会高级阶段，在迫使个人奴隶般地服从分工的情形已经消失，从而脑力劳动和体力劳动的对立也随之消失之后；在劳动已经不仅仅是谋生的手段，而且本身成了生活的第一需要以后；在随着个人的全面发展，他们的生产力也增长起来，而集体财富的一切源泉都充分涌流之后，——只有在那个时候，才能完全超出资产阶级权利的狭隘眼界，社会才能在自己的旗帜上写上：各尽所

---

[1] 王南湜：《社会主义：从理想性到现实性》，载《马克思主义与现实》2009年第3期，第143页。

[2] 参见《马克思恩格斯文集》第3卷，北京：人民出版社2009年版，第434页。

能，按需分配！……人们第一次成为自然界的自觉的和真正的主人，因为他们已经成为自身的社会结合的主人了。人们自己的社会行动的规律，这些一直作为异己的、支配着人们的自然规律而同人们相对立的规律，那时就将被人们熟练地运用，因而将听从人们的支配。人们自身的社会结合一直是作为自然界和历史强加于他们的东西而同他们相对立的，现在则变成他们自己的自由行动了。至今一直统治着历史的客观的异己的力量，现在处于人们自己的控制之下了。只是从这时起，人们才完全自觉地自己创造自己的历史；只是从这时起，由人们使之起作用的社会原因才大部分并且越来越多地达到他们所预期的结果。这是人类从必然王国进入自由王国的飞跃。"① 他们还谈到了在达到这一理想社会之前必将经历一个无法越过的"共产主义第一阶段"。"我们这里所说的是这样的共产主义社会，它不是在它自身基础上已经**发展了的**，恰好相反，是刚刚从资本主义社会中**产生出来的**，因此它在各方面，在经济、道德和精神方面都还带着它脱胎出来的那个旧社会的痕迹。……这里通行的是调节商品交换的同一原则。……在这里**平等的权利**按照原则仍然是资产**阶级权利**"②。如何看待马克思关于未来理想社会的两阶段划分，是一个关涉能否理解社会主义本质的重要理论议题。正是基于此，邓小平结合我国的经济发展水平，提出了社会主义可以和市场经济结合起来，并初步提出了社会主义初级阶段理论和中国特色社会主义道路的论断。邓小平在中国共产党第十三次代表大会召开之前，已经明确提出了社会主义初级阶段的言论。"中国社会主义是处在一个什么阶段，就是处在初级阶段，是初级阶段的社会主义。社会主义本身是共产主义的初级阶段，而我们中国又处在社会主义的初级阶段，就是不发达的阶段。"③ 针对这一言论，接下来中国共产党的第十三次代表大会继续发挥这一主题，并把"社会主义初级阶段"的理论上升到党的文献中。"在中国这样落后的东方大国中建设社会主义，是马克思主义发展史上

---

① 《马克思恩格斯文集》第3卷，北京：人民出版社2009年版，第435—436、564—565页。
② 同上书，第434页。
③ 《邓小平文选》第3卷，北京：人民出版社1993年版，第252页。

的新课题。我们面对的情况，既不是马克思主义创始人设想的在资本主义高度发展的基础上建设社会主义，也不完全相同于其他社会主义国家。照搬书本不行，照搬外国也不行，必须从国情出发，把马克思主义基本原理同中国实际结合起来，在实践中开辟有中国特色的社会主义道路。"① 社会主义从一开始就是一种理论和设想，其本身的发展就是一个从理想到现实不断融合生成的过程。苏联从作为第一个社会主义国家的诞生到其垮台，新中国从成立以来，期间也经历了"大跃进"和"文化大革命"的一段曲折历史。中国吸取前车之鉴和历史经验教训，经过改革开放30多年对社会主义道路的探索，今日中国日益走出了一条具有自身特色的独特发展之路。

马克思和恩格斯生前没有看到现实社会主义国家的诞生，没有看到他们的学说会影响远在东亚的中国。"尽管马克思主义创始人对于社会主义理论进行了不懈的现实化探索，但由于马克思恩格斯生活的时代并未经历现实的社会主义，因而他们的理论探索也就不可能预见到现实社会主义的全部问题。"② 的确，现实的社会主义运动和实践与马克思和恩格斯本人所设想的社会主义有很大的差距。他们只是初步提出了共产主义的低级阶段和高级阶段。他绝没有想到他的理论会在落后的东方国家中国得以奠基，甚至也不能设想在共产主义的初级阶段还有一个初级阶段，即"社会主义初级阶段"。这不得不迫使我们在他们对未来社会划分基础上结合中国的实际情况对现实中国的社会主义发展阶段给予更加理性的分析和思考。

"社会主义市场经济"体制的提法和确立是对马克思和恩格斯有关"社会主义"、"市场"、"计划"和"资本主义"关系的时代反思和探索，是一种具有探索性的创新，鲜明体现了具有中国自身特色的社会主义发展道路。社会主义市场经济体制本身也是一定历史条件下的一种探

---

① 马洪、王怀超主编：《中国改革全书（1978—1991）》，大连：大连出版社1992年版，第214页。

② 王南湜：《社会主义：从理想性到现实性》，载《马克思主义与现实》2009年第3期，第145页。

索和试错工程。在社会主义市场经济条件下，贫富差距日益扩大，"公平"和"效率"的关系天平日益偏向后者。社会主义市场经济体制下的中国能否维持经济和地区协调发展，人的个性和自由何以更好地得以保障，这些仍是值得关注和思考的重大课题。"社会主义初级阶段"理论和中国特色社会主义道路提出的根本意义在于："从根本上说，这个意义就是它最终解决了社会主义运动中理想性和现实性的关系。一方面，这一概念将现阶段社会与过渡时期区别开来，使人们认识到社会主义初级阶段是一个有着自身稳定结构的独立的社会发展阶段，从而不再能以一种非常时期的非常规方式去从事政治活动，而是必须按照其所具有的稳定结构来规划一种平常时期的常规方式的经济、政治和文化生活；另一方面，这一概念也将中国现阶段的社会主义与马克思主义创始人所设想的发达国家社会主义胜利后经过一个短暂的过渡时期所建立的共产主义社会第一阶段区别了开来，使人们不必用马克思主义创始人所设定的那些目前难以实现的标准去衡量现实社会，从而诱使人们脱离实际地去追求'一大二公'、'穷过渡'，而是立足于现实条件去发展自身，特别是构建一种能够极大地推进经济发展的社会主义市场经济体制。"① 从邓小平所提出的中国特色社会主义道路到当下"中国道路"问题的热议和争论，其核心问题仍绕不开对"社会主义"与"市场"关系问题的思考。当前认真梳理和深切把握马克思恩格斯经典作家关于"社会主义"与"市场"关系问题的论述不仅有助于理解马克思唯物史观的理论实质，而且能够真正把握住中国自身的问题所在，洞悉和切入当下学界热议的"中国道路"问题的实质。有关"社会主义"与"市场"关系的思考贯穿着对社会主义本质不断认识和理解的过程，契合了当今中国时代发展所提出的重大现实性课题，成为"中国道路"问题的题中应有之义，构成审视当前学界所论争的"中国道路"问题实质的重要切入点。

---

① 王南湜：《社会主义：从理想性到现实性》，载《马克思主义与现实》2009年第3期，第145页。

三 立足唯物史观和科学社会主义的精神实质，科学看待和坚持中国特色社会主义道路

唯物史观的理论精神表征为对人类社会历史发展规律和发展趋势深邃的理论阐释和方法论澄明，其中关于"社会主义"与"市场"的思考折射出对人类社会从资产阶级社会过渡到社会主义社会实现路径的深刻洞见。马克思和恩格斯对未来社会的思考从来不是把未来社会发展趋势固定化和模式化，而是随时根据历史发展的条件对社会历史发展进行动态的分析和思考。唯物史观是马克思恩格斯的社会历史观，更是思考社会发展规律和趋势的指南和方法，而不是一种固定不变的理论教条和历史哲学，这一点马克思在晚年给俄国革命家米海洛夫斯基的信中已有明确说明。恩格斯在晚年的关于历史唯物主义的书信中也表述过这类思想。"但是我们的历史观首先是进行研究工作的指南，并不是按照黑格尔学派的方式构造体系的杠杆。必须重新研究全部历史，必须详细研究各种社会形态存在的条件，然后设法从这些条件中找出相应的政治、私法、美学、宗教等等的观点。"① 马克思恩格斯并没有给他所憧憬的未来理想社会的实现指出确切的时间和地点，这也不符合他们一贯的理论态度。他们对"未来"社会的期待并不是一种像传统乌托邦主义者那样，具体地建构和描述未来社会的景象，而是基于对现实社会的研究和批判之基础上而探求未来社会得以实现的条件之可能性的思考。马克思恩格斯把他们的这一社会历史观运用于对"共产主义"② 的研究上："共产主义对我们来说不是应当确立的**状况**，不是现实应当与之相适应的**理想**。我们所称为共产主义的是那种消灭现存状况的**现实的**运动。这个运动的条件是由现有的前提产生的。"③ 他们关于未来社会的理论构

---

① 《马克思恩格斯文集》第 10 卷，北京：人民出版社 2009 年版，第 587 页。
② 马克思对"共产主义"的界定，可以从作为一种理论学说或社会形态、社会历史发展阶段或社会历史分期和未来理想社会三个层面解读，具体要结合当时文本的上下文和具体言说背景界定。此处"共产主义"指的是针对未来理想社会而言。
③ 《马克思恩格斯文集》第 1 卷，北京：人民出版社 2009 年版，第 539 页。

思主要是基于对他所生活于其中的19世纪西欧资本主义的发展现实。但他们的眼光并没有局限在对当下现实资本主义的思考，而是把思考点延伸到其资本主义发展的起源和未来发展趋势这两个向度上来。也就是说，他们思考的立足点是现实资本主义社会的发展情境，但与此同时，他还立足于这一现实，而回溯到这一现实资本主义得以发生的前提，这样通过研究过去而对现实的关照，从而使他们对现实的理解更为合理和科学。在做到这一点的前提下，马克思恩格斯结合对当下资本主义现实的发展和其产生前提的双重思考，通过对这些矛盾的发展趋势的分析而推断当下现实资本主义的未来发展趋势。"马克思恩格斯的矛盾以如下方式来组织资本主义中（包括人在内）的所有事物的现在状态，即揭示这些关系集合是如何发展的、正在打破它们的现有平衡的压力，以及它们在未来可能发生的变化。通过这些矛盾，现在就开始以每个历史阶段都有助于认识其他阶段的方式包含了它真实的过去和可能的未来。……主要就是依靠这种思考，他们才得以看见社会主义和共产主义。"①马克思恩格斯通过对当下资本主义社会发展趋势的推断反过来关照当下的现实资本主义，以此通过这一强烈的反差和对比更好地理解他所生活于其中的资本主义社会。他们通过科学地研究资本主义社会现实来展望未来社会的发展趋势。唯物史观通过对资本主义社会这一特定社会经济形态的分析，揭示社会历史发展的阶段性特征及其未来社会的发展前景和趋势。科学社会主义的历史使命、精神品格和理论实质在于"完成这一解放世界的事业，是现代无产阶级的历史使命。深入考察这一事业的历史条件以及这一事业的性质本身，从而使负有使命完成这一事业的今天受压迫的阶级认识到自己的行动的条件和性质，这就是无产阶级运动的理论表现即科学社会主义的任务"②。科学社会主义的这一理论品格和历史使命为中国特色社会主义道路的性质奠定了基本的理论特征和基调。

---

① 〔美〕伯特尔·奥尔曼：《辩证法的舞蹈——马克思方法的步骤》，田世锭、何霜梅译，北京：高等教育出版社2006年版，第212页。
② 《马克思恩格斯文集》第3卷，北京：人民出版社2009年版，第566—567页。

秉承唯物史观和科学社会主义的以上思想品格可以对当前学界围绕"中国道路"（或"中国模式"）问题的讨论作出如下论断："中国模式"本身不应将其模式化和固定化。任何社会的发展阶段都不存在一个绝对的"模式"。对"中国道路"的当下探讨不应仅着眼于当下中国的发展态势，而且要本着回顾"过去"和着眼"未来"的理论态度。对"中国道路"的理论思考应本着唯物史观的理论精神，深刻把握当下中国社会发展的根本矛盾，进而在此基础上通过与"过去"比较，从更大程度上预测中国社会的未来发展趋势，当然这只是一种趋势而已，并非绝对不可变更的模式。关于"中国道路"（或"中国模式"）的阐发必须要真正抓住中国的本真问题，了解中国近代历史的发展脉络，了解当今世界发展的历史形势，才能切入中国问题的实质，并真正提出一些真知灼见和理论智慧。"中国道路"问题本身的理论指涉是世界性的。"中国道路"的价值指向和目标必然落在无产阶级和人类的整体解放，并探求这一解放的实现条件和任务。"中国道路"问题的当下探讨和论争凸显了"中国问题"本身的复杂性和不定性。关于"中国模式"的提法，学界在这一问题上存在争议。不过，有一点不可否认的是，中国当前社会的发展正在日益显示出其独特的发展模式，从其未来发展趋势上来看，姑且在有限的意义上可将其称之为"中国模式"也未尝不可。问题的关键主要不在于围绕"中国模式"的称谓问题，而在于辨识其争论背后所隐含和折射出的亟待解决的切入中国当前社会发展的重大现实性话题。

当前中国正处于社会主义现代化发展的新阶段。当前中国社会经济发展突飞猛进，改革开放和社会主义现代化建设步伐不断推进；同时，在社会主义现代化建设的过程中，一些社会问题也不断凸显。同时，当前世界各国所走的发展道路也呈现出问题多样化的事态。"中国道路"（"中国模式"）不应成为一个简单的称谓问题。"社会主义"与"市场"的关系问题是当下思考和洞悉"中国道路"（"中国模式"）问题实质的重要现实参照。当前对"中国模式"问题的讨论应回归到"社会主义"与"市场"的关系这一最能切中"中国问题"的问题上来。

具体来说应做到：把对"中国道路"问题的思考奠基于马克思恩格斯对未来社会思考的理论精神实质和价值立场的前提之下；把对"中国道路"的思考与对中国特色社会主义理论体系的构建和确立内在统一起来；把对"中国道路"的思考与中国当前社会主义现代化发展的实际情况和世界各国社会发展道路的成败得失经验紧密结合起来，走出一条既符合马克思恩格斯对未来理想社会思考的价值立场和方法又具有中国自身特色的社会主义发展的独特道路。

毫无疑问，马克思恩格斯关于未来社会的思考所涉及的一些问题正契合了当下中国社会发展的现实与逻辑。马克思所思考的问题及其所涉及的问题域仍是当今人们思考和言说的主题。尤其是有关"社会的公共性"问题日益成为当下学术界研究的热点问题域。正如有学者所深刻指出的那样："我们不得不承认，我们的社会正在无情地步入'马克思的问题域'。……因此，我们没有理由拒绝对于市场作出历史性分析和批判的马克思的思想研究。相反地，我们需要通过认真、具体而深入地研究马克思的思想，来确立起对于中国何以需要走向市场的理性认识，并从马克思的思想中汲取消除市场经济发展过程中的消极现象和指导我们的社会向着和谐健康方向发展的价值原则。"[①] 总体观之，在以"资本"逻辑为主导的全球化背景下，当代中国和世界正步入马克思当年对"世界历史"、"未来社会"等问题思考的历史境遇。面对"资本"已经成为"世界公民"，"中国道路"极大地提振了世界社会主义运动的前景信念。福山所谓世界历史终结于以英美为代表的资本主义"自由民主制度"的观点，现在看来仍然是神话和一种意识形态幻象。真正超越西方自由民主制度的社会历史发展制度模式，即中国特色社会主义制度的优越性正逐步得以显现，由此，马克思恩格斯未来社会理论的当代价值意蕴也逐步显现。

首先，从历史与逻辑相统一的视角看，走中国特色的社会主义道路

[①] 钟明华、徐俊忠等：《历史·价值·人权——重读马克思》，广州：广东高等教育出版社2000年版，第1、8、9页。

或谓之"中国道路",是我们国家进入"世界历史"以来在多样化社会发展道路的甄别比较中,依据自身社会发展特点和基本国情所作出的伟大抉择,既符合马克思恩格斯未来社会理论的逻辑坐标,又契合中国的历史现实情境。

我们看到,"中国道路"的形成和发展总是与"世界历史"发生"纠缠"。早在17世纪初期,西方就开启了轰轰烈烈的资本主义现代化的序幕,在历经一个世纪之后,在资本的强劲推动下,世界历史已经初步形成。按照一般逻辑,"世界历史"本应为中国的发展提供历史契机,中国也应该在与世界历史的交往中谋求社会发展的转型。然而,正如我们现在所清晰地看到的一样,尽管中国在近代历史上有谋求转型的努力,但由于各方面的原因,使中国在与"世界历史"的发展过程中并未实现同步"升级",反而丧失了重大机遇,被加速化的世界历史趋势这一强大的离心力所"无情抛弃",并在世界体系中被逐渐边缘化。直至中国共产党把马克思主义的基本原理同中国革命、建设与改革的具体实际相结合,才开始成功领导中国革命走向胜利,并在新的历史条件下奏响了改革开放的最强音,才使中国重新屹立于世界民族之林,并在全球化的进程中扮演重要角色。历史已经证明并将继续证明,中国道路要进一步发展,必须在"世界历史"与中国特色之间作出"反思平衡",并达到立足于中国实际基础之上的"视域融合"。在马克思的未来社会理论视域中,"世界历史"的到来是不可避免的,这是自然的历史进程,因此,中国道路的进一步推进,道路自信的进一步确立,要求我们必须积极融入世界历史,积极参与全球化进程。在当今条件下,世界历史使得两种不同的社会形态得以共存共处,在理论和实践之间并非零和博弈状态,而是可以求同存异,相互促进,相互发展。社会主义作为一个活的有机体,不可能与其周围的环境相互隔绝,在这个意义上,列宁正确地指出:"社会主义共和国不同世界发生联系是不能生存下去的,在目前情况下应当把自己的生存同资本主义的关系联系起来"[①]。

[①] 《列宁全集》第41卷,北京:人民出版社1986年版,第167页。

因此，我们不能人为割裂中国与"世界历史"的有机关联，重走"闭关自守"的"死路"和与资本主义绝对对立的"老路"，而是要紧紧抓住这个"战略机遇期"，不断地深化改革开放，主动谋求在全球新一轮发展趋势中转型升级并占得先机。纵然在这个过程中，中国很有可能会碰到一定难题、会付出相当代价、会承受相当痛苦，但"中国道路"的特色与自信，并不是自我赋予与自我标榜，而是应该深深奠基于世界历史宏大背景，立足于对未来社会的深刻理解。但是，我们又需要清醒地认识到，目前的全球化格局基本上仍然是由少数发达资本主义国家所主导着，因此，我们在积极地融入全球化进程的同时，必须坚定地走自主发展道路，不"左顾右盼"，不随波逐流，不断巩固中国特色社会主义的道路自信、理论自信和制度自信。质言之，"中国道路"应坚持当代中国对马克思恩格斯未来社会理论的价值关切和精神实质的历史传承和时代发展，既以全球视野本真透析中国问题，又立足中国问题理性识别世界声音，从而避免狭隘"民族主义"和"泛国际主义"双重意识形态陷阱。

其次，从规范性与事实性相统一的视角看，"中国道路"现实地表征为追求现代化，但又不是以一般的现代性理解作为努力的目标，中国的发展也绝不仅仅是对资本主义发展道路的模仿和重复，而是一条充满了对马克思恩格斯未来社会理论的价值意识与具体时空环境特点相结合的道路。

一方面，"中国道路"彰显着马克思恩格斯未来社会理论的价值情怀。如上所述，马克思恩格斯未来社会理论的问题意识在于人类解放，其价值关切是劳苦大众获得自由而全面的发展。中国特色社会主义道路正是秉持他们未来社会理论的价值关切，将马克思主义对无产阶级命运的关怀以及人类解放的命题具体化为满足人民不断增长的物质文化需要，强调始终将实现好、维护好、发展好最广大人民群众的根本利益作为出发点和落脚点，并以发展社会生产力、增强社会主义国家综合国力与提高人民生活水平作为检视自身工作成败的重要评判标准。一言以蔽之，"中国道路"强调社会建设和发展的"共建共享"——谓之"共建"，是指社会主义的先进生产力为群众所掌握和创造，从而避免资本主义生产力为少数人所垄断的结局；谓之"共享"，是指社会建设的成果由人民群众所共同分享，从而避免资本主义现代化过程中所出现的两极分化——"共建共享"是中国特色社会主义道路最深刻的合法性基础。另一方面，"中国道路"体现着科学求真的精神，既不教条式地理解马克思恩格斯的未来社会学说，也不将西式现代化作为现代社会发展的唯一路标，而是充分基于中国社会主义的历史现状和具体国情。如上所述，在马克思恩格斯未来社会理论视域中，以物的依赖性为基础的社会阶段不是人为随意可以超越的阶段。中国在建立社会主义制度之前，并没有经过充分发展的资本主义社会阶段，尤其是没有经历过发达的商品经济发展阶段，而是奠基于经济文化落后的国情与社会发展阶段。这种特殊的情境就决定了我们不能照搬照抄经典作家理论模式和他国的现代化模式，而必须立足于时代特点和基本国情，坚定地走适合自己国情和社会发展阶段特点的发展道路。历史已经证明，教条式理解经典作家的思想，亦步亦趋地跟随西方的"普适话语"，只会将中国引进发展的死胡同，而中国改革开放的成就则证明，我们只有科学辩证地理解马克思恩格斯关于未来社会的思考，将价值选择奠基于国情实际，将价值追求以共同富裕为目标，将人民群众当做价值实现的主体，在实践中不断地推进和深化马克思主义中国化，才能正确地指导中国的社会主义建设。

再次，从理论与实践相统一的视角看，"中国道路"既充分体现马克思未来社会理论的目标指向，又通过具体扎实的实践行动不断迈向未来社会。

共产主义与人类命运休戚相关，而"中国道路"的形成和发展是世界社会主义运动的重要组织部分。马克思恩格斯的未来社会理想即共产主义理想，既是中国特色社会主义道路的指南，又是贯穿于马克思主义中国化理论成果的灵魂。我们从未来社会理想的维度看，"中国道路"是实现共产主义的必由之路；从社会制度维度看，中国特色社会主义制度以共产主义制度为终极目标，并将其作为自身改革的批判性基础并籍此获得持续发展的动力；此外，作为一种实际运动，建设和发展中国特色社会主义而从事的每项工作，都是为最终实现共产主义奠定基础、创设条件的运动在当前条件下的具体实践。马克思恩格斯曾提醒过我们:"共产主义对我们来说不是应当确立的**状况**,不是现实应当与之相适应的**理想**。我们所称为共产主义的是那种消灭现存状况的**现实的**运动。这个运动的条件是由现有的前提产生的。"① 曼海姆也指出:"社会主义'思想'在与'实际'事件的相互作用,不是作为从外部来对事件进行规定的纯形式的、超验的原则而起作用,而是作为这一现实中的'倾向',它不断地参照这种背景而纠正自身。"② 而且,"未来总是在现在之中检验自身"③。中国特色社会主义道路正是践履马克思恩格斯未来社会学说的现实运动,集中体现了他们未来社会理论的精髓和灵魂,它正以其独特的方式,极大地彰显了马克思恩格斯未来社会学说的价值意蕴和历史在场。

---

① 《马克思恩格斯文集》第 1 卷,北京:人民出版社 2009 年版,第 539 页。
② 〔德〕卡尔·曼海姆:《意识形态与乌托邦》,黎鸣等译,上海:上海三联书店 2011 年版,第 246 页。
③ 同上。

第四部分　经典著作选编

恩格斯

社会主义从空想到科学的发展

马克思写的1880年法文版前言

这本小册子中所包含的内容是早先刊登在《社会主义评论》上的三篇文章，它们译自恩格斯最近的著作《科学中的变革》[①]。

弗里德里希·恩格斯是当代社会主义最杰出的代表人物之一，他在1844年就以他最初发表在马克思和卢格在巴黎出版的《德法年鉴》上的《国民经济学批判大纲》引起了注意。《大纲》中已经表述了科学社会主义的某些一般原则。在曼彻斯特（当时恩格斯住在那里），他用德文写了《英国工人阶级状况》（1845年），这是一部重要的著作，其意义由马克思在《资本论》中作了充分的估价。在他第一次旅居英国以及后来旅居布鲁塞尔的时候，他是社会主义运动的正式机关报《北极星报》和罗伯特·欧文的《新道德世界》报的撰稿人。

在他旅居布鲁塞尔时，他和马克思建立了德意志共产主义工人协会，这个协会同佛兰德和瓦隆的工人俱乐部保持了联系。他们两人和伯恩施太德一起创办了《德意志—布鲁塞尔报》。应**正义者同盟**设在伦敦的德国委员会的邀请，他们参加了这个最初由卡尔·沙佩尔在1839年因参加布朗基的密谋而从法国逃亡以后所创立的团体。从那时起，同盟就放弃了

[①] 指《反杜林论。欧根·杜林先生在科学中实行的变革》。在保·拉法格以《空想社会主义和科学社会主义》为标题出版的版本中，此处有如下补充："文章经作者校阅过，而且作者为了使资本主义生产的经济力量的辩证运动更容易为法国读者所理解，还在第三部分作了一些补充。"——编者注

秘密团体惯用的形式，变成国际性的**共产主义者同盟**了。但是在当时的情况下，该团体还必须对各国政府保持秘密。1847年，在同盟在伦敦召开的国际代表大会上，马克思和恩格斯被委托起草《共产党宣言》，《宣言》在二月革命前不久出版，并且几乎立即被翻译成欧洲的各种语言①。

同年，马克思和恩格斯致力于建立**布鲁塞尔民主协会**的工作，这是一个公开的和国际性的团体，参加这个团体的有资产阶级激进派的代表和无产阶级工人的代表。

二月革命后，恩格斯成了《新莱茵报》的编辑，这家报纸是由马克思1848年在科隆创办的，由于普鲁士发生政变，于1849年6月被查禁。恩格斯参加埃尔伯费尔德起义以后，作为志愿军团指挥官维利希的副官参加了反对普鲁士人的巴登起义（1849年6—7月）。

1850年，他在伦敦为《新莱茵报。政治经济评论》撰稿，这个刊物是由马克思出版并在汉堡刊印的。恩格斯在上面首次发表《德国农民战争》，该文19年后在莱比锡印成小册子重新出版并出了三版。

在德国的社会主义运动重新活跃起来以后，恩格斯成为《人民国家报》和《前进报》的撰稿人；这两家报纸所发表的最重要的论文都是他写的，其中大部分都印成了小册子：《论俄国的社会问题》、《德意志帝国国会中的普鲁士烧酒》、《论住宅问题》、《行动中的巴枯宁主义者》等等。

1870年恩格斯从曼彻斯特迁居伦敦以后，参加了国际总委员会；他被委托负责同西班牙、葡萄牙和意大利的通信联系。

他为《前进报》撰写并讽刺地题为《欧根·杜林先生在科学中实行的变革》的最近的一组论文，是对欧根·杜林先生关于一般科学，特别是关于社会主义的所谓新理论的回答。这些论文已经集印成书并且在德国社会主义者中间获得了巨大的成功。在这本小册子中我们摘录了这本书的理论部分中最重要的部分；这一部分可以说是**科学社会主义的入门**。

---

① 在保·拉法格出版的小册子原文中还作了如下的补充："《共产党宣言》是现代社会主义最有价值的文件之一；它现在仍然是描述资产阶级社会的发展和必将结束资本主义社会的无产阶级的形成的最有力和最鲜明的著作之一；在这一著作中，正像在早一年出版的马克思的《哲学的贫困》中一样，第一次清楚地表述了阶级斗争的理论。"——编者注

1882年德文第一版序言

后面这篇论文是由1878年在莱比锡出版的我的著作《欧根·杜林先生在科学中实行的变革》中的三章集合而成的。我为我的朋友保尔·拉法格把这三章汇集在一起交给他译成法文,并增加了若干比较详细的说明。经我校阅过的法译文最初发表在《社会主义评论》上,后来于1880年在巴黎印成单行本出版,书名为《空想社会主义和科学社会主义》。根据法译文翻译的波兰文本于1882年刚刚在日内瓦由黎明印刷所出版,书名为《空想的和科学的社会主义》。

拉法格的译本在说法语的国家,特别是在法国,获得了意外的成功,这给我提出了一个问题:这三章如果按德文印成单行本出版,是否同样有好处。这时,苏黎世的《社会民主党人报》编辑部告诉我,在德国社会民主党内普遍感到迫切需要出版新的宣传小册子,问我是否愿意把这三章用于这一目的。我当然同意这样做,并把我的著作交给他们处理。

可是,这一著作原来根本不是为了直接在群众中进行宣传而写的。这样一种首先是纯学术性的著作怎样才能适用于直接的宣传呢?在形式和内容上需要作些什么修改呢?

说到形式,只有出现许多外来语这一点可能引起疑虑。但是拉萨尔在他的演说和宣传性文章中已经根本不避讳使用外来语,而据我所知,大家并没有因此提出抱怨。从那时以来,我们的工人已经更多地和更经常地阅读报纸,因此也更多地熟悉外来语。我只限于删去一切不必要的外来语。那些必不可少的外来语,我没有加上所谓解释性的翻译。这些必不可少的外来语大部分是通用的科学技术用语,如果能翻译出来,那就不是必不可少的了。这就是说,翻译只能歪曲这些用语的含义;这样做解释不清楚,反而会造成混乱。在这里,口头的解释会有更大的帮助。

相反,在内容方面,我可以肯定地说,对德国工人来说困难是不多的。总的说来,只有第三部分是困难的,但是对工人,比对"有教养的"资产者，困难要少得多，因为这一部分正是概括了工人的一般生活条件。至于说到我在这里加上的许多说明，那么实际上我与其说是考虑到工人，不如说是考虑到"有教养的"读者，如议员冯·艾内恩先生、枢密顾问亨利希·冯·济贝耳先生以及特赖奇克之流的人物，他们为不可遏制的欲望所驱使，总是一再确凿无误地表明他们的惊人的无知以及因而可以理解的对社会主义的巨大的误解。唐·吉诃德手执长矛同风车搏斗，这是合乎他的身份和所扮演的角色的；但是，我们不能容许桑乔·潘萨去做这类事情。

这样的读者也会觉得奇怪，为什么在社会主义发展史的简述中提到康德—拉普拉斯的天体演化学，提到现代自然科学和达尔文，提到德国的古典哲学和黑格尔。但是，科学社会主义本质上就是德国的产物，而且也只能产生在古典哲学还生气勃勃地保存着自觉的辩证法传统的国家，即在德国①。唯物主义历史观及其在现代的无产阶级和资产阶级之间的阶级斗争上的特别应用，只有借助于辩证法才有可能。德国资产阶级的学究们已经把关于德国伟大的哲学家及其创立的辩证法的记忆淹没在一种无聊的折中主义的泥沼里，这甚至使我们不得不援引现代自然科学来证明辩证法在现实中已得到证实，而我们德国社会主义者却以我们不仅继承了圣西门、傅立叶和欧文，而且继承了康德、费希特和黑格尔而感到骄傲。

弗里德里希·恩格斯
1882年9月21日于伦敦

---

① 1891年柏林版中，恩格斯在这里加了一条脚注："'在德国'是笔误，应当说'在德国人中间'，因为科学社会主义的产生，一方面必须有德国的辩证法，同样也必须有英国和法国的发达的经济关系和政治关系。德国的落后的——40年代初比现在还落后得多的——经济和政治的发展阶段，最多只能产生社会主义的讽刺画（参看《共产党宣言》第三章（丙）《德国的或"真正的"社会主义》）。只有在英国和法国所产生的经济和政治状态受到德国辩证法的批判以后，才能得出确实的结论。因而，从这方面看来，科学社会主义并不**完全是**德国的产物，而同样是国际的产物。"这条脚注在1883年德文第一版中是篇末注，题为"对序言作的注"，原注开头引述了"但是，科学社会主义……即在德国"这一段话。——编者注

1891年德文第四版序言

我曾经预料，这篇论文的内容对我们的德国工人来说困难是不多的，现在这个预料已被证实。至少从1883年3月第一版问世以来已经印行了三版，总数达1万册，而且这是在现今已寿终正寝的反社会党人法的统治下发生的事情。同时，这也是一个新的例证，说明警察的禁令在像现代无产阶级的运动这样的运动面前是多么软弱无力。

从第一版印行以来，又出版了几种外文译本：帕斯夸勒·马尔提涅蒂翻译的意大利文本《空想社会主义和科学社会主义》1883年贝内文托版；俄文本《科学社会主义的发展》1884年日内瓦版；丹麦文本《社会主义从空想到科学的发展》，载于《社会主义丛书》第一卷，1885年哥本哈根版；西班牙文本《空想社会主义和科学社会主义》1886年马德里版；以及荷兰文本《社会主义从空想到科学的发展》1886年海牙版。

本版作了一些小的修改；比较重要的补充只有两处：在第一章中关于圣西门的补充，同傅立叶和欧文相比，关于圣西门过去谈得有点过于简略；其次是在第三章接近末尾处关于在这期间已经变得很重要的新的生产形式"托拉斯"的补充。

弗里德里希·恩格斯
1891年5月12日于伦敦

1892年英文版导言

这本小册子本来是一本大书的一部分。大约在1875年，柏林大学非公聘讲师欧·杜林博士突然大叫大嚷地宣布他改信社会主义，不仅向德国公众提出一套详尽的社会主义理论，而且还提出一个改造社会的完备的实际计划。当然，他竭力攻击他的前辈，首先选中了马克思，把满腔怒火发泄在他的身上。

这件事发生时，德国社会党的两派——爱森纳赫派和拉萨尔派——刚刚合并，因而不仅力量大增，而且更重要的是能够全力以赴地对付共同的敌人。德国社会党正在迅速成为一股力量。但是，要使它成为一股力量，首先必须使这个刚刚赢得的统一不受危害。可是，杜林博士却公然准备在他周围建立一个宗派，作为未来的独立政党的核心。因此，不管我们是否愿意，我们必须应战，把斗争进行到底。

可是，这件事虽然不太困难，显然也很麻烦。大家知道，我们德国人有一种非常严肃的 Gründlichkeit，即彻底的深思精神或深思的彻底精神，随你怎么说都行。当我们每个人在阐述他认为是新学说的那种东西的时候，他首先要把它提炼为一个包罗万象的体系。他一定要证明，逻辑的主要原则和宇宙的基本规律之所以存在，历来就是为了最后引到这个新发现的绝妙理论上来。在这方面，杜林博士已经完全达到这种民族标准了。整套的"哲学体系"，精神的、道德的、自然的和历史的一应俱全；全套"政治经济学的和社会主义的体系"；最后还有"政治经济学批判史"。这三部八开本的巨著，在外观上和内容上都很有分量，这三支论证大军被调来攻击所有前辈哲学家和经济学家，特别是马克思，其实，就是企图"在科学中"实行一次完全的"变革"——我所要应付的就是这些。我不得不涉及所有各种各样的问题：从时间和空间的概念到复本位制，从物质和运动的永恒性到道德观念的易逝性，从达尔文的自然选择到未来社会中的青年教育。无论如何，我的对手的包罗万象的体系，使我有机会在同他争论时用一种比以往更连贯的形式，阐明马克思和我对这些形形色色的问题的见解。这就是我承担这个通常是吃力不讨好的任务的主要原因。

我的答复，最初曾作为一系列论文发表在社会党的中央机关报莱比锡的《前进报》上，后来汇集成书，题为"Herrn Eugen Dühring's Umwälzung der Wissenschaft"（《欧根·杜林先生在科学中实行的变革》），这本书的第二版于1886年在苏黎世出版。

根据我的朋友保尔·拉法格（现在是法国众议院里尔市的议员）的要求，我曾把这本书中的三章编成一本小册子，由他译成法文，于1880年出版，书名为《空想社会主义和科学社会主义》。波兰文版和西班牙文版就是根据这个法文本译出的。1883年，我们的德国朋友用原文出版了这本小册子。此后，根据这个德文本又出版了意大利文、俄文、丹麦文、荷兰文和罗马尼亚文的译本。这样，连同现在这个英文版在内，这本小书已经用10种文字流传开了。据我所知，其他任何社会主义著作，甚至我们的1848年出版的《共产主义宣言》[①]和马克思的《资本论》，也没有这么多的译本。在德国，这本小册子已经印了四版，共约两万册。

附录《马尔克》是为了在德国社会党内传播关于德国土地所有制的历史和发展的一些基本知识而写的。这是非常必要的，因为当时党在团结城市工人的工作方面已经完成在望，又要着手进行农业工人和农民的工作。这篇附录收入这个译本，是因为人们对所有条顿部落都同样有过的原始的土地占有形式及其衰亡的历史，在英国比在德国知道得更少。我让这篇附录仍保持原状，就是说没有涉及马克西姆·柯瓦列夫斯基最近提出的假说，按照这个假说，在马尔克的成员分割耕地和草地之前，土地是由几代人共同生活的庞大的家长制家庭公社（现在还存在的南方斯拉夫人的扎德鲁加[②]可以作为例证）共同耕种的；后来，公社范围扩大，共同经营已日益不便，就出现了公社土地的分割。柯瓦列夫斯

---

① 即《共产党宣言》。——编者注
② 扎德鲁加（Zadruga）是古代南方斯拉夫人、凯尔特人的家长制家庭公社，这种公社包括几个或十几个在血缘、经济、土地上有联系的家庭。——编者注

基也许是完全对的,不过问题还在讨论中。

本书中所用的经济学名词,凡是新的,都同马克思的《资本论》英文版中所用的一致。我们所说的"商品生产",是指这样一个经济发展阶段,在这个阶段,物品的生产不仅是为了供生产者使用,也是为了交换;也就是说,物品是**作为商品**,而不是作为使用价值而生产的。这个阶段从开始为交换而生产的时候起,一直延续到现在;这个阶段只是在资本主义生产下,也就是说,只有在占有生产资料的资本家用工资雇用除劳动力以外别无任何生产资料的工人,并把产品的卖价超过其支出的盈余部分纳入腰包的条件下,才获得充分的发展。我们把中世纪以来的工业生产的历史分为三个时期:(1)手工业,小手工业师傅带着少数帮工和学徒,每个工人都生产整件物品;(2)工场手工业,较大数量的工人聚集在一个大工场中,按照分工的原则生产整件物品,每个工人只完成一部分工序,所以产品只有依次经过所有工人的手以后才能制成;(3)现代工业,产品是用动力推动的机器生产的,工人的工作只限于监督和调整机器的运转。

我很清楚,本书的内容将遭到颇大一部分英国公众的反对。但是,如果我们大陆上的人稍微顾及英国"体面人物"① 的偏见,那么我们的处境也许更加糟糕。本书所捍卫的是我们称之为"历史唯物主义"的东西,而唯物主义这个名词是使大多数英国读者感到刺耳的。"不可知论"也许还可以容忍,但是唯物主义就完全不能容许了。

然而,从17世纪以来,全部现代唯物主义的发祥地正是英国。

"唯物主义是大不列颠本土的产儿,大不列颠的经院哲学家邓斯·司各脱就曾经问过自己:'物质是否不能思维?'

为了使这种奇迹能够实现,他求助于上帝的万能,即迫使神学来宣讲唯物主义。此外,他还是一个唯名论者。唯名论是唯物主义的最初形式,主要存在于英国经院哲学家中间。

---

① 发表在《新时代》杂志上的德译文中,"体面人物"后面加有"即英国庸人"。——编者注

英国唯物主义的真正始祖是培根。在他看来，自然哲学才是真正的哲学，而以感性经验为基础的物理学则是自然哲学的最重要的部分。提出种子说的阿那克萨哥拉和提出原子论的德谟克利特，都常常被他当做权威来引证。按照他的学说，感觉是确实可靠的，是一切知识的源泉。科学都是以经验为基础的，科学就在于把理性的研究方法运用于感官所提供的材料。归纳、分析、比较、观察和实验是理性方法的主要形式。在物质固有的特性中，第一个特性而且是最重要的特性是运动，它不仅表现为物质的机械的和数学的运动，而且主要表现为物质的冲动、活力、张力，或者用雅科布·伯麦的话来说，是物质的'痛苦'['Qual']①。

唯物主义在它的第一个创始人培根那里，还包含着全面发展的萌芽。一方面，物质带着诗意的感性光辉对整个人发出微笑。另一方面，那种格言警句式的学说却还充满了神学的不彻底性。

唯物主义在以后的发展中变得片面了。霍布斯把培根的唯物主义系统化了。以感觉为基础的知识失去了诗情画意，变成数学家的抽象经验；几何学被宣布为科学的女王。唯物主义变得漠视人了。为了能够在对手，即漠视人的、毫无血肉的唯灵论的领域制服这种唯灵论，唯物主义就不得不扼杀自己的肉欲，成为禁欲主义者。这样，它就从感性之物变成理智之物；可是，它因此也就发展了理智所特有的无所顾忌的全部彻底性。

作为培根的继承者，霍布斯声称，既然感性给人提供一切知识，那么我们的概念和观念就无非是摆脱了感性形式的现实世界的幻影。哲学只能为这些幻影命名。一个名称可以用于若干个幻影。甚至还可以有名称的名称。但是，一方面认为一切观念都起源于感性世界，另一方面又

---

① 恩格斯在这里加了一个注，而发表在《新时代》杂志上的德译文中此注被删去："'Qual'是哲学上的双关语。'Qual'按字面的意思是苦闷，是一种促使人采取某种行动的痛苦；同时，神秘主义者伯麦把拉丁语'qualitas'［质］的某些意义加进这个德国词；他的'Qual'和外来的痛苦相反，是能动的本原，这种本原从受'Qual'支配的事物、关系或个人的自发发展中产生出来，而反过来又推进这种发展。"——编者注

硬说一个词的意义不只是一个词,除了我们通过感官而知道的存在物,即全都是个别的存在物之外,还有一般的、非个别的存在物,这就是一个矛盾。无形体的实体和无形体的形体同样是荒唐的。形体、存在、实体只是同一种实在的不同名称。**不能把思想同思维着的物质分开**。物质是世界上发生的一切变化的基础。如果'无限的'这个词不表示我们的精神具有无限增添补充的能力,这个词就毫无意义。因为只有物质的东西才是可以被我们感知的,所以我们对神的存在就一无所知了。只有我自己的存在才是确实可信的。人的一切激情都是有始有终的机械运动。欲求的对象是所谓的善。人和自然都服从于同样的规律。强力和自由是同一的。

霍布斯把培根的学说系统化了,但他没有论证培根关于人类的全部知识起源于感性世界的基本原理。洛克在他的《人类理智论》中对此作了论证。

霍布斯消除了培根唯物主义中的有神论的偏见;柯林斯、多德威尔、考尔德、哈特莱、普利斯特列也同样消除了洛克感觉论的最后的神学藩篱。无论如何,自然神论对实际的唯物主义者来说不过是一种摆脱宗教的简便易行的方法罢了"①。

关于现代唯物主义起源于英国,卡尔·马克思就是这样写的。如果现在英国人对他这样赞许他们的祖先并不十分高兴,那真是太遗憾了。可是不能否认,培根、霍布斯和洛克都是杰出的法国唯物主义者学派的前辈,法国人在陆上和海上的历次战争中尽管败于德国人和英国人,但这些法国唯物主义者却使18世纪成为一个以法国为主角的世纪,这甚至比圆满结束那个世纪的法国革命还要早;这次革命的成果,我们这些身在英国和德国的局外人还总想移植哩。

这是无可否认的。在本世纪中叶,移居英国的有教养的外国人最惊奇的,是他必然会视为英国体面的中等阶级的宗教执迷和头脑愚蠢的那种现象。那时,我们都是唯物主义者,或者至少是很激进的自由思想

---

① 马克思和恩格斯《神圣家族》1845年美因河畔法兰克福版第201—204页。

者，我们不能理解，为什么英国几乎所有有教养的人都相信各种各样不可思议的奇迹，甚至一些地质学家，例如巴克兰和曼特尔也歪曲他们的科学上的事实，唯恐过分有悖于创世记的神话；要想找到敢于凭自己的智力思考宗教问题的人，就必须去寻访那些没有受过教育的人，当时所谓的"无知群氓"即工人，特别是去寻访那些欧文派的社会主义者。

但是从那时以来，英国已经"开化"了。1851年的博览会①给英国这个岛国的闭塞状态敲响了丧钟。英国在饮食、风尚和观念方面逐渐变得国际化了；这种变化之大，使我也希望英国的某些风尚和习惯能在大陆上传播，就像大陆上的其他习惯在英国传播那样。总之，随着色拉油（1851年以前只有贵族才知道）的传入，大陆上对宗教问题的怀疑论也必然传了进来，以致发展到这种地步：不可知论虽然还尚未像英国国教会那样被当做"头等货色"，但是就受人尊敬的程度而言，几乎和浸礼会是同等的，而且肯定超过了"救世军"。我时常这样想：许多人对这种越来越不信仰宗教的现象痛心疾首，咒骂谴责，可是他们如果知道这些"新奇思想"并不是舶来品，不像许多日用品那样带有"德国制造"的商标，而无疑是老牌的英国货，而且他们的不列颠祖先在200年前已经走得比今天的后代子孙所敢于走的要远得多，那他们将会感到安慰吧。

真的，不可知论如果不是（用兰开夏郡的一个富于表现力的字眼来说）唯物主义，不可知论者的自然观"羞羞答答的"又是什么呢？完全是唯物主义的。整个自然界是受规律支配的，绝对排除任何外来的干涉。可是，不可知论者又说，我们无法肯定或否定已知世界之外的某个最高存在物的存在。这种说法在拿破仑那个时代也许还有点价值，那时拿破仑曾问拉普拉斯这位伟大的天文学家，为何他的《论天体力学》②只字不提造物主，对此，拉普拉斯曾骄傲地回答："我不需要这个假说。"可是如今，在我们不断发展的关于宇宙的概念中绝对没有造物主

---

① 指1851年5—10月在伦敦举行的第一届世界工商业博览会。——编者注
② 指皮·拉普拉斯《论天体力学》1799—1825年巴黎版第1—5卷。——编者注

或主宰者的位置；如果说，在整个现存世界之外还有一个最高存在物，这本身就是一种矛盾，而且我以为，这对信教者的情感也是一种不应有的侮辱。

我们的不可知论者也承认，我们的全部知识是以我们的感官向我们提供的报告为基础的。可是他又说：我们怎么知道我们的感官所给予我们的是感官所感知的事物的正确反映呢？然后他告诉我们：当他讲到事物或事物的特性时，他实际上所指的并不是这些他也不能确实知道的事物及其特性，而是它们对他的感官所产生的印象而已。这种论点，看来的确很难只凭论证予以驳倒。但是人们在论证之前，已经先有了行动。"起初是行动"①。在人类的才智虚构出这个难题以前，人类的行动早就解决了这个难题。布丁的滋味一尝便知。当我们按照我们所感知的事物的特性来利用这些事物的时候，我们的感性知觉是否正确便受到准确无误的检验。如果这些知觉是错误的，我们关于能否利用这个事物的判断必然也是错误的，要想利用也决不会成功。可是，如果我们达到了我们的目的，发现事物符合我们关于该事物的观念，并产生我们所预期的效果，这就肯定地证明，**在这一范围内**，我们对事物及其特性的知觉符合存在于我们之外的现实。我们一旦发现失误，总是不需要很久就能找出失误的原因；我们会发现，我们的行动所依据的知觉，或者本身就是不完全的、肤浅的，或者是与其他知觉的结果不合理地混在一起——我们把这叫做有缺陷的推理。只要我们正确地训练和运用我们的感官，使我们的行动只限于正确地形成的和正确地运用的知觉所规定的范围，我们就会发现，我们行动的结果证明我们的知觉符合所感知的事物的客观本性。到目前为止，还没有一个例子迫使我们作出这样的结论：我们的经过科学检验的感性知觉，会在我们的头脑中造成一些在本性上违背现实的关于外部世界的观念；或者，在外部世界和我们关于外部世界的感性知觉之间，存在着天生的不一致。

但是，新康德主义的不可知论者这时就说：我们可能正确地感知事

---

① 歌德《浮士德》第1部第3场《书斋》。——编者注

物的特性，但是我们不能通过感觉过程或思维过程掌握自在之物。这个"自在之物"处于我们认识的彼岸。对于这一点，黑格尔早就回答了：如果你知道了某一事物的一切性质，你也就知道了这一事物本身；这时剩下来的便只是上述事物存在于我们之外这样一个事实；只要你的感官使你明白这一事实，你也就完全掌握这一事物，掌握康德的那个著名的不可认识的"自在之物"了。还可以补充一句：在康德的那个时代，我们对自然界事物的知识确实残缺不全，所以他可以去猜想在我们对于各个事物的少许知识背后还有一个神秘的"自在之物"。但是这些不可理解的事物，由于科学的长足进步，已经接二连三地被理解、分析，甚至**重新制造出来了**；我们当然不能把我们能够制造的东西当做是不可认识的。对于本世纪上半叶的化学来说，有机物正是这样的神秘的东西；现在我们不必借助有机过程，就能按照有机物的化学成分把它们一个一个地制造出来。近代化学家宣称：只要知道不管何种物体的化学结构，就可以按它的成分把它制造出来。我们现在还远没有准确地认识最高有机物即蛋白体的结构；但是没有理由说几个世纪以后我们仍不会有这种认识，并根据这种认识来制造人造蛋白。我们一旦能做到这一点，我们同时也就制造了有机生命，因为生命，从它的最低形式直到最高形式，只是蛋白体的正常的存在方式。

　　然而，我们的不可知论者只要作出这些形式上的思想上的保留，他的言行就像十足的唯物主义者了，实际上他也是唯物主义者。他或许会说：就**我们**所知，物质和运动，或者如今所谓的能，是既不能创造也不能消灭的，但是我们无法证明它们不是在某一个时候创造出来的。可是，你要是想在某一特定场合下利用这种承认去反驳他，他立刻就会让你闭上嘴巴。他抽象地承认可能有唯灵论，但是他不想具体地知道是否有唯灵论。他会对你说：就我们所知道或所能知道的，并没有什么宇宙的造物主和主宰者；对我们来说，物质和能是既不能创造也不能消灭的；在我们看来，思维是能的一种形式，是脑的一种功能；我们只知道：支配物质世界的是一些不变的规律，等等。所以，当他是一个科学家的时候，当他还**知道**一些事情的时候，他是一个唯物主义者；可是，在他的科学以外，在他一无所知的领域中，他就把他的无知翻译成为希腊文，称之为不可知论。

无论如何，这一点是清楚的：即使我是一个不可知论者，显然我也不能把这本小书所概述的历史观称为"历史不可知论"。信教的人将会嘲笑我，不可知论者也将厉声质问我是否在嘲弄他们。因此，我在英语中如果也像在其他许多语言中那样用"历史唯物主义"这个名词来表达一种关于历史过程的观点，我希望英国的体面人物①不至于过分感到吃惊。这种观点认为，一切重要历史事件的终极原因和伟大动力是社会的经济发展，是生产方式和交换方式的改变，是由此产生的社会之划分为不同的阶级，是这些阶级彼此之间的斗争。

如果我证明历史唯物主义甚至对英国的体面人物也是有益的，人们对我或许还会更宽容一些。我已经说过：大约在四五十年以前，移居英国的有教养的外国人最惊奇的，是他必然会视为英国体面的中等阶级的宗教执迷和头脑愚蠢的那种现象。现在我就要证明，那时候的体面的英国中等阶级，并不像有知识的外国人所认为的那样愚蠢。这个阶级的宗教倾向是有其缘由的。

当欧洲脱离中世纪的时候，新兴的城市中等阶级是欧洲的革命因素。这个阶级在中世纪的封建体制内已经赢得公认的地位，但是这个地位对它的扩张能力来说，也已经变得太狭小了。中等阶级即**资产阶级**的发展，已经不能同封建制度并存，因此，封建制度必定要覆灭。

但是封建制度的巨大的国际中心是罗马天主教会。它尽管发生了各种内部战争，还是把整个封建的西欧联合为一个大的政治体系，同闹分裂的希腊正教徒和伊斯兰教的国家相对抗。它给封建制度绕上一圈神圣的灵光。它按照封建的方式建立了自己的教阶制，最后，它本身就是最有势力的封建领主，拥有天主教世界的地产的整整三分之一。要想把每个国家的世俗的封建制度成功地各个击败，就必须先摧毁它的这个神圣的中心组织。

此外，随着中等阶级的兴起，科学也大大振兴了；天文学、力学、

---

① 在德译文中，"体面人物"后面加有"用德语来说叫做庸人"。——编者注

物理学、解剖学和生理学的研究又活跃起来。资产阶级为了发展工业生产，需要科学来查明自然物体的物理特性，弄清自然力的作用方式。在此以前，科学只是教会的恭顺的婢女，不得超越宗教信仰所规定的界限，因此根本就不是科学。现在，科学反叛教会了；资产阶级没有科学是不行的，所以也不得不参加反叛。

以上只谈到新兴的中等阶级必然要同现存的教会发生冲突的两点原因，但足以证明：第一，在反对罗马教会权利的斗争中，最有直接利害关系的阶级是资产阶级；第二，当时反对封建制度的历次斗争，都要披上宗教的外衣，把矛头首先指向教会。可是，如果说率先振臂一呼的是一些大学和城市商人，那么热烈响应的必然是而且确实是广大的乡村居民即农民，他们为了活命不得不到处同他们的精神的和尘世的封建主搏斗。

资产阶级反对封建制度的长期斗争，在三次大决战中达到了顶点。

第一次是德国的所谓宗教改革。路德提出的反对教会的战斗号召，唤起了两次政治性的起义：首先是弗兰茨·冯·济金根领导的下层贵族的起义（1523年），然后是1525年伟大的农民战争。这两次起义都失败了，主要是由于最有利害关系的集团即城市市民不坚决，——至于不坚决的原因，我们就不详述了。从那时起，斗争就蜕化为各地诸侯和中央政权之间的战斗，结果，德国在200年中被排除于欧洲在政治上起积极作用的民族之列。路德的宗教改革确实创立了一种新的信条，一种适合专制君主制需要的宗教。德国东北部的农民刚刚改信路德教派，就从自由人降为农奴了。

但是，在路德失败的地方，加尔文却获得了胜利。加尔文的信条正适合当时资产阶级中最果敢大胆的分子的要求。他的宿命论的学说，从宗教的角度反映了这样一件事实：在竞争的商业世界，成功或失败并不取决于一个人的活动或才智，而取决于他不能控制的各种情况。决定成败的并不是一个人的意志或行动，而是全凭未知的至高的经济力量的恩赐；在经济变革时期尤其是如此，因为这时旧的商路和中心全被新的所代替，印度和美洲已被打开大门，甚至最神圣的经济信条即金银的价值也开始动摇和崩溃了。加尔文的教会体制是完全民主的、共和的；既然上帝的王国已经共和化了，人间的王国难道还能仍然听命于君王、主教和领主吗？当德国的路德教派已变成诸侯手中的驯服工具时，加尔文教派却在荷兰创立了一个共和国，并且在英国，特别是在苏格兰，创立了一些活跃的共和主义政党。

资产阶级的第二次大起义，在加尔文教派中给自己找到了现成的战斗理论。这次起义是在英国发生的。发动者是城市中等阶级，完成者是农村地区的自耕农。很奇怪的是：在资产阶级的这三次大起义中，农民提供了战斗大军，而农民恰恰成为在胜利后由于胜利带来的经济后果而必然破产的阶级。克伦威尔之后100年，英国的自耕农几乎绝迹了。如果没有这些自耕农和城市**平民**，资产阶级决不会单独把斗争进行到底，决不会把查理一世送上断头台。哪怕只是为了获得那些当时已经成熟而只待采摘的资产阶级的胜利之果，也必须使革命远远超越这一目的，就像法国在1793年和德国在1848年那样。显然，这就是资产阶级社会发展的规律之一。

在这种极端的革命活动之后，接踵而至的是不可避免的反动，这个反动也同样超出它可能继续存在下去的限度①。经过多次动荡以后，新的重心终于确立了，并且成了今后发展的新起点。英国历史上被体面人物②称为"大叛乱"的这段辉煌时期，以及随后的斗争，以自由党历史学家誉为"光荣革命"的较为不足道的事件而告结束。

新的起点是新兴的中等阶级③和以前的封建地主之间的妥协。后者在当时和现在均被称为贵族，其实早已开始向法国的路易·菲力浦在很久之后才变成的"王国第一流资产者"转变了。对英国幸运的是，旧的封建诸侯已经在蔷薇战争中自相残杀殆尽。他们的继承人虽然大部分是这

---

① 在德译文中不是"超出它可能继续存在下去的限度"，而是"超出自己的目的"。——编者注
② 在德译文中，不是"体面人物"，而是"庸人"。——编者注
③ 在德译文中这里以及后面几处，恩格斯将英文用语"middle class"（"中等阶级"）和"bourgeoisie"（"资产阶级"），都译为"Bourgeoisie"（"资产阶级"）。——编者注

些旧家族的后裔,但是离开嫡系已经很远,甚至形成了一个崭新的集团,他们的习惯和旨趣,与其说是封建的,不如说是资产阶级的。他们完全懂得金钱的价值,为了立即增加地租,竟把成百的小佃户赶走,而代之以绵羊。亨利八世贱卖教会的土地,造成一大批新的资产阶级地主;在整个17世纪不断发生的没收大采邑分赠给暴发户或半暴发户的过程,也造成了同样的结果。因此,从亨利七世以来,英国的"贵族"不但不反对发展工业生产,反而力图间接地从中获益;经常有这样一部分大地主,他们由于经济的或政治的原因,愿意同金融资产阶级和工业资产阶级的首脑人物合作。这样,1689年的妥协很容易就达成了。"俸禄和官职"这些政治上的战利品留给了大地主家庭,只不过要充分照顾金融的、工业的和商业的中等阶级的经济利益。这些经济利益,当时已经很强大,足以决定国家的一般政策。当然,在细节问题上也会有争执,但是总的说来,贵族寡头非常清楚,他们本身的经济繁荣同工商业中等阶级的经济繁荣是密不可分的。

从这时起,资产阶级就成了英国统治阶级中的卑微的但却是公认的组成部分了。在压迫国内广大劳动群众方面,它同统治阶级的其他部分有共同的利益。商人或工厂主,对自己的伙计、工人和仆役来说,是站在主人的地位,或者像不久前人们所说的那样,站在"天然尊长"的地位。他的利益是要从他们身上尽可能取得尽量多和尽量好的劳动;为此目的,就必须把他们训练得驯服顺从。他本身是信仰宗教的,他曾打着宗教的旗帜战胜了国王和贵族;不久他又发现可以用这同样的宗教来操纵他的天然下属的灵魂,使他们服从由上帝安置在他们头上的那些主人的命令。简言之,英国资产阶级这时也参与镇压"下层等级",镇压全国广大的生产者大众了,为此所用的手段之一就是宗教的影响。

还有另一种情况也助长了资产阶级的宗教倾向。这就是唯物主义在英国的兴起。这个新的[①]学说,不仅震撼了中等阶级的宗教情感,还自称是一种只适合于世上有学问的和有教养的人们的哲学,完全不同于适合

---

① 在德译文中,在"新的"的后面加有"无神论的"。——编者注

于缺乏教养的群众以及资产阶级的宗教。它随同霍布斯起而维护至高无上的王权，呼吁专制君主制镇压那个强壮而心怀恶意的小伙子，即人民。同样地，在霍布斯的后继者博林布罗克、舍夫茨别利等人那里，唯物主义的新的自然神论形式，仍然是一种贵族的秘传的学说，因此，唯物主义遭受中等阶级仇视，既是由于它是宗教的异端，也是由于它具有反资产阶级的政治联系。所以，同贵族的唯物主义和自然神论相反，过去曾经为反对斯图亚特王朝的斗争提供旗帜和战士的新教教派，继续提供了进步的中等阶级的主要战斗力量，并且至今还是"伟大的自由党"的骨干。

  这时，唯物主义从英国传到法国，它在那里与另一个唯物主义哲学学派，即笛卡儿派的一个支派相遇，并与之汇合。在法国，唯物主义最初也完全是贵族的学说。但是不久，它的革命性就显露出来。法国的唯物主义者并不是只批判宗教信仰问题；他们批判了当时的每一个科学传统或政治体制；为了证明他们的学说可以普遍应用，他们选择了最简便的方法：在他们由以得名的巨著《百科全书》中，他们大胆地把这一学说应用于所有的知识对象。这样，唯物主义就以其两种形式中的这种或那种形式——公开的唯物主义或自然神论，成为法国一切有教养的青年信奉的教义。它的影响很大，在大革命爆发时，这个由英国保皇党孕育的学说，竟给予法国共和党人和恐怖主义者一面理论旗帜，并且为《人权宣言》提供了底本。

  法国大革命是资产阶级的第三次起义，然而这是完全抛开宗教外衣、在毫不掩饰的政治战线上作战的首次起义；这也是真正把斗争进行到底，直到交战的一方即贵族被彻底消灭而另一方即资产阶级完全胜利的首次起义。在英国，革命以前的制度和革命以后的制度因袭相承，地主和资本家互相妥协，这表现在诉讼上仍然按前例行事，还虔诚地保留着一些封建的法律形式。在法国，革命同过去的传统完全决裂，扫清了封建制度的最后遗迹，并且在民法典中把古代罗马法——它几乎完满地反映了马克思称之为商品生产的那个经济发展阶段的法律关系——巧妙地运用于现代的资本主义条件；这种运用实在巧妙，甚至法国的这部革命的法典直到现在还是所有其他国家,包括英国在内,在改革财产法时所依据的范本。可是我们不要忘记,英吉利法一直是用野蛮的封建的语言来表达资本主义社会的经济关系,——这种语言适应它所表达的事物的情况,正像英语的拼法适应英语读音的情况一模一样(一个法国人说过:你们写的是伦敦,读出来却是君士坦丁堡)——但是,只有英吉利法把古代日耳曼自由的精华,即个人自由、地方自治以及不受任何干涉(除了法庭干涉)的独立性的精华,保存了好几个世纪,并把它们移植到美洲和各殖民地。这些东西在大陆上专制君主制时期已经消失,至今在任何地方都未能完全恢复。

还是再来谈我们的英国资产者吧。法国革命给他们一个极好的机会,能够借助大陆上的君主国家来破坏法国的海上贸易,兼并法国的殖民地,并且完全摧毁法国争霸海上的野心。这是他们要打击法国革命的原因之一。另一个原因是,这次革命的方法很不合他们的胃口。不仅是由于它采用了"可恶的"恐怖政策,而且还由于它想彻底实现资产阶级的统治。英国资产者怎么能没有本国的贵族呢?因为是贵族教他们像贵族那样待人接物,替他们开创新风气,为他们提供陆军军官以维持国内秩序,提供海军军官以夺取殖民地和新的海外市场。当然,资产阶级中也有少数进步的人,他们并没有因妥协而得到多大利益;这一部分人主要是不太富裕的中等阶级,他们同情这次革命,但是在议会中没有势力。

可见,唯物主义既然成为法国革命的信条,敬畏上帝的英国资产者就更要紧紧地抓住宗教了。难道巴黎的恐怖时代没有证明,群众一旦失去宗教本能会有什么样的结局?唯物主义越是从法国传播到邻近国家,越是得到各种类似的理论思潮,特别是德国哲学的支持,唯物主义和自由思想越是在大陆上普遍地真正成为一个有教养的人所必须具备的条件,英国的中等阶级就越是要顽固地坚守各种各样的宗教信条。这些信条可以各不相同,但全都是地道的宗教信条,基督教信条。

当革命在法国保证资产阶级赢得政治胜利的时候,在英国,瓦特、阿克莱、卡特赖特等人,发动了一场工业革命,把经济力量的重心完全转移了。资产阶级的财富，比土地贵族的财富增长得更快。在资产阶级内部，金融贵族、银行家等等，越来越被工厂主推向后台。1689年的妥协，甚至在迎合资产阶级的利益逐步作了调整以后，也不再适合这次妥协的参与者们的力量对比了。这些参与者的性质也有所改变；1830年的资产阶级，与前一个世纪的资产阶级大不相同。政治权力仍然留在贵族的手中，并被他们用来抵制新工业资产阶级的野心，这种权力已经同新的经济利益不能相容了。必须同贵族进行一次新的斗争；斗争的结局只能是新的经济力量的胜利。首先，在1830年的法国革命的刺激下，不顾一切抵抗，通过了改革法案，使资产阶级在议会中获得了公认的和强大的地位。随后，谷物法废除了，这又永远确立了资产阶级，特别是资产阶级中最活跃的部分即工厂主对土地贵族的优势。这是资产阶级的最大的胜利，然而，也是资产阶级仅仅为自己的利益获得的最后一次胜利。以后它取得任何一次胜利，都不得不同一个新的社会力量分享，这个新的社会力量起初是它的同盟者，不久就成了它的对手。

  工业革命创造了一个大工业资本家的阶级，但是也创造了一个人数远远超过前者的产业工人的阶级。随着工业革命逐步波及各个工业部门，这个阶级在人数上不断增加；随着人数的增加，它的力量也增强了。这股力量早在1824年就已显露出来，当时它迫使议会勉强地废除了禁止工人结社的法律。在改革运动中，工人是改革派的激进的一翼；当1832年的法案剥夺工人的选举权的时候，他们就把自己的要求写进人民宪章，并组成一个独立的政党，即宪章派，以对抗强大的资产阶级反谷物法同盟。这是近代第一个工人政党。

  后来，大陆上发生了1848年2月和3月的革命，工人在革命中起了很重要的作用，而且，至少在巴黎，提出了一些从资本主义社会的观点看来决不能允许的要求。接着而来的是普遍的反动。最初是1848年4月10日宪章派的失败；其次是同年6月巴黎工人起义被镇压；再其次是1849年意大利、匈牙利和德国南部的不幸事件；最后是1851年12月2日路易·波拿巴战胜巴黎。这样，工人阶级的声势逼人的要求，至少在短时期内被压下去了，可是付出了多少代价啊！英国资产者以前就认为必须使普通人民保持宗教情绪，在经历了这一切之后，他们对这种必要性的感觉会变得多么强烈啊！他们毫不理会大陆上的伙伴们的讥笑，年复一年地继续花费成千上万的金钱去向下层等级宣传福音；他们不满足于本国的宗教机关，还求助于当时宗教买卖的最大组织者"乔纳森大哥"，从美国输入了奋兴派，引来了穆迪和桑基之流；最后，他们接受了"救世军"的危险的帮助——"救世军"恢复了原始基督教的布道方式，把穷人看做是上帝的选民，用宗教手段反对资本主义，从而助长了原始基督教的阶级对抗因素，这总有一天会给目前为此投掷金钱的富翁带来麻烦。

这似乎是历史发展的规律：资产阶级在欧洲任何一个国家都不能像中世纪的封建贵族那样独掌政权，至少不能长期独掌政权。即使在封建制度已经完全消灭的法国，资产阶级作为一个整体完全掌握政权也只有很短的时期。在路易-菲力浦统治时期，即1830—1848年，只有一小部分资产阶级统治那个王国，大部分资产阶级则因高标准的选举资格限制而被剥夺了选举权。在第二共和国时代，即1848—1851年，整个资产阶级统治国家，但为时不过三年；资产阶级的无能使第二帝国得以产生。只有现在，在第三共和国时代，资产阶级作为一个整体才执掌政权20年以上；可是已经显露鲜明的衰落征兆了。资产阶级的长期统治，只有在像美国那样从来没有经过封建制度、社会一开始就建立在资产阶级基础之上的国家中，才是可能的。但是就连在法国和美国，资产阶级的继承者，即工人，也已经在敲门了。

在英国，资产阶级从未独掌全权。甚至1832年的胜利，也还是让土地贵族几乎独占了政府的所有要职。富裕的中等阶级何以如此恭顺，在自由党的大工厂主威·爱·福斯特先生发表那篇公开演说以前，我一直不能理解。福斯特先生在演说中敦劝布拉德福德的年轻人为自己的前程学习法语，他以他本人的经历说明，他作为一个内阁大臣出入于说法语至少和说英语同样必要的社交场合时，曾感到多么羞怯！的确，当时的英国中等阶级通常都是完全没有受过教育的暴发户，不得不把政府的高级职位让给贵族，因为那里所需要的，并不是那种夹杂着精明生意经的岛国狭隘性和岛国自大狂,而是其他一些本领。① 甚至目前报纸上关于中等阶级教育的无休止的争论,也表明英国中等阶级仍然认为自己不配受最好的教育,而为自己寻找某种比较谦卑的东西。所以,似乎很自然,甚至在谷物法废除以后,那些已经胜券在握的人,那些科布顿、那些布莱特、那些福斯特等等,还不能正式参与统治国家,直到 20 年之后,新的改革法案才为他们敞开了内阁的大门。英国的资产阶级迄今还痛切地自惭社会地位的低微,甚至自己掏腰包或用人民的金钱豢养一个装饰门面的有闲等级,好在一切庄严的场合去体面地代表民族;当资产阶级中间一旦有人被准许进入这个归根到底是他们自己造成的高等特权集团时,便引以为无上光荣。

这样,工商业的中等阶级还没有来得及把土地贵族全部逐出政权,另一个竞争者,工人阶级,已经登上舞台了。宪章运动和大陆革命以后的反动,以及 1848—1866 年英国贸易的空前繁荣(通常这只是被归功于自由贸易,其实更多地应归功于铁路、远洋轮船以及全部交通工具的巨大发展),又使工人阶级依附自由党了,他们在这个党内,也像在宪章运动以前那样,组成了激进的一翼。可是,工人们对选举权的要求逐渐不可遏止;在辉格党人即自由党的首领们"畏缩不前"的时候,迪斯累里却显示了自己的高明,他促使托利党人抓紧有利时机,在城镇选区中实施了户主的选举权②,并且重新划分选区。随后实行了秘密投

---

① 民族沙文主义的狂妄自大,即使在商业上,也是会坏事的。直到最近,普通的英国工厂主还以为,英国人不说本国话而说外国话,是有失尊严的,当他们看到外国的"可怜虫"迁居英国,使他们免去向国外推销产品的麻烦时,还引以自傲。他们根本没有觉察,这些外国人,大部分是德国人,因此而控制了英国很大一部分对外贸易,进口和出口都受到控制,英国人的直接对外贸易几乎只局限于殖民地、中国、美国和南美洲了。他们也没有觉察,这些德国人同在外国的其他德国人进行贸易,后者逐渐组织了一个遍及世界各地的完整的商业殖民地网。大约 40 年前,当德国认真地开始生产出口商品时,这个商业殖民地网就给德国帮了很大的忙,使它在很短的时期内从一个输出粮食的国家变成一头等的工业国。后来,大约 10 年前,英国的工厂主才大吃一惊,便询问英国的大使们和领事们:为什么他们再也不能维系自己的顾客。一致的答复是:(1)你们不学你们的顾客的语言,却要求他们说你们的语言;(2)你们不但不设法适应你们顾客的需要习惯和爱好,反而要他们迁就你们英国式的那一套。

② 在德译文中,在"户主的选举权"的后面加了一个括号,内中的文字是"它适用于每一个租有单独住房的人"。——编者注

票；1884年又把户主的选举权推广到各郡，再次划分了选区，使各选区在某种程度上趋于平衡。这一切措施显然增加了工人阶级在选举中的力量，现在，至少在150—200个选区中，工人阶级已经占选民的大多数。但是议会制度是训练人们尊重传统的最好的学校；如果说，中等阶级曾经怀着敬畏的心情仰望约翰·曼纳斯勋爵所戏称的"我们的老贵族"，那么，工人群众则以尊重和恭敬的态度对待当时所谓的"优秀人物"即中等阶级。的确，大约在15年前，英国的工人是模范工人，他们对雇主谦恭有礼，在要求自己的权利时温顺克己，这使我们德国的讲坛社会主义学派的经济学家们感到安慰，他们正苦于本国的工人不可救药地倾向于共产主义和革命。

但是英国的中等阶级——毕竟是很好的生意人——比德国的教授们看得更远。他们只是迫不得已才同工人阶级分享政权。在宪章运动的年代，他们对那个强壮而心怀恶意的小伙子即人民会有什么作为已经有所领教了。从那时以来，他们被迫把人民宪章的大部分要求纳入联合王国的法律。现在比以往任何时候都更需要用精神手段去控制人民，影响群众的首要的精神手段依然是宗教。于是，在学校董事会中牧师就占优势；于是，资产阶级不断自我增税，以维持各种奋兴派，从崇礼派直到"救世军"。

现在，英国的体面人物终于战胜了大陆资产者的自由思想和对宗教的冷淡态度。法国和德国的工人已经变成了叛乱者。他们全都感染了社会主义，而且，他们在选择夺取统治权的手段时，有极充分的理由毫不考虑是否合法。这个强壮的小伙子一天比一天更加心怀恶意。法国和德国的资产阶级只好采取最后的办法，不声不响地抛弃了他们的自由思想，就像一个少年公子感到晕船时，把他为了在甲板上装腔作势而叼在嘴里的雪茄烟悄悄地吐掉一样；嘲笑宗教的人，一个一个地在外表上变成了笃信宗教的人，他们毕恭毕敬地谈论教会、它的教义和仪式，甚至在必要时，自己也举行这种仪式了。法国资产者每逢星期五吃素，德国资产者每逢星期日就呆坐在教堂的椅子上，聆听新教的冗长布道。他们已经因唯物主义而遭殃。"Die Religion muss dem Volk erhalten werden"——"必须为人民保存宗教",这是使社会不致完全毁灭的唯一的和最后的拯救手段。对他们自己来说,不幸的是:等到他们发现这一点时,他们已经用尽一切力量把宗教永远破坏了。现在轮到英国资产者来嘲笑他们了:"蠢材!这个我早在200年前就可以告诉你们了!"

然而,无论英国资产者的宗教执迷,还是大陆资产者的事后皈依宗教,恐怕都阻挡不了日益高涨的无产阶级的潮流。传统是一种巨大的阻力,是历史的惯性力,但是它是消极的,所以一定要被摧毁;因此,宗教也不能永保资本主义社会的平安。如果说我们的法律的、哲学的和宗教的观念,都是一定社会内占统治地位的经济关系的近枝或远蔓,那么,这些观念终究不能抵抗因这种经济关系的完全改变所产生的影响。除非我们相信超自然的奇迹,否则,我们就必须承认,任何宗教教义都难以支撑一个摇摇欲坠的社会。

事实上,在英国,工人也重新开始活动了。无疑地,他们还拘泥于各种传统。首先是资产者的传统,例如,有一种很普遍的看法,以为只能有两个政党——保守党和自由党,而工人阶级必须依靠并通过伟大的自由党来谋取自身的解放。还有工人的传统,从工人最初尝试独立行动时所因袭下来的传统,例如,凡是没有经过正规学徒训练的工人都被许多旧工联关在门外;每一个采取这种做法的工会这样一来就等于为自己培养工贼。但是尽管如此,英国的工人阶级还是在前进,甚至布伦坦诺教授也不能不惋惜地把这一点告诉他的讲坛社会主义者同仁。工人阶级在前进,如同英国的种种事情一样,迈出的是缓慢而适度的步伐,有时踌躇不定,有时作一些没有多大效果的尝试,在前进中有时过分小心地猜疑"社会主义"这个词,却又逐渐吸收社会主义的实质;运动在扩展着,吸引了一批又一批的工人。现在它已经唤醒了伦敦东头的那些没有技术的工人,我们看到,这些新的力量反过来又给工人阶级以多么有力的推动。如果运动的步伐赶不上某些人的急躁要求,那么就请他们不要忘记:正是工人阶级保存着英国民族性格的最优秀的品质,在英国所取得的每一个进步,以后照例是永不会化为乌有的。如果说老宪章派的儿子们由于上述原因还做得不够,那么,孙子们则可望不辱没他们的祖父。

但是，欧洲工人阶级的胜利不是仅仅取决于英国。至少需要英法德三国的共同努力，才能保证胜利。在法国和德国，工人运动远远地超过了英国。在德国，工人运动的胜利甚至指日可待了。那里运动的进展在最近25年是空前的。它正以日益加快的速度前进着。如果德国的中等阶级已经表明自己非常缺乏政治才能、纪律、勇气、活力和毅力，那么，德国工人阶级则充分证明了自己具备这些品质。400年前，德国曾是欧洲中等阶级第一次起义的出发点；依目前的形势来判断，德国难道不可能又成为欧洲无产阶级夺取第一次伟大胜利的舞台吗？

弗·恩格斯
1892年4月20日

社会主义从空想到科学的发展

一

现代社会主义，就其内容来说，首先是对现代社会中普遍存在的有财产者和无财产者之间、资本家和雇佣工人之间的阶级对立以及生产中普遍存在的无政府状态这两个方面进行考察的结果。但是，就其理论形式来说，它起初表现为18世纪法国伟大的启蒙学者们所提出的各种原则的进一步的、据称是更彻底的发展。同任何新的学说一样，它必须首先从已有的思想材料出发，虽然它的根子深深扎在物质的经济的事实中。

在法国为行将到来的革命启发过人们头脑的那些伟大人物，本身都是非常革命的。他们不承认任何外界的权威，不管这种权威是什么样的。宗教、自然观、社会、国家制度，一切都受到了最无情的批判；一切都必须在理性的法庭面前为自己的存在作辩护或者放弃存在的权利。思维着的知性成了衡量一切的唯一尺度。那时，如黑格尔所说的，是世界用头立地的时代。① 最初，这句话的意思是：人的头脑以及通过头脑的思维发现的原理，要求成为人类的一切活动和社会结合的基础；后来这句话又有了更广泛的含义：同这些原理相矛盾的现实，实际上都被上下颠倒了。以往的一切社会形式和国家形式、一切传统观念，都被当做不合理性的东西扔到垃圾堆里去了；到现在为

---

① 关于法国革命，黑格尔有如下一段话："正义思想、正义概念**一下子**就得到了承认，非正义的旧支柱不能对它作任何抵抗。因此，在正义思想的基础上现在创立了宪法，今后一切都必须以此为根据。自从太阳照耀在天空而行星围绕着太阳旋转的时候起，还从来没有看到人用头立地，即用思想立地并按照思想去构造现实。阿那克萨哥拉第一个说，Nûs 即理性支配着世界；可是，直到现在人们才认识到，思想应当支配精神的现实。因此，这是一次壮丽的日出。**一切能思维的生物都欢庆这个时代的来临。**这时到处笼罩着一种高尚的**热情，全世界都浸透了一种精神的热忱，**仿佛正是现在达到了神意和人世的和解。"（黑格尔《历史哲学》1840年版第535页）难道现在不正是应当用反社会党人法去反对已故的黑格尔教授的这种危害社会秩序的颠覆学说吗？

止，世界所遵循的只是一些成见；过去的一切只值得怜悯和鄙视。只是现在阳光才照射出来，理性的王国才开始出现。从今以后，迷信、非正义、特权和压迫，必将为永恒的真理、永恒的正义、基于自然的平等和不可剥夺的人权所取代。

现在我们知道，这个理性的王国不过是资产阶级的理想化的王国；永恒的正义在资产阶级的司法中得到实现；平等归结为法律面前的资产阶级的平等；被宣布为最主要的人权之一的是资产阶级的所有权；而理性的国家、卢梭的社会契约在实践中表现为，而且也只能表现为资产阶级的民主共和国。18世纪伟大的思想家们，也同他们的一切先驱者一样，没有能够超出他们自己的时代使他们受到的限制。

但是，除了封建贵族和作为社会所有其余部分的代表出现①的资产阶级之间的对立，还存在着剥削者和被剥削者、游手好闲的富人和从事劳动的穷人之间的普遍的对立。正是由于这种情形，资产阶级的代表才能标榜自己不是某一特殊的阶级的代表，而是整个受苦人类的代表。不仅如此，资产阶级从它产生的时候起就背负着自己的对立物：资本家没有雇佣工人就不能存在，随着中世纪的行会师傅发展成为现代的资产者，行会帮工和行会外的短工便相应地发展成为无产者。虽然总的说来，资产阶级**在同贵族斗争时**②有理由认为自己同时代表当时的各个劳动阶级的利益，但是在每一个大的资产阶级运动中，都爆发过作为现代无产阶级的发展程度不同的先驱者的那个阶级的独立运动。例如，德国宗教改革和农民战争时期的再洗礼派和托马斯·闵采尔③，英国大革命时期的平等派，法国大革命时期的巴贝夫。伴随着一个还没有成熟的阶级的这些革命暴动，产生了相应的理论表现；在16世纪和17世纪有理想社会制度的空想的描写，而在18世纪已经有

---

① 在1883年德文第一版中没有"作为社会所有其余部分的代表出现的"这个短语。——编者注
② 在1883年德文第一版中，这几个字不是黑体。——编者注
③ 在1883年德文第一版中"再洗礼派和托马斯·闵采尔"是"托马斯·闵采尔派"。——编者注

了直接共产主义的理论（摩莱里和马布利）。平等的要求已经不再限于政治权利方面，它也应当扩大到个人的社会地位方面；不仅应当消灭阶级特权，而且应当消灭阶级差别本身。禁欲主义的、禁绝一切生活享受的、斯巴达式的共产主义，是这种新学说的第一个表现形式。后来出现了三个伟大的空想主义者：圣西门、傅立叶和欧文。在圣西门那里，除无产阶级的倾向外，资产阶级的倾向还有一定的影响。欧文在资本主义生产最发达的国家里，在这种生产所造成的种种对立的影响下，直接从法国唯物主义出发，系统地阐述了他的消除阶级差别的方案。

所有这三个人有一个共同点：他们都不是作为当时已经历史地产生的无产阶级的利益的代表出现的。他们和启蒙学者一样，并不是想首先解放某一个阶级，而是想立即解放全人类。他们和启蒙学者一样，想建立理性和永恒正义的王国；但是他们的王国和启蒙学者的王国是有天壤之别的。按照这些启蒙学者的原则建立起来的资产阶级世界也是不合理性的和非正义的，所以也应该像封建制度和一切更早的社会制度一样被抛到垃圾堆里去。真正的理性和正义至今还没有统治世界，这只是因为它们没有被人们正确地认识。所缺少的只是个别的天才人物，现在这种人物已经出现而且已经认识了真理；至于天才人物是在现在出现，真理正是在现在被认识到，这并不是从历史发展的联系中必然产生的、不可避免的事情，而纯粹是一种侥幸的偶然现象。这种天才人物在500年前也同样可能诞生，这样他就能使人类免去500年的迷误、斗争和痛苦。

我们已经看到，为革命作了准备的18世纪的法国哲学家们，如何求助于理性，把理性当做一切现存事物的唯一的裁判者。他们认为，应当建立理性的国家、理性的社会，应当无情地铲除一切同永恒理性相矛盾的东西。我们也已经看到，这个永恒的理性实际上不过是恰好那时正在发展成为资产者的中等市民的理想化的知性而已。因此，当法国革命把这个理性的社会和这个理性的国家实现了的时候，新制度就表明，不论它较之旧制度如何合理，却决不是绝对合乎理性的。理性的国家完全破产了。卢梭的社会契约在恐怖时代获得了实现，对自己的政治能力丧失了信心的资产阶级，为了摆脱恐怖时代，起初求助于腐败的督政府，最后则托庇于拿破仑的专制统治。早先许诺的永久和平变成了一场无休止的掠夺战争。理性的社会的遭遇也并不更好一些。富有和贫穷的对立并没有化为普遍的幸福，反而由于调和这种对立的行会特权和其他特权的废除，由于缓和这种对立的教会慈善设施的取消而更加尖锐化了；现在已经实现的摆脱封建桎梏的"财产自由"，对小资产者和小农说来，就是把他们的被大资本和大地产的强大竞争所压垮的小财产出卖给这些大财主的自由，于是这种"自由"对小资产者和小农说来就变成了**失去**财产的自由①；工业在资本主义基础上的迅速发展，使劳动群众的贫穷和困苦成了社会的生存条件。现金交易，如卡莱尔所说的，日益成为社会的唯一纽带。犯罪现象一年比一年增多。如果说以前在光天化日之下肆无忌惮地干出来的封建罪恶虽然没有消灭，但终究已经暂时被迫收敛了，那么，以前只是暗中偷着干的资产阶级罪恶却更加猖獗了。商业日益变成欺诈。革命的箴言"博爱"②化为竞争中的蓄意刁难和忌妒。贿赂代替了暴力压迫，金钱代替刀剑成了社会权力的第一杠杆。初夜权从封建领主手中转到了资产阶级工厂主的手中。卖淫增加到了前所未闻的程度。婚姻本身和以前一样仍然是法律承认的卖淫的形式，是卖淫的官方的外衣，并且还以大量的通奸作为补充。总之，同启蒙学者的华美诺言比起来，由"理性的胜利"建立起来的社会制度和政治制度竟是一幅令人极度失望的讽刺画。那时只是还缺少指明这种失望的人，而这种人随着新世纪的到来就出现了。1802年出版了圣西门的《日内瓦书信》③；1808年出版了傅立叶的第一部著作④，虽然他的理论基础在1799年就已经奠定了；1800年1月1日，罗伯特·欧文担负了新拉纳克⑤的管理工作。

---

① 在1883年德文第一版中没有"现在已经实现的……失去财产的自由"这段话。——编者注
② 指18世纪末法国资产阶级革命的口号"自由、平等、博爱"。——编者注
③ 圣西门《一个日内瓦居民给当代人的信》1803年巴黎版。——编者注
④ 傅立叶《关于四种运动和普遍命运的理论》1808年莱比锡版。——编者注
⑤ 苏格兰拉纳克附近的一个棉纺织厂，创办于1784年，在工厂周围形成了一个小镇。——编者注

但是，在这个时候，资本主义生产方式以及随之而来的资产阶级和无产阶级之间的对立还没有得到充分发展。在英国刚刚兴起的大工业，在法国还不为人所知。但是，一方面，只有大工业才能发展那些使生产方式的变革，使生产方式的资本主义性质的消除成为绝对必要的冲突——不仅是大工业所产生的各个阶级之间的冲突，而且是它所产生的生产力和交换形式本身之间的冲突；另一方面，大工业又正是通过这些巨大的生产力来发展解决这些冲突的手段。因此如果说，在1800年前后，新的社会制度所产生的冲突还只是开始形成，那么，解决这些冲突的手段就更是这样了。虽然巴黎的无财产的群众在恐怖时代曾有一瞬间夺得了统治权，从而能够甚至**违背**资产阶级的意愿引导资产阶级革命达到胜利，但是他们只是以此证明了，他们的统治在当时的条件下是不可能持久的。在当时刚刚作为新阶级的胚胎从这些无财产的群众中分离出来的无产阶级，还完全无力采取独立的政治行动，它表现为一个无力帮助自己，最多只能从外面、从上面取得帮助的受压迫的受苦的等级。

这种历史情况也决定了社会主义创始人的观点。不成熟的理论，是同不成熟的资本主义生产状况、不成熟的阶级状况相适应的。解决社会问题的办法还隐藏在不发达的经济关系中，所以只有从头脑中产生出来。社会所表现出来的只是弊病，消除这些弊病是思维着的理性的任务。于是，就需要发明一套新的更完善的社会制度，并且通过宣传，可能时通过典型示范，从外面强加于社会。这种新的社会制度是一开始就注定要成为空想的，它越是制定得详尽周密，就越是要陷入纯粹的幻想。

这一点已经弄清，我们不再花费时间去谈论现在已经完全属于过去的这一方面了。让著作界的小贩们去一本正经地挑剔这些现在只能使人发笑的幻想吧！让他们去宣扬自己的清醒的思维方式优越于这种"疯狂的念头"吧！使我们感到高兴的，倒是处处突破幻想的外壳而显露出来的天才的思想萌芽和天才的思想，而这些却是那班庸人所看不见的。

圣西门是法国大革命的产儿，他在革命爆发时还不到30岁。这次革命，是第三等级即**从事**生产和贸易的国民大众对以前享有特权的**游手好闲的**等级即贵族和僧侣的胜利。但是，很快就暴露出，第三等级的胜利只是这个等级中的一小部分人的胜利,是第三等级中享有社会特权的阶层即拥有财产的资产阶级夺得政治权力。而且这个资产阶级还在革命过程中就迅速地发展起来了,这是因为它利用没收后**加以拍卖的**贵族和教会的地产进行了投机,同时又借承办军需品欺骗了国家。正是这些骗子的统治在督政府时代使法国和革命濒于覆灭,从而使拿破仑有了举行政变的借口。因此,在圣西门的头脑中,第三等级和特权等级之间的对立就采取了"劳动者"和"游手好闲者"之间的对立的形式。游手好闲者不仅是指旧时的特权分子,而且也包括一切不参加生产和贸易而靠租息为生的人。而"劳动者"不仅是指雇佣工人,而且也包括厂主、商人和银行家。游手好闲者失去了精神领导和政治统治的能力,这已经是确定无疑的,而且由革命最终证实了。至于无财产者没有这种能力,在圣西门看来,这已由恐怖时代的经验所证明。那么,应当是谁来领导和统治呢?按照圣西门的意见,应当是科学和工业,它们两者由一种新的宗教纽带结合起来,而这种纽带是一种必然神秘的和等级森严的"新基督教",其使命就是恢复从宗教改革时起被破坏了的各种宗教观点的统一。可是,科学就是学者,而工业首先就是积极活动的资产者:厂主、商人、银行家。这些资产者固然应当成为一种公众的官吏、社会的受托人,但是对工人应当保持发号施令的和享有经济特权的地位。特别是银行家应当担负起通过调节信用来调节整个社会生产的使命。这样的见解完全适应法国刚刚产生大工业以及随之产生资产阶级和无产阶级的对立的那个时代。但是,圣西门特别强调的是:他随时随地都首先关心"人数最多和最贫穷的阶级"(la classe la plus nombreuse et la plus pauvre)的命运。①

圣西门在《日内瓦书信》中已经提出这样一个论点:

"人人应当劳动。"

---

① 在1883年德文第一版中没有"圣西门是法国大革命的产儿……的命运"这一整段文字。——编者注

恩格斯《社会主义从空想到科学的发展》研究读本

在同一部著作中他已经指出，恐怖统治是无财产的群众的统治。他向他们高声说道：

"看吧，当你们的伙伴统治法国的时候，那里发生了什么事情？他们造成了饥荒！"①

但是，认识到法国革命是阶级斗争，并且不仅是贵族和资产阶级之间的，而且是贵族、资产阶级**和无财产者**之间的阶级斗争，这在 1802 年是极为天才的发现。在 1816 年，圣西门宣布政治是关于生产的科学，并且预言政治将完全溶化在经济中。如果说经济状况是政治制度的基础这样的认识在这里仅仅以萌芽状态表现出来，那么对人的政治统治应当变成对物的管理和对生产过程的领导这种思想，即最近纷纷议论的"废除国家"的思想，已经明白地表达出来了。同样比他的同时代人高明的是：在1814年联军刚刚开进巴黎以后，接着又在 1815 年百日战争期间，他声明，法国和英国的同盟，其次这两个国家和德国的同盟，是欧洲的繁荣和和平的唯一保障。在 1815 年向法国人鼓吹去和滑铁卢会战的胜利者建立同盟，这确实既要有勇气又要有历史远见。

如果说我们在圣西门那里发现了天才的远大眼光，由于他有这种眼光，后来的社会主义者的几乎所有并非严格意义上的经济学思想都以萌芽状态包含在他的思想中，那么，我们在傅立叶那里就看到了他对现存社会制度所作的具有真正法国人的风趣的、但并不因此就显得不深刻的批判。傅立叶抓住了资产阶级所说的话，抓住了他们的革命前的狂热预言者和革命后得到利益的奉承者所说的话。他无情地揭露资产阶级世界在物质上和道德上的贫困，他不仅拿这种贫困同以往的启蒙学者关于只应由理性统治的社会、关于能给所有的人以幸福的文明、关于人类无限完善化的能力的诱人的诺言作对比，而且也拿这种贫困同当时的资产阶级意识形态家的华丽的词句作对比；他指出，同最响亮的词句相对应的到处都是最可怜的现实，他辛辣地嘲讽这种词句的无可挽救的破产。傅

---

① 圣西门《一个日内瓦居民给当代人的信》的第二封信。——编者注

立叶不仅是批评家，他的永远开朗的性格还使他成为一个讽刺家，而且是自古以来最伟大的讽刺家之一。他以巧妙而诙谐的笔调描绘了随着革命的低落而盛行起来的投机欺诈和当时法国商业中普遍的小商贩习气。他更巧妙地批判了两性关系的资产阶级形式和妇女在资产阶级社会中的地位。他第一个表述了这样的思想：在任何社会中，妇女解放的程度是衡量普遍解放的天然尺度。但是，傅立叶最了不起的地方表现在他对社会历史的看法上。他把社会历史到目前为止的全部历程分为四个发展阶段：蒙昧、野蛮、宗法和文明。最后一个阶段就相当于现在所谓的资产阶级社会，即从16世纪发展起来的社会制度，他指出：

"这种文明制度使野蛮时代每一个以简单方式犯下的罪恶，都采取了复杂的、暧昧的、两面的、虚伪的存在形式"；

文明时代是在"恶性循环"中运动，是在它不断地重新制造出来而又无法克服的矛盾中运动，因此，它所达到的结果总是同它希望达到或者佯言希望达到的相反。① 所以，比如说，

"在文明时代，**贫困是由过剩本身产生的**"。

我们看到，傅立叶是和他的同时代人黑格尔一样熟练地掌握了辩证法的。他反对关于人类无限完善化的能力的空谈，而同样辩证地断言，每个历史阶段都有它的上升时期，但是也有它的下降时期②，而且他还把这种考察方法运用于整个人类的未来。正如康德把地球将来会走向灭亡的思想引入自然科学一样，傅立叶把人类将来会走向灭亡的思想引入历史研究。

当革命的风暴横扫整个法国的时候，英国正在进行一场比较平

---

① 参看傅立叶《关于普遍统一的理论》第1卷和第4卷（《傅立叶全集》1843年巴黎版第2卷第78—79页和1841年巴黎版第5卷第213—214页）；傅立叶《经济的和协作的新世界，或按情欲分类的引人入胜的和合乎自然的劳动方式的发现》（《傅立叶全集》1845年巴黎版第6卷第27—46、390页）。——编者注

② 参看《傅立叶全集》1841年巴黎版第1卷第50页及以下几页。——编者注

静,但是并不因此就显得缺乏力量的变革。蒸汽和新的工具机把工场手工业变成了现代的大工业,从而使资产阶级社会的整个基础发生了革命。工场手工业时代的迟缓的发展进程转变成了生产中的真正的狂飙时期。社会越来越迅速地分化为大资本家和一无所有的无产者,现在处于他们二者之间的,已经不是以前的稳定的中间等级,而是不稳定的手工业者和小商人群众,他们过着动荡不定的生活,是人口中最流动的部分。新的生产方式还处在上升时期的最初阶段;它还是正常的、适当的、在当时条件下唯一可能的生产方式。但是就在那时,它已经产生了明显的社会弊病:无家可归的人挤在大城市的贫民窟里;一切传统的血缘关系、宗法从属关系、家庭关系都解体了;劳动时间,特别是女工和童工的劳动时间延长到可怕的程度;突然被抛到全新的环境中的劳动阶级,从乡村转到城市、从农业转到工业、从稳定的生活条件转到天天都在变化的毫无保障的生活条件的劳动阶级①,大批地堕落了。这时有一个29岁的厂主作为改革家出现了,这个人具有像孩子一样单纯的高尚的性格,同时又是一个少有的天生的领导者。罗伯特·欧文接受了唯物主义启蒙学者的学说:人的性格是先天组织和人在自己的一生中,特别是在发育时期所处的环境这两个方面的产物。社会地位和欧文相同的大多数人都认为,工业革命只是便于浑水摸鱼和大发横财的一片混乱。欧文则认为,工业革命是运用他的心爱的理论并把混乱化为秩序的好机会。当他在曼彻斯特领导一个有500多工人的工厂的时候,就试行了这个理论,并且获得了成效。从1800年到1829年间,他按照同样的精神以股东兼经理的身份管理了苏格兰的新拉纳克大棉纺厂,只是在行动上更加自由,而且获得了使他名闻全欧的成效。新拉纳克的人口逐渐增加到2500人,这些人的成分原来是极其复杂的,而且多半是极其堕落的分子,可是欧文把这个地方变成了一个完善的模范移民区,在这里,酗酒、警察、刑事法官、诉讼、贫困救济和慈善事业都绝迹了。而他之所以能做到这点,

---

① 在1883年德文第一版中没有"从乡村……的劳动阶级"这句话。——编者注

只是由于他使人生活在比较合乎人的尊严的环境中，特别是让成长中的一代受到精心的教育。他发明了并且第一次在这里创办了幼儿园。孩子们满一周岁以后就进幼儿园；他们在那里生活得非常愉快，父母几乎领不回去。欧文的竞争者迫使工人每天劳动13—14小时，而在新拉纳克工人只劳动10小时半。当棉纺织业危机使工厂不得不停工四个月的时候，歇工的工人还继续领取全部工资。虽然如此，这个企业的价值还是增加了一倍多，而且直到最后一直给企业主们带来丰厚的利润。

欧文对这一切并不感到满足。他给他的工人创造的生活条件，在他看来还远不是合乎人的尊严的，他说，

"这些人都是我的奴隶"；

他给他们安排的比较良好的环境，还远不足以使人的性格和智慧得到全面的合理的发展，更不用说允许进行自由的生命活动了。

"可是，这2 500人中从事劳动的那一部分人给社会生产的实际财富，在不到半个世纪前还需要60万人才能生产出来。我问自己：这2 500人所消费的财富和以前60万人本来应当消费的财富之间的差额到哪里去了呢？"

答案是明白的。这个差额是落到企业所有者的手里去了，他们除了领取5%的创业资本利息以外，还得到30万英镑（600万马克）以上的利润。新拉纳克尚且如此，英国其他一切工厂就更不用说了。

"没有这些由机器创造的新财富，就不能进行推翻拿破仑和保持贵族的社会原则的战争。而这种新的力量是劳动阶级创造的。"[1]

因此，果实也应当属于劳动阶级。在欧文看来，到目前为止仅仅使个别人发财而使群众受奴役的新的强大的生产力，提供了改造社会

---

[1] 摘自《头脑和实践中的革命——致全体"欧洲红色共和党人、共产主义者和社会主义者"并呈1848年法国临时政府以及"维多利亚女王和女王的责任顾问"的备忘录》。

的基础，它作为大家的共同财产只应当为大家的共同福利服务。

欧文的共产主义就是通过这种纯粹商业的方式，作为所谓商业计算的果实产生出来的。它始终都保持着这种面向实际的性质。例如，在1823年，欧文提出了通过共产主义移民区消除爱尔兰贫困的办法，并附上了关于筹建费用、年度开支和预计收入的详细计算。① 而在他的关于未来的最终计划中，对各种技术上的细节，包括平面图、正面图和鸟瞰图在内，都作了非常内行的规划，以致他的社会改革的方法一旦被采纳，则各种细节的安排甚至从专家的眼光看来也很少有什么可以挑剔的。

转向共产主义是欧文一生中的转折点。当他还只是一个慈善家的时候，他所获得的只是财富、赞扬、尊敬和荣誉。他是欧洲最有名望的人物。不仅社会地位和他相同的人，而且连达官显贵、王公大人们都点头倾听他的讲话。可是，当他提出他的共产主义理论时，情况就完全变了。在他看来，阻碍社会改革的首先有三大障碍：私有制、宗教和现在的婚姻形式。他知道，他向这些障碍进攻，等待他的将是什么：官方社会的普遍排斥，他的整个社会地位的丧失。但是，他并没有却步，他不顾一切地向这些障碍进攻，而他所预料的事情果然发生了。他被逐出了官方社会，报刊对他实行沉默抵制，他由于以全部财产在美洲进行的共产主义试验失败而变得一贫如洗，于是他就直接转向工人阶级，在工人阶级中又进行了30年的活动。当时英国的有利于工人的一切社会运动、一切实际进步，都是和欧文的名字联在一起的。例如，经过他五年的努力，在1819年通过了限制工厂中妇女和儿童劳动的第一个法律。他主持了英国工会的第一次代表大会，在这次大会上，全国各工会联合成一个工会大联盟。同时，作为向完全共产主义的社会制度过渡的措施，一方面他组织了合作社（消费合作社和生产合作社），这些合作社从这时起至少已经在实践上证明，无论

---

① 参看罗·欧文《关于在都柏林举行的几次公众集会的报告。3月18日、4月12—19日和5月3日》1823年都柏林版。——编者注

商人或厂主都决不是不可缺少的人物；另一方面他组织了劳动市场，即借助以劳动小时为单位的劳动券来交换劳动产品的机构；这种机构必然要遭到失败，但是充分预示了晚得多的蒲鲁东的交换银行，而它和后者不同的是，它并没有被说成是医治一切社会弊病的万灵药方，而只是被描写为激进得多的社会改造的第一步。

　　空想主义者的见解曾经长期支配着19世纪的社会主义观点，而且现在还部分地支配着这种观点。法国和英国的一切社会主义者不久前都还信奉这种见解①，包括魏特林在内的先前的德国共产主义也是这样。对所有这些人来说，社会主义是绝对真理、理性和正义的表现，只要它被发现了，它就能用自己的力量征服世界；因为绝对真理是不依赖于时间、空间和人类的历史发展的，所以，它在什么时候和什么地方被发现，那纯粹是偶然的事情。同时，绝对真理、理性和正义在每个学派的创始人那里又是各不相同的；而因为在每个学派的创始人那里，绝对真理、理性和正义的独特形式又是由他们的主观知性、他们的生活条件、他们的知识水平和思维训练水平所决定的，所以，解决各种绝对真理的这种冲突的办法就只能是它们互相磨损。由此只能得出一种折中的不伦不类的社会主义，这种社会主义实际上直到今天还统治着法国和英国大多数社会主义工人的头脑，它是由各学派创始人的比较温和的批判性言论、经济学原理和关于未来社会的观念组成的色调极为复杂的混合物，这种混合物的各个组成部分，在辩论的激流中越是磨去其锋利的棱角，就像溪流中的卵石一样，这种混合物就越容易构成。为了使社会主义变为科学，就必须首先把它置于现实的基础之上。

二

　　在此期间，同18世纪的法国哲学并列和继它之后，近代德国哲学产生了，并且在黑格尔那里完成了。它的最大的功绩，就是恢复了辩证

---

　　① 在1883年德文第一版中这句话是："现在英国的一切社会主义者正热衷于这种观察方式，还在不久前法国的一切社会主义者就曾热衷于这种观察方式。"——编者注

法这一最高的思维形式。古希腊的哲学家都是天生的自发的辩证论者，他们中最博学的人物亚里士多德就已经研究了辩证思维的最主要的形式。而近代哲学虽然也有辩证法的卓越代表（例如笛卡儿和斯宾诺莎），但是特别由于英国的影响却日益陷入所谓形而上学的思维方式；18世纪的法国人也几乎全都为这种思维方式所支配，至少在他们的专门哲学著作中是如此。可是，在本来意义的哲学之外，他们同样也能够写出辩证法的杰作；我们只要提一下狄德罗的《拉摩的侄子》和卢梭的《论人间不平等的起源》就够了。——在这里，我们就简略地谈谈这两种思维方法的实质。

　　当我们通过思维来考察自然界或人类历史或我们自己的精神活动的时候，首先呈现在我们眼前的，是一幅由种种联系和相互作用无穷无尽地交织起来的画面，其中没有任何东西是不动的和不变的，而是一切都在运动、变化、生成和消逝。所以，我们首先看到的是总画面，其中各个细节还或多或少地隐藏在背景中，我们注意得更多的是运动、转变和联系，而不是注意**什么东西**在运动、转变和联系。这种原始的、素朴的、但实质上正确的世界观是古希腊哲学的世界观，而且是由赫拉克利特最先明白地表述出来的：一切都存在而又不存在，因为一切都在**流动**，都在不断地变化，不断地生成和消逝。但是，这种观点虽然正确地把握了现象的总画面的一般性质，却不足以说明构成这幅总画面的各个细节；而我们要是不知道这些细节，就看不清总画面。为了认识这些细节，我们不得不把它们从自然的或历史的联系中抽出来，从它们的特性、它们的特殊的原因和结果等等方面来分别加以研究。这首先是自然科学和历史研究的任务；而这些研究部门，由于十分明显的原因，在古典时代的希腊人那里只占有从属的地位，因为他们首先必须为这种研究搜集材料。只有当自然和历史的材料搜集到一定程度以后，才能进行批判的整理和比较，或者说进行纲、目和种的划分。因此，精确的自然研究只是在亚历山大里亚时期的希腊人那里才开始，而后来在中世纪由阿拉伯人继续发展下去；可是，真正的自然科学只是从15世纪下半叶才开始，从这时起它就获得了日益迅速的进展。把自然界分解为各个部分，把各种自然过程和自然对象分成一定的门类，对有机体的内部按其多种多样的解剖形态进行研究，这是最近400年来在认识自然界方面获得巨大进展的基本条件。但是，这种做法也给我们留下了一种习惯：把各种自然物和自然过程孤立起来，撇开宏大的总的联系去进行考察，因此，就不是从运动的状态，而是从静止的状态去考察；不是把它们看做本质上变化的东西，而是看做固定不变的东西；不是从活的状态，而是从死的状态去考察。这种考察方式被培根和洛克从自然科学中移植到哲学中以后，就造成了最近几个世纪所特有的局限性，即形而上学的思维方式。

在形而上学者看来，事物及其在思想上的反映即概念，是孤立的、应当逐个地和分别地加以考察的、固定的、僵硬的、一成不变的研究对象。他们在绝对不相容的对立中思维；他们的说法是："是就是，不是就不是；除此以外，都是鬼话。"① 在他们看来，一个事物要么存在，要么就不存在；同样，一个事物不能同时是自身又是别的东西。正和负是绝对互相排斥的；原因和结果也同样是处于僵硬的相互对立中。初看起来，这种思维方式对我们来说似乎是极容易理解的，因为它是合乎所谓常识的。然而，常识在日常应用的范围内虽然是极可尊敬的东西，但它一跨入广阔的研究领域，就会碰到极为惊人的变故。形而上学的考察方式，虽然在相当广泛的、各依对象性质而大小不同的领域中是合理的，甚至必要的，可是它每一次迟早都要达到一个界限，一超过这个界限，它就会变成片面的、狭隘的、抽象的，并且陷入无法解决的矛盾，因为它看到一个一个的事物，忘记它们互相间的联系；看到它们的存在，忘记它们的生成和消逝；看到它们的静止，忘记它们的运动；因为它只见树木，不见森林。例如，在日常生活中，我们知道并且可以肯定地说，某一动物存在还是不存在；但是，在进行较精确的研究时，我们就发现，这有时是极其复杂的事情。这一点法学家们知道得很清楚，他们为了判定在子宫内杀死胎儿

---

① 参看《新约全书·马太福音》第5章第37节。——编者注

是否算是谋杀,曾绞尽脑汁去寻找一条合理的界限,结果总是徒劳。同样,要确定死亡的那一时刻也是不可能的,因为生理学证明,死亡并不是突然的、一瞬间的事情,而是一个很长的过程。同样,任何一个有机体,在每一瞬间都既是它本身,又不是它本身;在每一瞬间,它消化着外界供给的物质,并排泄出其他物质;在每一瞬间,它的机体中都有细胞在死亡,也有新的细胞在形成;经过或长或短的一段时间,这个机体的物质便完全更新了,由其他物质的原子代替了,所以,每个有机体永远是它本身,同时又是别的东西。在进行较精确的考察时,我们也发现,某种对立的两极,例如正和负,既是彼此对立的,又是彼此不可分离的,而且不管它们**如何**对立,它们总是互相渗透的;同样,原因和结果这两个概念,只有应用于个别场合时才有其本来的意义;可是,只要我们把这种个别的场合放到它同宇宙的总联系中来考察,这两个概念就交汇起来,融合在普遍相互作用的看法中,而在这种相互作用中,原因和结果经常交换位置;在此时或此地是结果的,在彼时或彼地就成了原因,反之亦然。

所有这些过程和思维方法都是形而上学思维的框子所容纳不下的。相反,对辩证法来说,上述过程正好证明它的方法是正确的,因为辩证法在考察事物及其在观念上的反映时,本质上是从它们的联系、它们的联结、它们的运动、它们的产生和消逝方面去考察的。自然界是检验辩证法的试金石,而且我们必须说,现代自然科学为这种检验提供了极其丰富的、与日俱增的材料,并从而证明了,自然界的一切归根到底是辩证地而不是形而上学地发生的;自然界不是循着一个永远一样的不断重复的圆圈运动,而是经历着实在的历史。这里首先就应当提到达尔文,他极其有力地打击了形而上学的自然观,因为他证明了今天的整个有机界,植物和动物,因而也包括人类在内,都是延续了几百万年的发展过程的产物。可是,由于学会辩证地思维的自然科学家到现在还屈指可数,所以,现在理论自然科学中普遍存在的并使教师和学生、作者和读者同样感到绝望的那种无限混乱的状态,完全可以从已经发现的成果和传统的思维方式之间的这个冲突中得到说明。

因此，要精确地描绘宇宙、宇宙的发展和人类的发展，以及这种发展在人们头脑中的反映，就只有用辩证的方法，只有不断地注意生成和消逝之间、前进的变化和后退的变化之间的普遍相互作用才能做到。近代德国哲学一开始就是以这种精神进行活动的。康德一开始他的学术生涯，就把牛顿的稳定的太阳系和太阳系经过有名的第一推动后的永恒存在变成了历史的过程，即太阳和一切行星由旋转的星云团产生的过程。同时，他已经作出了这样的结论：太阳系的产生也预示着它将来的不可避免的灭亡。过了半个世纪，他的观点由拉普拉斯从数学上作出了证明；又过了半个世纪，分光镜证明了，在宇宙空间存在着凝聚程度不同的炽热的气团。

这种近代德国哲学在黑格尔的体系中完成了。在这个体系中，黑格尔第一次——这是他的伟大功绩——把整个自然的、历史的和精神的世界描写为一个过程，即把它描写为处在不断的运动、变化、转变和发展中，并企图揭示这种运动和发展的内在联系。从这个观点来看，人类的历史已经不再是乱七八糟的、统统应当被这时已经成熟了的哲学理性的法庭所唾弃并最好尽快被人遗忘的毫无意义的暴力行为，而是人类本身的发展过程，而思维的任务现在就是要透过一切迷乱现象探索这一过程的逐步发展的阶段，并且透过一切表面的偶然性揭示这一过程的内在规律性。

黑格尔的体系没有解决向自己提出的这个任务，这在这里没有多大关系。他的划时代的功绩是提出了这个任务。这不是任何个人所能解决的任务。虽然黑格尔和圣西门一样是当时最博学的人物，但是他毕竟受到了限制，首先是他自己的必然有限的知识的限制，其次是他那个时代的在广度和深度方面都同样有限的知识和见解的限制。但是，除此以外还有第三种限制。黑格尔是唯心主义者，就是说，在他看来，他头脑中的思想不是现实的事物和过程的或多或少抽象的反映，相反，在他看来，事物及其发展只是在世界出现以前已经以某种方式存在着的"观念"的现实化的反映。这样，一切都被头足倒置了，世界的现实联系完全被颠倒了。所以，不论黑格尔如何正确地和天才地把握了一些个别的联系，但由于上述原因，就是在细节上也有许多东西不能不是牵强的、造作的、虚构的，一句话，被歪曲的。黑格尔的体系作为体系来说，是一次巨大的流产，但也是这类流产中的最后一次。就是说，它还包含着一个无法解决的内在矛盾：一方面，它以历史的观点作为基本前提，即把人类的历史看做一个发展过程，这个过程按其本性来说在认识上是不能由于所谓绝对真理的发现而结束的；但是另一方面，它又硬说它自己就是这种绝对真理的化身。关于自然和历史的无所不包的、最终完成的认识体系，是同辩证思维的基本规律相矛盾的；但是，这样说决不排除，相反倒包含下面一点，即对整个外部世界的有系统的认识是可以一代一代地取得巨大进展的。

　　一旦了解到以往的德国唯心主义是完全荒谬的，那就必然导致唯物主义，但是要注意，并不是导致 18 世纪的纯粹形而上学的、完全机械的唯物主义。同那种以天真的革命精神简单地抛弃以往的全部历史的做法相反，现代唯物主义把历史看做人类的发展过程，而它的任务就在于发现这个过程的运动规律。无论在 18 世纪的法国人那里，还是在黑格尔那里，占统治地位的自然观都认为，自然界是一个沿着狭小的圆圈循环运动的、永远不变的整体，牛顿所说的永恒的天体和林耐所说的不变的有机物种也包含在其中。同这种自然观相反，现代唯物主义概括了自然科学的新近的进步，从这些进步来看，自然界同样也有自己的时间上的历史，天体和在适宜条件下生存在天体上的有机物种都是有生有灭的；至于循环，即使能够存在，其规模也要大得无比。在这两种情况下，现代唯物主义本质上都是辩证的，而且不再需要任何凌驾于其他科学之上的哲学了。一旦对每一门科学都提出要求，要它们弄清它们自己在事物以及关于事物的知识的总联系中的地位，关于总联系的任何特殊科学就是多余的了。于是，在以往的全部哲学中仍然独立存在的，就只有关于思维及其规律的学说——形式逻辑和辩证法。其他一切都归到关于自然和历史的实证科学中去了。

　　但是，自然观的这种变革只能随着研究工作提供相应的实证的认识材料而实现，而在这期间一些在历史观上引起决定性转变的历史事实却老早就发生了。1831年在里昂发生了第一次工人起义；在1838—1842年，第一次全国性的工人运动，即英国宪章派的运动，达到了高潮。无产阶级和资产阶级之间的阶级斗争一方面随着大工业的发展，另一方面随着资产阶级新近取得的政治统治的发展，在欧洲最先进的国家的历史中升到了重要地位。事实日益令人信服地证明，资产阶级经济学关于资本和劳动的利益一致、关于自由竞争必将带来普遍和谐和人民的普遍福利的学说完全是撒谎。所有这些事实都再也不能置之不理了，同样，作为这些事实的理论表现（虽然是极不完备的表现）的法国和英国的社会主义也不能再置之不理了。但是，旧的、还没有被排除掉的唯心主义历史观不知道任何基于物质利益的阶级斗争，而且根本不知道任何物质利益；生产和一切经济关系，在它那里只是被当做"文化史"的从属因素顺便提一下。

新的事实迫使人们对以往的**全部**历史作一番新的研究，结果发现：以往的全部历史，除原始状态外，都是阶级斗争的历史；这些互相斗争的社会阶级在任何时候都是生产关系和交换关系的产物，一句话，都是自己时代的**经济**关系的产物；因而每一时代的社会经济结构形成现实基础，每一个历史时期的由法的设施和政治设施以及宗教的、哲学的和其他的观念形式所构成的全部上层建筑，归根到底都应由这个基础来说明。黑格尔把历史观从形而上学中解放了出来，使它成为辩证的，可是他的历史观本质上是唯心主义的。现在，唯心主义从它的最后的避难所即历史观中被驱逐出去了，一种唯物主义的历史观被提出来了，用人们的存在说明他们的意识，而不是像以往那样用人们的意识说明他们的存在这样一条道路已经找到了。

因此，社会主义现在已经不再被看做某个天才头脑的偶然发现，而被看做两个历史地产生的阶级即无产阶级和资产阶级之间斗争的必然产物。它的任务不再是构想出一个尽可能完善的社会制度，而是研究必然产生这两个阶级及其相互斗争的那种历史的经济的过程；并在由此造成的经济状况中找出解决冲突的手段。可是，以往的社会主义同这种唯物主义历史观是不相容的，正如法国唯物主义的自然观同辩证法和近代自然科学不相容一样。以往的社会主义固然批判了现存的资本主义生产方式及其后果，但是，它不能说明这个生产方式，因而也就不能对付这个生产方式；它只能简单地把它当做坏东西抛弃掉。它越是激烈地反对同这种生产方式密不可分的对工人阶级的剥削，就越是不能明白指出，这种剥削是怎么回事，它是怎样产生的。但是，问题在于：一方面应当说明资本主义生产方式的历史联系和它在一定历史时期存在的必然性，从而说明它灭亡的必然性；另一方面应当揭露这种生产方式的一直还隐蔽着的内在性质。这已经由于**剩余价值**的发现而完成了。已经证明，无偿劳动的占有是资本主义生产方式和通过这种生产方式对工人进行的剥削的基本形式；即使资本家按照劳动力作为商品在商品市场上所具有的全部价值来购买他的工人的劳动力，他从这种劳动力榨取的价值仍然比他对这种劳动力的支付要多；这种剩余价值归根到底构成了有产阶级手中日益增加的资本量由以积累起来的价值量。这样就说明了资本主义生产和资本生产的过程。

这两个伟大的发现——唯物主义历史观和通过剩余价值揭开资本主义生产的秘密，都应当归功于**马克思**。由于这两个发现，社会主义变成了科学，现在首先要做的是对这门科学的一切细节和联系作进一步的探讨。

三

唯物主义历史观从下述原理出发：生产以及随生产而来的产品交换是一切社会制度的基础；在每个历史地出现的社会中，产品分配以及和它相伴随的社会之划分为阶级或等级，是由生产什么、怎样生产以及怎样交换产品来决定的。所以，一切社会变迁和政治变革的终极原因，不应当到人们的头脑中，到人们对永恒的真理和正义的日益增进的认识中去寻找，而应当到生产方式和交换方式的变更中去寻找；不应当到有关时代的**哲学**中去寻找，而应当到有关时代的**经济**中去寻找。对现存社会制度的不合理性和不公平、对"理性化为无稽，幸福变成苦痛"①的日

---

① 歌德《浮士德》第1部第4场《书斋》。——编者注

益觉醒的认识,只是一种征兆,表示在生产方法和交换形式中已经不知不觉地发生了变化,适合于早先的经济条件的社会制度已经不再同这些变化相适应了。同时这还说明,用来消除已经发现的弊病的手段,也必然以或多或少发展了的形式存在于已经发生变化的生产关系本身中。这些手段不应当从头脑中**发明出来**,而应当通过头脑从生产的现成物质事实中**发现出来**。

那么,照此看来,现代社会主义是怎么回事呢?

现在大家几乎都承认,现存的社会制度是由现在的统治阶级即资产阶级创立的。资产阶级所固有的生产方式(从马克思以来称为资本主义生产方式),是同封建制度的地方特权、等级特权以及相互的人身束缚不相容的;资产阶级摧毁了封建制度,并且在它的废墟上建立了资产阶级的社会制度,建立了自由竞争、自由迁徙、商品占有者平等的王国,以及其他一切资产阶级的美妙东西。资本主义生产方式现在可以自由发展了。自从蒸汽和新的工具机把旧的工场手工业变成大工业以后,在资产阶级领导下造成的生产力,就以前所未闻的速度和前所未闻的规模发展起来了。但是,正如从前工场手工业以及在它影响下进一步发展了的手工业同封建的行会桎梏发生冲突一样,大工业得到比较充分的发展时就同资本主义生产方式对它的种种限制发生冲突了。新的生产力已经超过了这种生产力的资产阶级利用形式;生产力和生产方式之间的这种冲突,并不是像人的原罪和神的正义的冲突那样产生于人的头脑中,而是存在于事实中,客观地、在我们之外、甚至不依赖于引起这种冲突的那些人的意志或行动而存在着。现代社会主义不过是这种实际冲突在思想上的反映,是它在头脑中,首先是在那个直接吃到它的苦头的阶级即工人阶级的头脑中的观念上的反映。

那么,这种冲突表现在哪里呢?

在资本主义生产出现之前,即在中世纪,普遍地存在着以劳动者私人占有生产资料为基础的小生产:小农的即自由农或依附农的农业和城市的手工业。劳动资料——土地、农具、作坊、手工工具——都是个人的劳动资料,只供个人使用,因而必然是小的、简陋的、有限的。但是，正因为如此，它们也照例是属于生产者自己的。把这些分散的小的生产资料加以集中和扩大，把它们变成现代的强有力的生产杠杆，这正是资本主义生产方式及其承担者即资产阶级的历史作用。资产阶级怎样从15世纪起经过简单协作、工场手工业和大工业这三个阶段历史地实现了这种作用，马克思在《资本论》第四篇中已经作了详尽的阐述。但是，正如马克思在那里所证明的，资产阶级要是不把这些有限的生产资料从个人的生产资料变为**社会化的**即只能由**一批人共同**使用的生产资料，就不能把它们变成强大的生产力。纺纱机、机械织机和蒸汽锤代替了纺车、手工织机和手工锻锤；需要成百上千的人进行协作的工厂代替了小作坊。同生产资料一样，生产本身也从一系列的个人行动变成了一系列的社会行动，而产品也从个人的产品变成了社会的产品。现在工厂所出产的纱、布、金属制品，都是许多工人的共同产品，都必须顺次经过他们的手，然后才变为成品。他们当中没有一个人能够说：这是我做的，这是**我的**产品。

但是，在自发的、无计划地逐渐形成的①社会内部分工成了生产的基本形式的地方，这种分工就使产品具有**商品**的形式，而商品的相互交换，即买和卖，使个体生产者有可能满足自己的各式各样的需要。中世纪的情况就是这样。例如，农民把农产品卖给手工业者，从他们那里买得手工业品。在这种个体生产者即商品生产者的社会中，渗入了一种新的生产方式。它在整个社会中占支配地位的自发的**无计划的**分工中间，确立了在个别工厂里的有组织的**有计划的**分工；在**个体**生产旁边出现了**社会化**生产。两者的产品在同一市场上出卖，因而价格至少大体相等。但是，有计划的组织要比自发的分工有力量；采用社会化劳动的工厂里所制造的产品，要比分散的小生产者所制造的便宜。个体生产在一个又一个的部门中遭到失败，社会化生产使全部旧的生产方式发生革命。但是它的这种革命性质并不为人所认识，结果它反而被用来当做提高和促进商品生产的手段。它的产生，是同商品生产和商品交换的一定的已经

---

① 在1883年德文第一版中没有"无计划地逐渐形成的"。——编者注

存在的杠杆即商人资本、手工业、雇佣劳动直接联系着的。由于它本身是作为商品生产的一种新形式出现的,所以商品生产的占有形式对它也保持着全部效力。

在中世纪得到发展的那种商品生产中,劳动产品应当属于谁的问题根本不可能发生。当时个体生产者通常都用自己所有的、往往是自己生产的原料,用自己的劳动资料,用自己或家属的手工劳动来制造产品。这样的产品根本用不着他去占有,它自然是属于他的。因此,产品的所有权是以**自己的劳动**为基础的。即使利用过别人的帮助,这种帮助通常也是次要的,而且往往除工资以外还得到别的报酬:行会的学徒和帮工与其说是为了吃饭和挣钱而劳动,不如说是为了自己学成手艺当师傅而劳动。后来生产资料开始集中在大的作坊和手工工场中,开始变为真正社会化的生产资料。但是,这些社会化的生产资料和产品还像从前一样仍被当做个人的生产资料和产品来处理。从前,劳动资料的占有者占有产品,因为这些产品通常是他自己的产品,别人的辅助劳动是一种例外,而现在,劳动资料的占有者还继续占有产品,虽然这些产品已经不是**他的**产品,而完全是**别人劳动**的产品了。这样,现在按社会化方式生产的产品已经不归那些真正使用生产资料和真正生产这些产品的人占有,而是归**资本家**占有。生产资料和生产实质上已经社会化了。但是,它们仍然服从于这样一种占有形式,这种占有形式是以个体的私人生产为前提,因而在这种形式下每个人都占有自己的产品并把这个产品拿到市场上去出卖。生产方式虽然已经消灭了这一占有形式的前提,但是它仍然服从于这一占有形式①。赋予新的生产方式以资本主义性质的这一矛盾,**已经包含着现代的一切冲突的萌芽**。新的生产方式越是在一切有决定意义的生产部门和一切在经济上起决定作用的国家里占统治地位,

---

① 这里无须解释,虽然占有**形式**还是原来那样,可是占有的**性质**由于上述过程而经历的革命,并不亚于生产所经历的革命。我占有我自己的产品还是占有别人的产品,这自然是两种很不相同的占有。顺便提一下:包含着整个资本主义生产方式的萌芽的雇佣劳动是很古老的;它个别地和分散地同奴隶制度并存了几百年。但是,只有在历史前提已经具备时,这一萌芽才能发展成为资本主义生产方式。

并从而把个体生产排挤到无足轻重的残余地位，**社会化生产和资本主义占有的不相容性，也必然越加鲜明地表现出来**。

如上所述，最初的资本家就已经遇到了现成的雇佣劳动形式。但是，那时雇佣劳动是一种例外，一种副业，一种辅助办法，一种暂时措施。不时出去打短工的农业劳动者，都有自己的几亩土地，不得已时单靠这些土地也能生活。行会条例是要使今天的帮工明天可以成为师傅。但是，生产资料一旦变为社会化的生产资料并集中在资本家手中，情形就改变了。个体小生产者的生产资料和产品变得越来越没有价值；他们除了受雇于资本家就没有别的出路。雇佣劳动以前是一种例外和辅助办法，现在成了整个生产的通例和基本形式；以前是一种副业，现在成了工人的唯一职业。暂时的雇佣劳动者变成了终身的雇佣劳动者。此外，由于同时发生了封建制度的崩溃，封建主扈从人员被解散，农民被逐出自己的家园等等，终身的雇佣劳动者大量增加了。集中在资本家手中的生产资料和除了自己的劳动力以外一无所有的生产者彻底分离了。**社会化生产和资本主义占有之间的矛盾表现为无产阶级和资产阶级的对立。**

我们已经看到，资本主义生产方式渗入了商品生产者即通过自己产品的交换来实现社会联系的个体生产者的社会。但是，每个以商品生产为基础的社会都有一个特点：这里的生产者丧失了对他们自己的社会关系的控制。每个人都用自己偶然拥有的生产资料并为自己的特殊的①交换需要而各自进行生产。谁也不知道，他的那种商品在市场上会出现多少，究竟需要多少；谁也不知道，他的个人产品是否真正为人所需要，是否能收回它的成本，到底是否能卖出去。社会生产的无政府状态占统治地位。但是，商品生产同任何其他生产形式一样，有其特殊的、固有的、和它分不开的规律；这些规律不顾无政府状态、在无政府状态中、通过无政府状态而为自己开辟道路。这些规律在社会联系的唯一继续存在的形式即交换中表现出来，并且作为竞争的强制规律对各个生产者发生作用。所以，这些规律起初连这些生产者也不知道，只是由于长期的

---

① 在1883年德文第一版中不是"特殊的"，而是"个人的"。——编者注

经验才逐渐被他们发现。所以，这些规律是在不经过生产者并且同生产者对立的情况下，作为他们的生产形式的盲目起作用的自然规律而为自己开辟道路。产品支配着生产者。

在中世纪的社会里，特别是在最初几世纪，生产基本上是为了供自己消费。它主要只是满足生产者及其家属的需要。在那些有人身依附关系的地方，例如在农村中，生产还满足封建主的需要。因此，在这里没有交换，产品也不具有商品的性质。农民家庭差不多生产了自己所需要的一切：食物、用具和衣服。只有当他们在满足自己的需要并向封建主交纳实物贡赋以后还能生产更多的东西时，他们才开始生产商品；这种投入社会交换即拿去出卖的多余产品就成了商品。诚然，城市手工业者一开始就必然为交换而生产。但是，他们也自己生产自己所需要的大部分东西；他们有园圃和小块土地；他们在公共森林中放牧牲畜，并且从这些森林中取得木材和燃料；妇女纺麻，纺羊毛等等。以交换为目的的生产，即商品生产，还只是在形成中。因此，交换是有限的，市场是狭小的，生产方式是稳定的，地方和外界是隔绝的，地方内部是统一的；农村中有马尔克，城市中有行会。

但是，随着商品生产的扩展，特别是随着资本主义生产方式的出现，以前潜伏着的商品生产规律也就越来越公开、越来越有力地发挥作用了。旧日的束缚已经松弛，旧日的壁障已经突破，生产者日益变为独立的、分散的商品生产者了。社会生产的无政府状态已经表现出来，并且越来越走向极端。但是，资本主义生产方式用来加剧社会生产中的这种无政府状态的主要工具正是无政府状态的直接对立物：每一单个生产企业中的生产作为社会化生产所具有的日益加强的组织性。资本主义生产方式利用这一杠杆结束了旧日的和平的稳定状态。它在哪一个工业部门被采用，就不容许任何旧的生产方法在那里和它并存。它在哪里控制了手工业，就把那里的旧的手工业消灭掉。劳动场地变成了战场。伟大的地理发现以及随之而来的殖民地的开拓使销售市场扩大了许多倍，并且加速了手工业向工场手工业的转化。斗争不仅爆发于地方的各个生产者之间；地方性的斗争又发展为全国性的，发展为17世纪和18世纪的商业战争。最后,大工业和世界市场的形成使这个斗争成为普遍的,同时使它具有了空前的剧烈性。在资本家和资本家之间,在工业部门和工业部门之间以及国家和国家之间,生死存亡都取决于天然的或人为的生产条件的优劣。失败者被无情地淘汰掉。这是从自然界加倍疯狂地搬到社会中来的达尔文的个体生存斗争。动物的自然状态竟表现为人类发展的顶点。社会化生产和资本主义占有之间的矛盾表现为**个别工厂中生产的组织性和整个社会中生产的无政府状态之间的对立。**

资本主义生产方式在它生而具有的矛盾的这两种表现形式中运动着,它毫无出路地处在早已为傅立叶所发现的"恶性循环"中。诚然,傅立叶在他那个时代还不能看到:这种循环在逐渐缩小;更确切地说,运动沿螺线行进,并且必然像行星的运动一样,由于同中心相碰撞而告终。社会的生产无政府状态的推动力使大多数人日益变为无产者,而无产者群众又将最终结束生产的无政府状态。社会的生产无政府状态的推动力,使大工业中的机器无止境地改进的可能性变成一种迫使每个工业资本家在遭受毁灭的威胁下不断改进自己的机器的强制性命令。但是,机器的改进就造成人的劳动的过剩。如果说机器的采用和增加意味着成百万的手工劳动者为少数机器劳动者所排挤,那么,机器的改进就意味着越来越多的机器劳动者本身受到排挤,而归根到底就意味着造成一批超过资本雇工的平均需要的、可供支配的雇佣劳动者,一支真正的产业后备军(我早在1845年就这样称呼他们①),这支后备军在工业开足马力工作的时期可供随意支配,而由于随后必然到来的崩溃又被抛到街头,这支后备军任何时候都是工人阶级在自己同资本进行生存斗争中的绊脚石,是把工资抑制在合乎资本家需要的低水平上的调节器。这样一来,机器,用马克思的话来说,就成了资本用来对付工人阶级的最强有力的武器,劳动资料不断地夺走工人手中的生活资料,工人自己的产品

---

① 恩格斯在这里加了一个注:"《英国工人阶级状况》第109页",见《马克思恩格斯全集》中文第1版第2卷第369页。——编者注

变成了奴役工人的工具。① 于是，劳动资料的节约，一开始就同时成为对劳动力的最无情的浪费和对劳动发挥作用的正常条件的剥夺②；机器这一缩短劳动时间的最有力的手段，变成了使工人及其家属一生的时间转化为可以随意用来增殖资本的劳动时间的最可靠的手段；于是，一部分人的过度劳动成了另一部分人失业的前提，而在全世界追逐新消费者的大工业，却在国内把群众的消费限制到忍饥挨饿这样一个最低水平，从而破坏了自己的国内市场。"使相对过剩人口或产业后备军同资本积累的规模和能力始终保持平衡的规律把工人钉在资本上，比赫斐斯塔司的楔子把普罗米修斯钉在岩石上钉得还要牢。这一规律制约着同资本积累相适应的贫困积累。因此，在一极是财富的积累，同时在另一极，即**在把自己的产品作为资本来生产的**阶级方面，是贫困、劳动折磨、受奴役、无知、粗野和道德堕落的积累。"（马克思《资本论》第671页）③而期待资本主义生产方式有另一种产品分配，那就等于要求电池的电极和电池相联时不使水分解，不在阳极放出氧和在阴极放出氢。

我们已经看到，现代机器的已经达到极高程度的改进的可能性，怎样由于社会中的生产无政府状态而变成一种迫使各个工业资本家不断改进自己的机器、不断提高机器的生产能力的强制性命令。对资本家来说，扩大自己的生产规模的单纯的实际可能性也变成了同样的强制性命令。大工业的巨大的扩张力——气体的膨胀力同它相比简直是儿戏——现在在我们面前表现为不顾任何反作用力而在质量上和数量上进行扩张的**需要**。这种反作用力是由大工业产品的消费、销路、市场形成的。但是，市场向广度和深度扩张的能力首先是受完全不同的、力量弱得多的规律支配的。市场的扩张赶不上生产的扩张。冲突成为不可避免的了，而且，因为它在把资本主义生产方式本身炸毁以前不能使矛盾得到解决，所以它就成为周期性的了。资本主义生产造成了新的"恶性循环"。

---

① 参看马克思《资本论》第1卷，《马克思恩格斯文集》第5卷第501、560页。——编者注
② 同上，第532页。——编者注
③ 同上，第743—744页。——编者注

恩格斯《社会主义从空想到科学的发展》研究读本

事实上,自从 1825 年第一次普遍危机爆发以来,整个工商业世界,一切文明民族及其野蛮程度不同的附属地中的生产和交换,差不多每隔十年就要出轨一次。交易停顿,市场盈溢,产品大量滞销积压,银根奇紧,信用停止,工厂停工,工人群众因为他们生产的生活资料过多而缺乏生活资料,破产相继发生,拍卖纷至沓来。停滞状态持续几年,生产力和产品被大量浪费和破坏,直到最后,大批积压的商品以或多或少压低了的价格卖出,生产和交换又逐渐恢复运转。步伐逐渐加快,慢步转成快步,工业快步转成跑步,跑步又转成工业、商业、信用和投机事业的真正障碍赛马中的狂奔,最后,经过几次拼命的跳跃重新陷入崩溃的深渊。如此反复不已。从 1825 年以来,这种情况我们已经历了整整五次,目前(1877 年)正经历着第六次。这些危机的性质表现得这样明显,以致傅立叶把第一次危机称为 crise pléthorique[多血症危机],即由过剩引起的危机时,就中肯地说明了所有这几次危机的实质。①

在危机中,社会化生产和资本主义占有之间的矛盾剧烈地爆发出来。商品流通暂时停顿下来;流通手段即货币成为流通的障碍;商品生产和商品流通的一切规律都颠倒过来了。经济的冲突达到了顶点:**生产方式起来反对交换方式**。

工厂内部的生产的社会化组织,已经发展到同存在于它之旁并凌驾于它之上的社会中的生产无政府状态不能相容的地步。资本家自己也由于资本的猛烈积聚而感觉到这一事实,这种积聚是在危机期间通过许多大资本家和更多的小资本家的破产实现的。资本主义生产方式的全部机制在它自己创造的生产力的压力下失灵了。它已经不能把这大批生产资料全部变成资本;生产资料闲置起来,因此,产业后备军也不得不闲置起来。生产资料、生活资料、可供支配的工人——生产和一般财富的一切因素,都过剩了。但是,"过剩成了贫困和匮乏的源泉"(傅立叶),因为正是这种过剩阻碍生产资料和生活资料变为资本。因为在资本主义社会里,生产资料要不先变为资本,变为剥削人的劳动力的工具,就不

---

① 参看《傅立叶全集》1845 年巴黎版第 6 卷第 393—394 页。——编者注

能发挥作用。生产资料和生活资料的资本属性的必然性,像幽灵一样横在这些资料和工人之间。唯独这个必然性阻碍着生产的物的杠杆和人的杠杆的结合;唯独它不允许生产资料发挥作用,不允许工人劳动和生活。因此,一方面,资本主义生产方式暴露出它没有能力继续驾驭这种生产力。另一方面,这种生产力本身以日益增长的威力要求消除这种矛盾,要求摆脱它作为资本的那种属性,要求**在事实上承认它作为社会生产力的那种性质**。

猛烈增长着的生产力对它的资本属性的这种反作用力,要求承认生产力的社会本性的这种日益增长的压力,迫使资本家阶级本身在资本关系内部可能的限度内,越来越把生产力当做社会生产力看待。无论是信用无限膨胀的工业高涨时期,还是由大资本主义企业的破产造成的崩溃本身,都使大量生产资料不得不采取像我们在各种股份公司中所遇见的那种社会化形式。某些生产资料和交通手段一开始规模就很大,它们,例如铁路,排斥任何其他的资本主义经营形式。在一定的发展阶段上,这种形式也嫌不够了;① 国内同一工业部门的大生产者联合为一个"托拉斯",即一个以调节生产为目的的联盟;他们规定应该生产的总产量,在彼此间分配产量,并且强制实行预先规定的出售价格。但是,这种托拉斯一遇到不景气的时候大部分就陷于瓦解,正因为如此,它们就趋向于更加集中的社会化:整个工业部门变为一个唯一的庞大的股份公司,国内的竞争让位于这一个公司在国内的垄断;例如还在1890年,英国的制碱业就发生了这种情形,现在,这一行业在所有48个大工厂合并后转到一个唯一的、统一管理的、拥有12000万马克资本的公司手中了。

在托拉斯中,自由竞争转变为垄断,而资本主义社会的无计划生产向行将到来的社会主义社会的计划生产投降。当然,这首先还是对资本家有利的。但是,在这里剥削变得这样明显,以致它必然会被废除。任何一个民族都不会容忍由托拉斯领导的生产,不会容忍由一小撮专靠剪

---

① 在1883年德文第一版中没有以下从"国内同一工业部门"起,至"无论有或者没有托拉斯"这部分文字。——编者注

息票为生的人对全社会进行如此露骨的剥削。

无论在任何情况下，无论有或者没有托拉斯，资本主义社会的正式代表——国家终究不得不①承担起对生产的管理。这种转化为国家财产的必要性首先表现在大规模的交通机构，即邮政、电报和铁路方面。

如果说危机暴露出资产阶级没有能力继续驾驭现代生产力，那么，大的生产机构和交通机构向股份公司、托拉斯和国家财产的转变就表明资产阶级在这方面是多余的。资本家的全部社会职能现在由领工薪的职员来执行了。资本家除了拿红利、持有剪息票、在各种资本家相互争夺彼此的资本的交易所中进行投机以外，再也没有任何其他的社会活动了。资本主义生产方式起初排挤工人，现在却在排挤资本家了，完全像对待工人那样把他们赶到过剩人口中去，虽然暂时还没有把他们赶到产业后备军中去。

但是，无论向股份公司和托拉斯②的转变，还是向国家财产的转变，都没有消除生产力的资本属性。在股份公司和托拉斯的场合，这一点是十分明显的。而现代国家也只是资产阶级社会为了维护资本主义生产方式的一般外部条件使之不受工人和个别资本家的侵犯而建立的组织。现代国家，不管它的形式如何，本质上都是资本主义的机器，资本家的国家，理想的总资本家。它越是把更多的生产力据为己有，就越是

---

① 我说"**不得不**"，因为只有在生产资料或交通手段**真正**发展到不适于由股份公司来管理，因而国有化在**经济**上已成为不可避免的情况下，国有化——即使是由目前的国家实行的——才意味着经济上的进步，才意味着达到了一个新的为社会本身占有一切生产力作准备的阶段。但是最近，自从俾斯麦致力于国有化以来，出现了一种冒牌的社会主义，它有时甚至堕落为某些奴才气，无条件地把**任何一种**国有化，甚至俾斯麦的国有化，都说成社会主义的。显然，如果烟草国营是社会主义的，那么拿破仑和梅特涅也应该算入社会主义创始人之列了。比利时国家出于纯粹日常的政治和财政方面的考虑而自己修建国家的铁路干线，俾斯麦并非考虑经济上的必要，而只是为了使铁路能够更好地适用于战时，只是为了把铁路官员训练成政府的投票家畜，主要是为了取得一种不依赖于议会决定的新的收入来源而把普鲁士的铁路干线收归国有，这无论如何不是社会主义的步骤，既不是直接的，也不是间接的，既不是自觉的，也不是不自觉的。否则，皇家海外贸易公司、皇家陶瓷厂，甚至陆军被服厂，以致在30年代弗里德里希-威廉三世时期由一个聪明人一本正经地建议过的妓院国营，也都是社会主义的设施了。

② 在1883年德文第一版中没有"托拉斯"一词。——编者注

成为真正的总资本家，越是剥削更多的公民。工人仍然是雇佣劳动者，无产者。资本关系并没有被消灭，反而被推到了顶点。但是在顶点上是要发生变革的。生产力归国家所有不是冲突的解决，但是这里包含着解决冲突的形式上的手段，解决冲突的线索。

这种解决只能是在事实上承认现代生产力的社会本性，因而也就是使生产、占有和交换的方式同生产资料的社会性质相适应。而要实现这一点，只有由社会公开地和直接地占有已经发展到除了适于社会管理之外不适于任何其他管理的生产力。现在，生产资料和产品的社会性质反过来反对生产者本身，周期性地突破生产方式和交换方式，并且只是作为盲目起作用的自然规律强制性地和破坏性地为自己开辟道路，而随着社会占有生产力，这种社会性质就将为生产者完全自觉地运用，并且从造成混乱和周期性崩溃的原因变为生产本身的最有力的杠杆。

社会力量完全像自然力一样，在我们还没有认识和考虑到它们的时候，起着盲目的、强制的和破坏的作用。但是，一旦我们认识了它们，理解了它们的活动、方向和作用，那么，要使它们越来越服从我们的意志并利用它们来达到我们的目的，就完全取决于我们了。这一点特别适用于今天的强大的生产力。只要我们固执地拒绝理解这种生产力的本性和性质（而资本主义生产方式及其辩护士正是抗拒这种理解的），它就总是像上面所详细叙述的那样，起违反我们、反对我们的作用，把我们置于它的统治之下。但是，它的本性一旦被理解，它就会在联合起来的生产者手中从魔鬼似的统治者变成顺从的奴仆。这里的区别正像雷电中的电的破坏力同电报机和弧光灯的被驯服的电之间的区别一样，正像火灾同供人使用的火之间的区别一样。当人们按照今天的生产力终于被认识了的本性来对待这种生产力的时候，社会的生产无政府状态就让位于按照社会总体和每个成员的需要对生产进行的社会的有计划的调节。那时，资本主义的占有方式，即产品起初奴役生产者而后又奴役占有者的占有方式，就让位于那种以现代生产资料的本性为基础的产品占有方式：一方面由社会直接占有，作为维持和扩大生产的资料，另一方面由个人直接占有，作为生活资料和享受资料。

资本主义生产方式日益把大多数居民变为无产者，从而就造成一种在死亡的威胁下不得不去完成这个变革的力量。这种生产方式日益迫使人们把大规模的社会化的生产资料变为国家财产，因此它本身就指明完成这个变革的道路。**无产阶级将取得国家政权，并且首先把生产资料变为国家财产。**但是这样一来，它就消灭了作为无产阶级的自身，消灭了一切阶级差别和阶级对立，也消灭了作为国家的国家。到目前为止在阶级对立中运动着的社会，都需要有国家，即需要一个剥削阶级的组织，以便维护这个社会的外部生产条件，特别是用暴力把被剥削阶级控制在当时的生产方式所决定的那些压迫条件下（奴隶制、农奴制或依附农制、雇佣劳动制）。国家是整个社会的正式代表，是社会在一个有形的组织中的集中表现，但是，说国家是这样的，这仅仅是说，它是当时独自代表整个社会的那个阶级的国家：在古代是占有奴隶的公民的国家，在中世纪是封建贵族的国家，在我们的时代是资产阶级的国家。当国家终于真正成为整个社会的代表时，它就使自己成为多余的了。当不再有需要加以镇压的社会阶级的时候，当阶级统治和根源于至今的生产无政府状态的个体生存斗争已被消除，而由此二者产生的冲突和极端行动也随着被消除了的时候，就不再有什么需要镇压了，也就不再需要国家这种特殊的镇压力量了。国家真正作为整个社会的代表所采取的第一个行动，即以社会的名义占有生产资料，同时也是它作为国家所采取的最后一个独立行动。那时，国家政权对社会关系的干预在各个领域中将先后成为多余的事情而自行停止下来。那时，对人的统治将由对物的管理和对生产过程的领导所代替。国家不是"被废除"的，**它是自行消亡的**。应当以此来衡量"自由的人民国家"这个用语，这个用语在鼓动的意义上暂时有存在的理由，但归根到底是没有科学根据的；同时也应当以此来衡量所谓无政府主义者提出的在一天之内废除国家的要求。

自从资本主义生产方式在历史上出现以来，由社会占有全部生产资料，常常作为未来的理想隐隐约约地浮现在个别人物和整个整个派别的头脑中。但是，这种占有只有在实现它的实际条件已经具备的时候，才能成为可能，才能成为历史的必然性。正如其他一切社会进步一样，这种占有之所以能够实现,并不是由于人们认识到阶级的存在同正义、平等等等相矛盾,也不是仅仅由于人们希望废除这些阶级,而是由于具备了一定的新的经济条件。社会分裂为剥削阶级和被剥削阶级、统治阶级和被压迫阶级,是以前生产不大发展的必然结果。只要社会总劳动所提供的产品除了满足社会全体成员最起码的生活需要以外只有少量剩余,就是说,只要劳动还占去社会大多数成员的全部或几乎全部时间,这个社会就必然划分为阶级。在这被迫专门从事劳动的大多数人之旁,形成了一个脱离直接生产劳动的阶级,它掌管社会的共同事务:劳动管理、国家事务、司法、科学、艺术等等。因此,分工的规律就是阶级划分的基础。但是,这并不妨碍阶级的这种划分曾经通过暴力和掠夺、欺诈和蒙骗来实现,这也不妨碍统治阶级一旦掌握政权就牺牲劳动阶级来巩固自己的统治,并把对社会的领导变成对群众加紧剥削。

但是,如果说阶级的划分根据上面所说具有某种历史的理由,那也只是对一定的时期、一定的社会条件才是这样。这种划分是以生产的不足为基础的,它将被现代生产力的充分发展所消灭。的确,社会阶级的消灭是以这样一个历史发展阶段为前提的,在这个阶段上,不仅某个特定的统治阶级的存在,而且任何统治阶级的存在,从而阶级差别本身的存在,都将成为时代错乱,成为过时现象。所以,社会阶级的消灭是以生产高度发展的阶段为前提的,在这个阶段上,某一特殊的社会阶级对生产资料和产品的占有,从而对政治统治、教育垄断和精神领导地位的占有,不仅成为多余的,而且在经济上、政治上和精神上成为发展的障碍。这个阶段现在已经达到了。资产阶级的政治和精神的破产甚至对他们自己来说也未必是一种秘密了,而他们的经济破产则有规律地每十年重复一次。在每次危机中,社会在它自己的而又无法加以利用的生产力和产品的重压下奄奄一息,面对着生产者没有什么可以消费是因为缺乏消费者这种荒谬的矛盾而束手无策。生产资料的扩张力撑破了资本主义生产方式所加给它的桎梏。把生产资料从这种桎梏下解放出来,是生产力不断地加速发展的唯一先决条件,因而也是生产本身实际上无限增长的唯一先决条件。但是还不止于此。生产资料由社会占有,不仅会消除

恩格斯《社会主义从空想到科学的发展》研究读本

生产的现存的人为障碍，而且还会消除生产力和产品的有形的浪费和破坏，这种浪费和破坏在目前是生产的无法摆脱的伴侣，并且在危机时期达到顶点。此外，这种占有还由于消除了现在的统治阶级及其政治代表的穷奢极欲的挥霍而为全社会节省出大量的生产资料和产品。通过社会化生产，不仅可能保证一切社会成员有富足的和一天比一天充裕的物质生活，而且还可能保证他们的体力和智力获得充分的自由的发展和运用，这种可能性现在第一次出现了，但它**确实是出现了**①。

一旦社会占有了生产资料，商品生产就将被消除，而产品对生产者的统治也将随之消除。社会生产内部的无政府状态将为有计划的自觉的组织所代替。个体生存斗争停止了。于是，人在一定意义上才最终地脱离了动物界，从动物的生存条件进入真正人的生存条件。人们周围的、至今统治着人们的生活条件，现在受人们的支配和控制，人们第一次成为自然界的自觉的和真正的主人，因为他们已经成为自身的社会结合的主人了。人们自己的社会行动的规律，这些一直作为异己的、支配着人们的自然规律而同人们相对立的规律，那时就将被人们熟练地运用，因而将听从人们的支配。人们自身的社会结合一直是作为自然界和历史强加于他们的东西而同他们相对立的，现在则变成他们自己的自由行动了。至今一直统治着历史的客观的异己的力量，现在处于人们自己的控制之下了。只是从这时起，人们才完全自觉地自己创造自己的历史；只是从这时起，由人们使之起作用的社会原因才大部分并且越来越多地达到他们所预期的结果。这是人类从必然王国进入自由王国的飞跃。

最后，我们把上述的发展进程简单地概述如下：

---

① 有几个数字可以使人们对现代生产资料即使在资本主义压制下仍然具有的巨大扩张力有个大体的概念。根据吉芬的统计，大不列颠和爱尔兰的全部财产约计如下：

    1814年……22亿英镑 = 440亿马克
    1865年……61亿英镑 = 1220亿马克
    1875年……85亿英镑 = 1700亿马克

至于在危机中生产资料和产品被破坏的情况，根据1878年2月21日在柏林举行的德国工业家第二次代表大会所作的统计，在最近一次崩溃中，单是**德国制铁工业**所遭受的全部损失就达45500万马克。

一、**中世纪社会**：个体的小生产。生产资料是供个人使用的，因而是原始的、笨拙的、小的、效能很低的。生产都是为了直接消费，无论是生产者本身的消费，还是他的封建领主的消费。只有在生产的东西除了满足这些消费以外还有剩余的时候，这种剩余才拿去出卖和进行交换。所以，商品生产刚刚处于形成过程中，但是这时它本身已经包含着**社会生产的无政府状态**的萌芽。

二、**资本主义革命**：起初是工业通过简单协作和工场手工业实现的变革。先前分散的生产资料集中到大作坊中，因而它们就由个人的生产资料转变为社会化的生产资料，这种转变总的说来没有触及交换形式。旧的占有形式仍然起作用。**资本家**出现了：他是生产资料的所有者，当然就占有产品并把它们变为商品。生产已经成为社会的活动；而交换以及和它相伴随的占有，仍旧是个体的活动，单个人的活动：**社会的产品被个别资本家所占有**。这就是产生现代社会的一切矛盾的基本矛盾，现代社会就在这一切矛盾中运动，而大工业把它们明显地暴露出来了。

（a）生产者和生产资料相分离。工人注定要终身从事雇佣劳动。**无产阶级和资产阶级相对立**。

（b）支配商品生产的规律日益显露出来，它们的作用日益加强。竞争不可遏止。**个别工厂中的社会化组织和整个生产中的社会无政府状态相矛盾**。

（c）一方面是机器的改进，这种改进由于竞争而变成每个厂主必须执行的强制性命令，而且也意味着工人不断遭到解雇：**产生了产业后备军**。另一方面是生产的无限扩张，这也成了每个厂主必须遵守的竞争的强制规律。这两方面造成了生产力的空前发展、供过于求、生产过剩、市场盈溢、十年一次的危机、恶性循环：**这里是生产资料和产品过剩，那里是**没有工作和没有生活资料的**工人过剩**；但是，生产和社会福利的这两个杠杆不能结合起来，因为资本主义的生产形式不允许生产力发挥作用，不允许产品进行流通，除非生产力和产品先转变为资本，而阻碍这种转变的正是生产力和产品的过剩。这种矛盾发展到荒谬的程度：**生产方式起来反对交换形式**。资产阶级已经暴露出它没有能力继续管理自己的社会生产力。

（d）资本家本身不得不部分地承认生产力的社会性质。大规模的生产机构和交通机构起初由**股份公司**占有，后来由托拉斯占有①，然后又由**国家**占有。资产阶级表明自己已成为多余的阶级；它的全部社会职能现在由领工薪的职员来执行了。

三、**无产阶级革命**，矛盾的解决：无产阶级将取得公共权力，并且利用这个权力把脱离资产阶级掌握的社会化生产资料变为公共财产。通过这个行动，无产阶级使生产资料摆脱了它们迄今具有的资本属性，使它们的社会性质有充分的自由得以实现。从此按照预定计划进行的社会生产就成为可能的了。生产的发展使不同社会阶级的继续存在成为时代错乱。随着社会生产的无政府状态的消失，国家的政治权威也将消失。人终于成为自己的社会结合的主人，从而也就成为自然界的主人，成为自身的主人——自由的人。

完成这一解放世界的事业，是现代无产阶级的历史使命。深入考察这一事业的历史条件以及这一事业的性质本身，从而使负有使命完成这一事业的今天受压迫的阶级认识到自己的行动的条件和性质，这就是无产阶级运动的理论表现即科学社会主义的任务。

弗·恩格斯写于1880年1月—3月上半月

载于1880年3月20日、4月20日和5月5日《社会主义评论》杂志第3、4和5期

原文是德文

中文根据《马克思恩格斯全集》历史考证版第1部分第27卷并参考《马克思恩格斯全集》德文版第19卷翻译

选自《马克思恩格斯文集》第3卷，北京：人民出版社2009年版，第487—567页。

---

① 在1883年德文第一版中没有"后来由托拉斯占有"。——编者注

恩格斯

恩格斯致奥托·冯·伯尼克（节选）

布雷斯劳

1890年8月21日于多佛尔附近的福克斯通

奥托·伯尼克先生
布雷斯劳

尊敬的先生：

对于您的问题，我只能给予简短而概略的回答，否则，为了回答第一个问题，我就得写一篇论文。

一、我认为，所谓"社会主义社会"不是一种一成不变的东西，而应当和任何其他社会制度一样，把它看成是经常变化和改革的社会。……

节选自《马克思恩格斯文集》第10卷，北京：人民出版社2009年版，第588页。

列　宁

弗里德里希·恩格斯

（1895年9月7日〔19日〕以后）

> 一盏多么明亮的智慧之灯熄灭了，
> 一颗多么伟大的心停止跳动了！①

　　1895年新历8月5日（7月24日），弗里德里希·恩格斯在伦敦与世长辞了。在他的朋友卡尔·马克思（1883年逝世）之后，恩格斯是整个文明世界中最卓越的学者和现代无产阶级的导师。自从命运使卡尔·马克思和弗里德里希·恩格斯相遇之后，这两位朋友的毕生工作，就成了他们的共同事业。因此，要了解弗里德里希·恩格斯对无产阶级有什么贡献，就必须清楚地了解马克思的学说和活动对现代工人运动发展的意义。马克思和恩格斯最先指出，工人阶级及其要求是现代经济制度的必然产物，现代经济制度在造成资产阶级的同时，也必然造成并组织无产阶级。他们指出，能使人类摆脱现在所受的灾难的，并不是个别高尚人物善意的尝试，而是组织起来的无产阶级所进行的阶级斗争。马克思和恩格斯在他们的科学著作中，最先说明了社会主义不是幻想家的臆造，而是现代社会生产力发展的最终目标和必然结果。到现在为止的全部有记载的历史都是阶级斗争的历史，都是不断更替地由一些社会阶级统治和战胜另一些社会阶级的历史。这种情形，在阶级斗争和阶级统

---

① 见尼·阿·涅克拉索夫的诗《纪念杜勃罗留波夫》。——编者注

治的基础，即私有制和混乱的社会生产消灭以前，将会继续下去。无产阶级的利益要求消灭这种基础，所以有组织的工人自觉进行的阶级斗争，目标就应该对准这种基础。而任何阶级斗争都是政治斗争。

马克思和恩格斯的这些观点，现在已为正在争取自己解放的全体无产阶级所领会，但是当这两位朋友在40年代参加社会主义的宣传和当时的社会运动时，这样的见解还是完全新的东西。当时许多有才能的或无才能的人，正直的或不正直的人，都醉心于争取政治自由的斗争，醉心于反对皇帝、警察和神父的专横暴戾的斗争，而看不见资产阶级利益同无产阶级利益的对立。他们根本没有想到工人能成为独立的社会力量。另一方面，当时有许多幻想家，有时甚至是一些天才人物，都以为只要说服统治者和统治阶级相信现代社会制度是不合理的，就很容易在世界上确立和平和普遍福利。他们幻想不经过斗争就实现社会主义。最后，几乎当时所有的社会主义者和工人阶级的朋友，都认为无产阶级只是一个**脓疮**，他们怀着恐惧的心情看着这个脓疮如何随着工业的发展而扩大。因此，他们都设法阻止工业和无产阶级的发展，阻止"历史车轮"的前进。与这种害怕无产阶级发展的普遍心理相反，马克思和恩格斯把自己的全部希望寄托在无产阶级的不断增长上。无产者人数愈多，他们这一革命阶级的力量也就愈大，社会主义的实现也就愈是接近，愈有可能。马克思和恩格斯对工人阶级的功绩，可以这样简单地来表达：他们教会了工人阶级自我认识和自我意识，用科学代替了幻想。

正因为如此，恩格斯的名字和生平，是每个工人都应该知道的。正因为如此，我们在这本与我们其他一切出版物一样都是以唤醒俄国工人的阶级自我意识为目的的文集中，应该简要地叙述一下现代无产阶级两位伟大导师之一弗里德里希·恩格斯的生平和活动。

恩格斯1820年生于普鲁士王国莱茵省的巴门城。父亲是个工厂主。1838年，由于家庭情况，恩格斯中学还没有毕业，就不得不到不来梅一家商号去当办事员。从事商业并没有妨碍恩格斯对科学和政治的研究。当他还是中学生的时候，就憎恶专制制度和官吏的专横。对哲学的钻研，使他更前进了。当时在德国哲学界占统治地位的是黑格尔学说，于是恩格斯也成了黑格尔的信徒。黑格尔本人虽然崇拜普鲁士专制国家，他以柏林大学教授的身份为这个国家服务，但是黑格尔的**学说**是革命的。黑格尔对于人类理性和人类权利的信念，以及他的哲学的基本原理——世界是不断变化着发展着的过程，使这位柏林哲学家的那些不愿与现实调和的学生得出了一种想法，即认为同现状、同现存的不公平现象、同流行罪恶进行的斗争，也是基于世界永恒发展规律的。既然一切都是发展着的，既然一些制度不断被另一些制度所代替，那么为什么普鲁士国王或俄国沙皇的专制制度，极少数人靠剥夺绝大多数人发财致富的现象，资产阶级对人民的统治，却会永远延续下去呢？黑格尔的哲学谈论精神和观念的发展，它是**唯心主义的**哲学。它从精神的发展中推演出自然界、人以及人与人的关系即社会关系的发展。马克思和恩格斯保留了黑格尔关于永恒的发展过程的思想①，而抛弃了那种偏执的唯心主义观点；他们面向实际生活之后看到，不能用精神的发展来解释自然界的发展，恰恰相反，要从自然界，从物质中找到对精神的解释……与黑格尔和其他黑格尔主义者相反，马克思和恩格斯是唯物主义者。他们用唯物主义观点观察世界和人类，看出一切自然现象都有物质原因作基础，同样，人类社会的发展也是受物质力量即生产力的发展所制约的。生产力的发展决定人们在生产人类必需的产品时彼此所发生的关系。用这种关系才能解释社会生活中的一切现象，人的意向、观念和法律。生产力的发展造成了以私有制为基础的社会关系，但是我们现在看到，生产力的发展又夺走了大多数人的财产，将它集中在极少数人的手中。生产力的发展正在消灭私有制，即现代社会制度的基础，这种发展本身就是朝着社会主义者所抱定的那个目标前进的。社会主义者就是要了解，究竟哪种社会力量因其在现代社会中所处的地位而关心社会主义的实现，并使这种力量意识到它的利益和历史使命。这种力量就是无产阶级。恩格斯是在英国，是在英国工业中心曼彻斯特结识无产阶级的；

---

① 马克思和恩格斯不止一次地指出，他们思想的发展，有很多地方得益于德国的大哲学家，尤其是黑格尔。恩格斯说："没有德国哲学，也就没有科学社会主义。"（参看《马克思恩格斯选集》第2卷人民出版社1972年版第300页。——编者注）

1842年他迁到这里，在他父亲与人合办的一家商号中供职。在这里，他并不是只坐在工厂的办事处里，他常常到工人栖身的肮脏的住宅区去，亲眼看见工人贫穷困苦的情景。但是，他并不满足于亲身的观察，他还阅读了他所能找得到的在他以前论述英国工人阶级状况的一切著作，仔细研究了他所能看到的一切官方文件。这种研究和观察的成果，就是1845年出版的《英国工人阶级状况》[①]一书。上面我们已经提到作为《英国工人阶级状况》一书的作者恩格斯的主要功绩。在恩格斯以前有很多人描写过无产阶级的痛苦，并且一再提到必须帮助无产阶级。恩格斯**第一个**指出，无产阶级**不只**是一个受苦的阶级，正是它所处的那种低贱的经济地位，无可遏止地推动它前进，迫使它去争取本身的最终解放。而战斗中的无产阶级是能够**自己帮助自己**的。工人阶级的政治运动必然会使工人认识到，除了社会主义，他们没有别的出路。另一方面，社会主义只有成为工人**阶级**的**政治**斗争的目标时，才会成为一种力量。这就是恩格斯论英国工人阶级状况的一书的基本思想。现在，这些思想已为全体能思考的和正在进行斗争的无产阶级所领会，但在当时却完全是新的。叙述这些思想的著作写得很动人，通篇都是描述英国无产阶级穷苦状况的最确实最惊人的情景。这部著作是对资本主义和资产阶级的极严厉的控诉。它给人的印象是很深的。从此，到处都有人援引恩格斯的这部著作，认为它是对现代无产阶级状况的最好描述。的确，不论在1845年以前或以后，还没有一本书把工人阶级的穷苦状况描述得这么鲜明，这么真实。

恩格斯到英国后才成为社会主义者。他在曼彻斯特同当时英国工人运动的活动家发生联系，并开始在英国社会主义出版物上发表文章。1844年他在回德国的途中路过巴黎时认识了马克思，在此以前他已经和马克思通过信。马克思在巴黎时，受到法国社会主义者和法国生活的影响也成了社会主义者。在这里，两位朋友合写了一本书：《神圣家族，

---

① 见《马克思恩格斯全集》第1版第2卷第269—587页。——编者注

或对批判的批判所做的批判》①。这本书比《英国工人阶级状况》早一年出版，大部分是马克思写的。它奠定了革命唯物主义的社会主义的基础，这种社会主义的主要思想，我们在上面已经叙述过了。"神圣家族"是给哲学家鲍威尔兄弟及其信徒所取的绰号。这班先生鼓吹一种批判，这种批判超越一切现实、超越政党和政治，否认一切实践活动，而只是"批判地"静观周围世界和其中所发生的事情。鲍威尔先生们高傲地把无产阶级说成是一群没有批判头脑的人。马克思和恩格斯坚决反对这个荒谬而有害的思潮。为了现实的人，即为了受统治阶级和国家践踏的工人，他们要求的不是静观，而是为实现美好的社会制度而斗争。在他们看来，能够进行这种斗争和关心这种斗争的力量当然是无产阶级。还在《神圣家族》一书出版以前，恩格斯就在马克思和卢格两人合编的《德法杂志》上发表了《政治经济学批判大纲》②一文，从社会主义的观点考察了现代经济制度的基本现象，认为那些现象是私有制统治的必然结果。同恩格斯的交往显然促使马克思下决心去研究政治经济学，而马克思的著作使这门科学发生了真正的革命。

1845年到1847年，恩格斯是在布鲁塞尔和巴黎度过的，他一面从事科学研究，同时又在布鲁塞尔和巴黎的德籍工人中间进行实际工作。这时，马克思和恩格斯同秘密的德国"共产主义者同盟"发生了联系，"同盟"委托他们把他们所制定的社会主义基本原理阐述出来。这样就产生了1848年出版的马克思和恩格斯的著名的《共产党宣言》③。这本书篇幅不多，价值却相当于多部巨著：它的精神至今还鼓舞着、推动着文明世界全体有组织的正在进行斗争的无产阶级。

1848年的革命首先在法国爆发，然后蔓延到西欧其他国家，于是马克思和恩格斯就回国了。他们在莱茵普鲁士主编在科隆出版的民主派的《新莱茵报》。这两位朋友成了莱茵普鲁士所有革命民主意向的灵魂。他们尽一切可能保卫人民和自由的利益，使之不受反动势力的侵

---

① 见《马克思恩格斯全集》第1版第2卷第3—268页。——编者注
② 见《马克思恩格斯全集》第1版第1卷第596—625页。——编者注
③ 见《马克思恩格斯选集》第1卷人民出版社1972年版第250—286页。——编者注

害。大家知道，当时反动势力获得了胜利。《新莱茵报》被迫停刊，马克思因侨居国外时丧失普鲁士国籍而被驱逐出境，而恩格斯则参加了人民武装起义，在三次战斗中为自由而战，在起义者失败后经瑞士逃往伦敦。

马克思也迁居伦敦。恩格斯不久又到他在 40 年代服务过的那家曼彻斯特商号去当办事员，后来又成了这家商号的股东。1870 年以前他住在曼彻斯特，马克思住在伦敦，但这并没有妨碍他们保持最密切的精神上的联系；他们差不多每天都通信。这两位朋友在通信中交换意见和知识，继续共同创立科学社会主义。1870 年恩格斯移居伦敦，直到 1883 年马克思逝世时为止，他们两人始终过着充满紧张工作的共同精神生活。这种共同的精神生活的成果，在马克思方面，是当代最伟大的政治经济学著作《资本论》，在恩格斯方面，是许多大大小小的作品。马克思致力于分析资本主义经济的复杂现象。恩格斯则在笔调明快、往往是论战性的著作中，根据马克思的唯物主义历史观和经济理论，阐明最一般的科学问题，以及过去和现在的各种现象。从恩格斯的这些著作中，我们举出下面几种：反对杜林的论战性著作（它分析了哲学、自然科学和社会科学中最重大的问题）①、《家庭、私有制和国家的起源》（俄译本 1895 年圣彼得堡第 3 版）②、《路德维希·费尔巴哈》（俄译本附有格·普列汉诺夫的注释，1892 年日内瓦版）③、一篇论俄国政府对外政策的文章（俄译文刊登在日内瓦出版的《社会民主党人》第 1 集和第 2 集上），几篇关于住宅问题的精彩文章，以及两篇篇幅虽小，但价值极大的论述俄国经济发展的文章（《弗里德里希·恩格斯论俄国》，维·伊·查苏利奇的俄译本，1894 年日内瓦版）。马克思还没有把他那部论述资本的巨著整理完毕就逝世了。可是，这部著作的草稿已经完成，于是恩格斯在他的朋友逝世后就从事整理和出版《资本论》第 2

---

① 这是一部内容十分丰富、十分有益的书。可惜只有概述社会主义发展史的那一小部分译成了俄文（《科学社会主义的发展》1892 年日内瓦第 2 版）。
② 见《马克思恩格斯选集》第 4 卷人民出版社 1972 年版第 17—175 页。——编者注
③ 同上书，第 207—254 页。——编者注

卷和第 3 卷的艰巨工作。1885 年他出版了第 2 卷,1894 年出版了第 3 卷(他没有来得及把第 4 卷整理好)。整理这两卷《资本论》,是一件很费力的工作。奥地利社会民主党人阿德勒说得很对:恩格斯出版《资本论》第 2 卷和第 3 卷,就是替他的天才朋友建立了一座庄严宏伟的纪念碑,无意中也把自己的名字不可磨灭地铭刻在上面了。的确,这两卷《资本论》是马克思和恩格斯两人的著作。古老传说中有各种非常动人的友谊故事。欧洲无产阶级可以说,它的科学是由这两位学者和战士创造的,他们关系超过了古人关于人类友谊的一切最动人的传说。恩格斯总是把自己放在马克思之后,总的说来这是十分公正的。他在写给一位老朋友的信中说:"马克思在世的时候,我拉第二小提琴。"[①] 他对在世时的马克思无限热爱,对死后的马克思无限敬仰。这位严峻的战士和严正的思想家,具有一颗深情挚爱的心。

1848—1849 年的运动以后,马克思和恩格斯在流亡中并没有只限于从事科学工作。马克思在 1864 年创立了"国际工人协会",并在整整十年内领导了这个协会。恩格斯也积极地参加了该会的工作。"国际工人协会"依照马克思的意思联合全世界的无产者,它的活动对工人运动的发展起了巨大作用。就是在 70 年代"国际工人协会"解散后,马克思和恩格斯所起的团结的作用也没有停止。相反,他们作为工人运动精神领导者所起的作用,可以说是不断增长的,因为工人运动本身也在不断发展。马克思逝世以后,恩格斯一个人继续担任欧洲社会党人的顾问和领导者。无论是受政府迫害但力量仍然不断迅速增长的德国社会党人,或者是落后国家内那些还需仔细考虑斟酌其初步行动的社会党人,如西班牙、罗马尼亚和俄国的社会党人,都同样向恩格斯征求意见,请求指示。他们都从年老恩格斯的知识和经验的丰富宝库中得到教益。

马克思和恩格斯两人都懂俄文,都读俄文书籍,非常关心俄国的情况,以同情的态度注视俄国的革命运动,并一直同俄国的革命者保持联

[①] 见 1884 年 10 月 15 日恩格斯给贝克尔的信(《马克思恩格斯选集》第 4 卷人民出版社 1972 年版第 449 页)。——编者注

系。他们两人都是由**民主主义者**变成社会主义者的，所以他们**仇恨**政治专横的民主情感非常强烈。由于马克思和恩格斯具有这种直接的政治情感、对政治专横与经济压迫之间的联系的深刻理论认识以及丰富的生活经验，所以他们在**政治**方面异常敏感。因此，俄国少数革命者所进行的反对强大的沙皇政府的英勇斗争，总是得到这两位久经锻炼的革命家最表同情的反响。相反，那种为了虚幻的经济利益而离开争取政治自由这一俄国社会党人最直接最重要的任务的图谋，在他们看来自然是可疑的，他们甚至直截了当地认为这是背叛伟大的社会革命事业。"无产阶级的解放应当是无产阶级自己的事情"，——这就是马克思和恩格斯经常教导的。而无产阶级要争取经济上的解放，就必须争得一定**政治**权利。此外，马克思和恩格斯都清楚地看到，俄国政治革命对于西欧的工人运动也会有巨大的意义。专制的俄国向来是欧洲一切反动势力的堡垒。1870年的战争造成了德法之间长期的纷争，使俄国处于一种非常有利的国际地位，这当然只是增加了专制俄国这一反动力量的作用。只有自由的俄国，即既不需要压迫波兰人、芬兰人、德意志人、亚美尼亚人及其他弱小民族，也不需要经常挑拨德法两国关系的俄国，才能使现代欧洲摆脱战争负担而松一口气，才能削弱欧洲的一切反动势力，加强欧洲工人阶级的力量。因此，恩格斯为了西欧工人运动的胜利，也渴望俄国实现政治自由。俄国的革命者因恩格斯的逝世而失去了最好的朋友。

无产阶级的伟大战士和导师弗里德里希·恩格斯永垂不朽！

选自《列宁专题文集（论马克思主义）》，北京：人民出版社2009年版，第51—60页。

第五部分 附 录

附录 I　研究文献精选[1]

一　伯恩施坦：《科学社会主义怎样才是可能的》[2]

（一）

当前传播的社会主义理论中影响最大的是卡尔·马克思和弗里德里希·恩格斯制定的学说体系，今天几乎所有国家中绝大多数的战斗的社会主义者都信奉这一学说，根据它来确定自己的要求和目标的方向。这一学说的创始人把它称之为科学社会主义。在你们中的多数人所熟悉的而且也是值得你们所有的人都熟悉的一本著作即《社会主义从空想到科学的发展》（这是恩格斯的一本同样值得阅读的论战著作即《欧根·杜林先生在科学中实行的变革》一书的节录）中，弗里德里希·恩格斯说，马克思通过他所完成的两项科学发现即**唯物主义历史观**和对资本主义经济学中的**剩余价值**的揭示，使社会主义成了科学。尽管这并不是最早宣扬马克思主义社会主义的"科学"称号的文句，但却是最正式的。

---

[1]　此部分选取国内外对《社会主义从空想到科学的发展》理论内容解读的有代表性的重要文献 5 篇。重点选取 5 篇国外学者有关恩格斯社会主义观的较有代表性的研究成果，其中篇幅较长的文献在选编时有适当删减，只摘编较为重要的段落。

[2]　该文转引自殷叙彝编：《伯恩斯坦读本》，北京：中央编译出版社 2008 年版，第 377—402 页。该文选自中共中央编译局编译《德国社会民主党关于伯恩施坦问题的争论》三联书店 1981 年版，第 361—369 页。原文出自《科学社会主义怎样才是可能的》1901 年柏林德文版第 19—22、30—38 页。1901 年 2 月，伯恩施坦在长期流亡国外后回到德国。5 月 17 日他应柏林的社会科学大学生联合会的邀请发表演讲，题目是"科学社会主义怎样才是可能的？"。在该文中，伯恩施坦集中探讨了他对恩格斯和马克思"科学社会主义"学说本质的理解和质疑。

在比这句话第一次发表——1877年——更早出版的社会主义书刊中，已经屡次刊载包含同样提法的文章。甚至以为通常与卡尔·马克思敌对的德国社会主义者，颇有才华的约·巴·冯·施维泽也在文章中写道，当马克思的巨著《资本论》第一卷问世时，他在读完这本书以后说过："社会主义是一门科学"。

但是马克思主义的社会主义（我们采用这一简化的说法）既不是唯一的也不是第一个自称自然科学的社会主义学说。你们可以在马克思自己那里，在《资本论》第一章的注24中立刻读到，从来没有哪一个学派比法国社会主义者蒲鲁东的学说派别更多地滥用**科学**一词。但是在马克思写下这些话的当时，蒲鲁东是罗曼语系国家影响最大的社会主义者。不过如果你们读一下蒲鲁东以前出现的两个法国社会主义学派即傅立叶的门徒和圣西门的门徒的著作，然后你们到英国去并且读一下罗伯特·欧文学派的著作，你们就会在那里足够频繁地遇到相似的援引科学作证的词句。拉萨尔的著作中也有这样的词句。几乎可以说，19世纪差不多所有的社会主义者都以这种或那种方式声称自己的学说是科学。

乍一看，这种互相吻合的情况容易引起我们不信任。我们毕竟已经熟知这些学派之间在观点方面和结论方面有着极大的差别。蒲鲁东曾多么激烈地反对傅立叶分子，卡尔·马克思又是多么愤怒地对这同一个蒲鲁东进行批评和鞭笞啊！但是马克思自己也受到一些社会主义者的批评，他们对他的谴责正和他对别人的指责一样：空想主义和形而上学的概念游戏。撇开最近的批评马克思的社会主义者不谈，我只提一个今天已经差不多被人忘记的法国社会主义者保尔·布鲁斯博士，他在当时曾起过相当大的作用，也是一位博学之士。他曾一再指责马克思的乌托邦思想，并且最后在悼词中声称马克思为最后一个伟大的乌托邦主义者。如果在统统同样地援引科学作证的社会主义者中存在如此大的分歧，如果这些分歧不是仅仅涉及非本质问题或者附带的应用问题，而是在许多情况下一直涉及他们学说的根源（而实际情况正是这样），那么难道不会有人产生这样的想法：这些社会主义者可能都是错误的，其中任何一个都不能声称自己拥有寓言中的神奇戒指，任何人都没有权利把自己的社会主义称为科学？

不过即使我们把理论或体系之争搁置不说，并且坚持在它们的生存斗争中今天已经成为胜利的那种学说，即马克思主义，我们仍旧会在那里碰到一些容易使具有批判素质的人们吃惊的地方。

我们看到，弗里德里希·恩格斯是从两个理论发现推论出社会主义的科学性的，其中之一是剩余价值学说。恩格斯写道："已经证明，无偿劳动的占有是资本主义生产方式和通过这种生产方式对工人进行的剥削的基本形式；即使资本家按照劳动力作为商品在商品市场上所具有的全部价值来购买他的工人的劳动力，他从这种劳动力榨取的价值仍比他为这种劳动力付出的多；这种剩余价值归根到底构成了有产阶级手中日益增加的资本量由以积累起来的价值量。这样就说明了资本主义生产和资本生产的过程。"①

根据这一段话，人们会设想在对剩余价值的科学证明和社会主义之间存在这样一种内在关系，即从剩余价值的事实可以推论出社会主义的必然性。但是我们在马克思和恩格斯那里却可以发现一大批与这一结论矛盾的句子。属于这类句子的最尖锐的意见发表在恩格斯1884年为《哲学的贫困》德文版写的序言中。他在那里坚决反对那种认为可以从剩余价值的事实中推论出社会主义必然性的观点。他援引马克思的一句话指出，这种观点从经济学上说在形式上是错误的，因为这"只不过是**把道德应用于经济学而已**"。② 根据资产阶级经济学的规律，产品的绝大部分不属于制造这些产品的工人。恩格斯继续说："如果我们说，这是不公平的，不应该这样，那么这句话同经济学没有什么直接的关系。我们不过是说，这些经济事实同我们的道德感有矛盾。**所以马克思从来不把他的共产主义要求建立在这样的基础上，而是建立在资本主义生产方式的必然的、我们眼见一天甚于一天的崩溃上**；他只说了剩余价值由无偿劳动构成这个简单的事实。"③

---

① 《马克思恩格斯选集》中文第2版第3卷第740页。
② 《马克思恩格斯全集》中文第2版第21卷第209页。
③ 《马克思恩格斯全集》中文第2版第21卷第209页。（黑体是伯恩施坦使用的。——译者注）

这和上面引用的段落听起来如此不同，以致读者首先得到的印象是，这里存在着一个无法解决的矛盾。起初说剩余价值学说是社会主义的两个科学支柱之一，而我们从恩格斯那里了解到，他在包含这一内容的著作付印之前曾把手稿读给马克思听并且与他做了深入细致的讨论，因此这一著作可以说是经过马克思核准的。现在却宣称剩余价值原理对社会主义缺乏证明力。就这一问题来说，我们认为论据已经丧失了。

也许会有人站出来反对上面最后引用的恩格斯那句话的合法性。企图确定恩格斯和马克思在思想方法上的重大差别的尝试已屡见不鲜，而且也并不是统统都失败的，尽管我认为它们大多数明显地夸大了问题。在某些领域，恩格斯不能说是马克思的完全准确的解释者。但是在目前我们谈论的这个问题上这样说却很难说是确切的。我们确实看到马克思本人说过许多明确无误地表示同样观点的话。恩格斯在上引段落中提到的句子①同样也允许人们作出与恩格斯不同的另一种解释。但是如果我们在《资本论》中看到那里论述的例子中"（雇佣工人的）劳动力使用一天所创造的价值比劳动自身一天的价值大一倍。这种情况对买者（资本家）是一种特别的幸运，**对卖者也决不是不公平**"②，或者在马克思关于哥达纲领草案的信中读到："难道它——指今天的劳动所得的分配——事实上不是现今的生产方式基础上唯一'公平的'分配吗？"③并且紧接着指出，在除了完善的共产主义以外的任何形态中，在劳动报酬和劳动成果之间必然存在着量的差别，那么我们也不会怀疑恩格斯的话是正确地复述了马克思的观点的。

---

① 指《政治经济学批判》一书中的下面一段话："如果一个产品的交换价值等于它所包含的劳动时间，一个劳动日的交换价值等于一个劳动日的产品。换句话说，工资应当等于劳动的产品。但是实际情形恰好相反。"马克思对此加了下面的注释："经济学家对李嘉图的这种非难，后来被社会主义抓住了。他们假定这个公式在理论上是正确的，责备实际与理论相矛盾，要求资产阶级社会在实践中贯彻它的理论原则的臆想的结论。英国的社会主义者至少就是这样把李嘉图的交换价值倒转过来反对政治经济学。"（以上见《马克思恩格斯全集》中文第1版第21卷第208页及第13卷第52页。——译者注）

② 《马克思恩格斯全集》中文第1版第23卷第219页。（括号中的字是伯恩施坦加的，黑体是伯恩施坦使用的。——译者注）

③ 《马克思恩格斯选集》中文第2版第3卷第302页。

在社会民主党的通俗书信中，甚至在出自恩格斯之手的或者得到恩格斯和马克思赞赏的著作中，确实是极其坚决地把剩余价值的事实当作社会主义的论据与别人论战的，《资本论》中是一再把剩余价值称为剥削的，而在涉及人与人之间的关系时，剥削总是意味着道德上应加谴责的榨取，意味着——正如剥削（Ausbeutung）与赃物（Beute）这两个词在语言上的关系所表明的——经过伪装的抢劫。这就是说，从社会角度——不是作为个别的资本家——来抢劫，资本家是工人阶级的掠夺者或重力剥削者。

那么这与上面涉及的恩格斯的话怎样才能协调一致呢？恩格斯在那句话以后接着说的几句话为我们提供了一点线索："但是，在经济学的形式上错误的东西，在世界历史上却可以是正确的。如果群众的道德意识宣布某一经济事实，如当年的奴隶制或徭役制，是不公正的，因而原来的事实已经变得不能忍受和不能维持了。因此，在经济学的形式的谬误后面，可能隐藏着非常真实的经济内容"[①]。

这就是说，并不是剩余价值的事实直截了当为社会的社会主义改造的必然性提供证明，而是群众对剩余价值的厌恶、他们对剥削的判断成为现存制度是不能容忍的证明，或者（如果我可以这样表述的话）成了表明现存状态已不能维持下去的指示器，只不过不能维持下去的原因不是在于剩余价值的占有，而是要到**其他经济事实**去寻找。

如果这是正确的话，那么我认为，关于剩余价值的发现使社会主义成为科学的那句话就被推翻了。这一发现的贡献本身尽管在科学上很高价值，在理论上无可辩驳，但是按照这里所作的分析，它毕竟丧失了任何对社会主义的科学证明力。不仅如此，按照这一分析，它甚至根本不能被当作反对现存社会的科学证明，这正如比方说关于奴隶劳动的产品必然超过奴隶的消费的发现不能成为反对以奴隶制为基础的社会制度的科学证明一样。

顺便提一下，我认为在马克思确认剩余价值这件事上使用发现一词

---

① 《马克思恩格斯全集》中文第 1 版第 23 卷第 219 页。

很容易起误导作用。大家都承认，早在马克思以前剩余价值的事实就已是众所周知的，而我必须承认，仅就确认工人通过工资并未获得制成产品的市场价格与原材料价格加上工具磨损等等之间的全部差额这一情况而言，这一发现在我看来不是什么特殊的贡献。马克思著作的有关章节的重要意义在于对资本主义经济中**剩余价值生产的方式和方法**以及它们对社会发展所产生的后果的**发现**和深刻**分析**。我甚至认为，对于马克思的绝大部分有关研究的认识价值来说，人们是否在所有论点上都接受马克思推论出剩余价值的做法，是相当无关紧要的。你们并非不了解，今天有相当多的社会主义者根本不承认马克思剩余价值学说的出发点：把价值折算为按时间计算的人的劳动量，而是赞同盎格鲁—撒克逊学派的边际效用价值学说。但是这些社会主义者仍旧承认工人今天是受剥削而且必须生产剩余价值的，只不过他们是用另一种方式，即按照他们的观点来说较少带有形而上学性质的方式提供证明的。① 当然，也有这样一些人，他们声称在证明剥削时考虑价值学说根本是错误的，他们认为无需任何价值理论就可以从关于生产的学说，从剩余产品推论出剥削。这方面的一个例子是巴里安东尼奥·格拉齐阿代教授值得重视的著作《资本主义生产》。

现在回到我们的主题。根据恩格斯，我们认为群众反对剩余价值的谴责是一个指示器，它表明**另一些**经济事实已使今天的以剩余价值为基础的经济制度成为不能容忍和无法维持的了。这些事实是什么呢？

恩格斯在前引段落中声称，马克思是把资本主义生产方式的必然的、在我们眼前趋向实现的崩溃当作他的共产主义要求的基础的。你们

---

① 对他们来说，剩余价值属于利息的范畴，或者说剩余价值的各种分支每次都构成利息这一集合概念的各种特殊形式中的一种，而这一集合概念包括所有来自财产、独占权、优惠地位等等的收入。显而易见的是，人们通过这种观察方式也能够在反对资本家和垄断者占有剩余价值的斗争中达到与根据马克思的剩余价值学说所能达到的完全同样的立场，而问题与其说是在于马克思的学说是正确的而那一种学说是错误的——因为从根本上说它们不过是阐述同样一种基本思想的两张不同方式——不如说是在于其中哪一种具有更大的统一性和概念明确性这一优点。这个问题本身又是在社会发展的一个比较进步的阶段才对实践具有重要意义的。

也许已了解，一些时候以往在社会民主党从事理论工作的成员队伍里，曾就这一崩溃推论出社会主义的观点进行了非常热烈的争论，而在统统都是来自马克思学派的人们中间表现出相当大的意见分歧。我不想在这里详细谈论我自己也参加的这边辩论，只提一下这个事实就够了：在他们中间关于应当怎样理解这一崩溃存在着不止两种不同意见而如果你们认真地思考我刚刚念过的恩格斯的话，那么你们也就会理解这一情况了。这句话里的"必然的"是什么意思？"资本主义生产方式的崩溃"是什么意思？人们可以从这句话想到一次不可避免的经济崩溃，一次大的经济灾难，但也可以想到以资本主义为基础的社会制度的一次大崩溃，还可以想到这些情况的各种各样的复合。其次，这一崩溃究竟被证明是**必然的**没有？它是可以科学地证明的吗？或者说，它也许只不过是一个或多或少可能的假设？此外，社会主义是否会以科学的必然性随着资本主义生产方式的崩溃而来到？如果我们试图确认社会主义的科学性，这些问题都是我们必须回答的，或者必须弄清楚认识它们的影响的。全部历史经验和许多当前的现象都证明，资本主义生产方式和以前的各种生产方式完全一样，都不是永恒的，但这里涉及的问题是，它的结局是否将是一次崩溃，这次崩溃是否可望在较近的将来发生以及它是否会以**必然性**导致社会主义。对于这一或这些问题，社会主义者方面作出的回答是存在很大分歧的。

社会主义者据以推论出社会主义的证明的其他各种假说或演绎的情况也一样。我只想请你们想一下铁的经济工资规律的命运，拉萨尔当时是把这一规律当作他的鼓动的论据的。很少有一种经济学说像这一学说那样被人们加以如此坚定、如此热烈的心情相信过。多年以来它曾是现代工人运动的习惯用语，是工人运动的最有本领、最忠诚的斗士由之吸取精神力量的信条。而忽然有一天，人们坚决地——我几乎要说是粗暴地——宣称，不存在这一"规律"，它的论证是非科学的，必须把它从我们的纲领中删除。根据我得到的消息——如果这是可靠的话——，当时一些勇敢的战士为了承认这一新的解释曾经进行了相当艰苦的内心斗争，但是情况就是这样。今天那一"规律"可以说是被否定掉了，但在我看来，这是矫枉过正了，再也没有人谈其它。请你们再允许我提到这一点，即工人阶级的经济处境在资本主义的发展过程中必然愈来愈坏，工人将愈来愈贫困——这一观点被称为贫困化理论。这一观点一度曾得到广泛传播，看起来是有牢固的科学论据的——它贯穿《共产党宣言》并且在年轻的一代社会主义者的许多著作中一再出现——今天它也被放弃了。还有工业和农业平等发展的观点，资本家阶级融合的观点，各种劳动的差别取消的观点——这是整整一张被认为科学上有效的理论的单子，而这些理论都被证明为错误的了——不，我们不要夸大，都被证明为**局部真理**了。

但是，局部真理对于科学性来说往往比完全的错误更加危险，因此我要说，人们鉴于社会主义代表人物方面对社会现象的判断中发生的上述的和其他的变化——恩格斯谈到的科学社会主义的另一个基础即唯物主义历史观也经受了自己的命运——就会情不自禁地赞同关于社会主义在科学上破产的流言飞语。当我们在实践的运动方面看到社会主义蒸蒸日上，社会主义政党在几乎所有的国家中取得接二连三的成就，工人运动赢得了一个又一个的阵地并且日益可靠地接近明确的、自己确定的目标，目标明确地表述自己的要求的时候，社会主义在科学的领域遇到的却似乎不是更大的统一性，而是理论上的分崩离析，社会主义的理论代表人物却不是信心十足，而是充满怀疑和精神涣散。如果我们看到一个方面并不妨碍另一方面的话，那么就会十分自然地提出一个问题：在社会主义和科学之间究竟有没有内在的关系，科学的社会主义是否**可能**以及——我作为社会主义者要补充提出的这一问题，究竟是不是**必须**有一种科学的社会主义。

请你们不要以为这是第一次提出这个问题。在其他国家已有十分博学的人士在探讨这个问题，我自己也在若干年以前，尽管是用略为不同的词句，提出过这个问题。正如刚刚阐述的那样，这个问题恐怕也不是表述得很恰当的。

请你们允许我在这里提起另外一个学科的一个例子。18世纪中叶哲学领域的思想非常混乱。思想家们似乎不再能互相理解。于是1781

年哥尼斯堡的伊曼努尔·康德提出了他的纯粹理性批判，它的首要目的是达到对哲学有可能完成的任务的自我理解，告诫并指导人们认识理性哲学思考的局限。由于他的书的文体和章节安排有些晦涩，不能立即被人们理解，1783年他以易懂的形式在一部短短的著作里阐述了它的主导思想，书名是《对任何将能作为科学出现的未来的形而上学的引论》。他在这本书里作了必要的预先解释以后提出了两个问题，然后他以清晰的概念分析来一个接一个对之作出回答。第一个问题是：形而上学究竟怎样才是可能的？第二个问题是：形而上学作为科学怎样才是可能的？[①] 我认为，伟大哲学家的这一做法对我们来说是一种指导，它告诉我们如果我们想达到对当前这个问题的令人满意的解答，我们应当怎么办。当然我们不需要盲目地按照与康德同样的形式提出问题，而且必须使问题适合我们要处理的对象的不同性质，但是我们必须按照与康德同样的批判精神提出问题，这种精神既坚决反对损害一切理论思维的**怀疑主义**，也反对一成不变的**教条主义**。

我们必须首先清楚，当我们谈到社会主义同科学的关系时，我们一般所说的社会主义应当是什么意思，然后再转到另一个问题：科学社会主义是可能的吗？它怎样才是可能的？

什么是社会主义？对于这个问题可以有各种不同的回答，但是，对于我们的探讨来说，只有那些同一种特定的社会制度的概念结合在一起的回答才是可以考虑的。这些回答可以分为两类。人们可以说，社会主

[①] 康德对后一个问题的回答是人所共知的：形而上学恰恰只有作为对纯粹的——即在经验之前并且只有它才使经验成为可能的——理性的批判才有可能是科学，我们今天把这种批判称为认识批判。"由此可见，批判，也仅仅只有批判，才包含全部经过认真的检验的并且被证明为可靠的实行的计划，甚至全部实行的手段，而形而上学是通过这种实行才能成为科学的；它不可能通过其他的手段和途径成为科学"。尽管现代进化学说对康德的理性批判的个别部分作了纠正，但是他对理性批判的基本原则和重要意义所作的原则论述仍旧是不可动摇的。（伯恩施坦明确提出了他对社会主义的基本原则、社会主义与科学、科学社会主义何以可能几个问题。如果抛开纯粹意识形态的批判视域和他的"修正路线"，他所提出问题的深刻性和明晰性是值得肯定的。这几个问题恰恰需要当代学者给予批判性解读和思考。——编者注）

恩格斯《社会主义从空想到科学的发展》研究读本

义是关于一种特定的社会制度的观念、概念和学说。人们也可以把社会主义理解为争取一种特定的社会制度的运动。但是，无论是把社会主义理解为状态、学说还是理解为运动，社会主义在这里总是同一种**理想主义的**因素联结在一起的，或者是这一理想本身，或者是朝着这样一种理想发展的运动。因此，它是一种**彼岸**的东西，当然，不是在我们所居住的地球的彼岸，而是在我们能够确切感知的事物的彼岸。它是一种**应当**发生的东西，或者是朝着**应当**发生的东西前进的运动。但是我们在考察时不想涉及而且也可以不涉及这种社会主义体系，因为它只是错误地使用了社会主义的名称。如果我们希望避免一切概念混乱，那么我们最好不要把如此模糊不清的 societas（社会）的概念，而是把明确得多的 socius（同伙或**合作制**）的概念当作社会主义这个词的语源。一切事物都可能是社会的，如果把"社会的"（gesellschaftlich）这个词当作语源，那么一些跟目前的社会主义工人党所希望的根本不同并且不能相容的意图就有权利使用社会的（social）和社会主义的概念了。但是，这些党的要求是没有一个不适合"合作制"这一概念的。我曾经从这一意义上把社会主义描述为**走向合作制的运动**①，这里也要继续按这一意义来使用它。

　　当我们谈到科学社会主义时，这经常只能是指社会主义**意图**、社会主义**要求**的论据而言，指这些要求所根据的**理论**而言。社会主义运动作为群众现象固然构成这一理论力图理解和说明的对象，在一定情况下，理论还力图为运动辩护和对它进行教育。但是不言而喻，社会主义运动同德国农民战争、法国革命或者其他任何一种社会斗争一样，都不是科学的运动。作为**科学的**社会主义诉诸**认识**，作为**运动**的社会主义把**利益**作为自己的最主要的动机，不过必须强调指出，利益在这里不是理解为仅仅个人的或经济的自私利益。还有一种**道德的**（具有社会感的）、**理想主义的**利益。但是**没有利益**

---

　　① 参见伯恩施坦《社会主义的前提和社会民主党的任务》1965年三联书店版第145页。——编者注

就没有**社会行动**。认识可以唤起或引起一种利益,但是只要它不同一种利益发生紧密的联系,不同一种利益融合在一起,它本身向外就是不活动的。另一方面,一种物质的或意识形态的利益固然能够推动认识,能够促进认识的传播,但是它总是只有在这种认识有助于它的目的或者至少不损害它的目的时才会自觉地、有意识地这样做。因此,在作为知识体现者的科学和任何一种政治的、经济的和思辨的利益之间始终可能存在一种对立。

(二)

现代社会主义被恩格斯描述为目前社会中有产者和无产者、资产者和雇佣工人之间存在的**阶级斗争**的产物。很清楚,它本身不可能是一种纯粹的科学认识的运动。阶级斗争是**利益**的斗争,任何利益都必须或多或少被明确地认识到,才会导致斗争,至于要把有产者和无产者之间最初仅仅偶然的、仅仅在某一地区和某一职业中发生的和围绕次要事情展开的斗争理解成普遍的历史性的阶级斗争,那甚至必须以一种对社会关系的相当进步的认识为前提。但是即使如此,阶级斗争始终是首先为实现一个阶级或政党的利益而进行的斗争,而不是认识原理的斗争,一般来说只有当认识原理同一个阶级或政党的利益一致时,它才是认识原理的斗争。此外,社会主义不仅是把工人在各个时期在经济和政治领域内同有产者展开的斗争所围绕的各点简单地记录下来并且加以综合。作为学说它是这种斗争的理论,作为运动它使这一斗争集中到一个确定的**目的**上来,这个目的就是把资本主义制度改造成按集体主义方式管理经济的社会制度。然而,这个目的不仅仅由理论先描述的、或多或少注定要发生的行动,它在很大程度上是人们**企求达到的**一个目的,为了实现这个目的要**进行斗争**。然而,由于社会主义把这样一种未来图景当作目的,由于它在一定程度上使自己在目前的行动取决于对这一目的的考虑,社会主义就势必相应地包含着一部分空想主义。我当然并不是想说它所追求的是不可能或不现实的,我只是想以此来证明,它带有一种思想的理想主义的因素,包含着一部分科学没有得到证实的东西或者科学上无法证实的东西。这里所设计的科学，即社会学，不能像精密科学预先确定某种现象那样确切地预言社会主义力求达到的社会制度在**任何**情况下都将到来。它只能说明这种社会制度多半可能在什么条件下到来，并且近似地估计它的可能性的程度。

社会主义中的不是绝对有把握可知的因素也绝对不能直截了当地被称为社会主义理论中的错误。正如甚至精密科学中的最严格的门类为了自身的发展也不能缺少假说一样，以社会进步为目标的应用社会学也不能不对未来可能的发展预见加以描绘。这样的预先描绘总是一定程度的乌托邦。我已经说过，我在这里并不是把乌托邦当作与过分梦想的、飞越到不可能实现的领域的幻想同等意义的词使用的。当然，它也经常在这一意义上被人使用，但是如果仅仅这样理解，那么把这个词与罗伯特·欧文、沙利·傅立叶这样的人、现代社会主义的这些先驱者联系起来就会是世界上最大的不公正。人们通常是把他们称为19世纪三位伟大的乌托邦主义者的。

恩格斯在我上面引用的著作中作出了伟大的贡献，捍卫了这三位社会主义者，驳斥了除恩格斯的敌手杜林以外还有一些人对他们所作的人云亦云的轻蔑批评。他为他们恢复了名誉，而事实上人们即使在今天也能够向那些"乌托邦主义者"学习。恰恰也有一种**创造性幻想**，即这样一种想象力，它依靠对现实力量和过程的敏锐洞察力的帮助，能够生机勃勃地想象，能够预先想到有重大意义的发现。

如果人们不是把现实主义者理解成狭隘的、只考虑当前生活、只注意身边最近事物的庸人，而是理解成那样的人，他们能够更加深刻地看到时代的问题的根本并且能够在探寻和研究决定人的行动的力量方面表现出更加敏锐的洞察力，那么欧文、圣西门和傅立叶就是他们世代的非常重要的**现实主义者**。在他们的理论和对实践的建议中有许多在我们今天被看成是极度天真的产物，是幻想，但对他们的时代来说，这些东西的天真和幻想的程度却小得多，而且是与他们在其中生活的条件和他们必须对付的各种力量完全适合的。①

我们从罗伯特·欧文开始。他通过对他的时代的哲学学说的详尽研究,并且通过对工业中技术变革的社会影响的观察,形成了一种与唯物主义历史观非常相近的社会观。欧文孜孜不倦地宣传他的那句尽管不无夸大却基本上完全合理的话:**人的性格是(外界)为他造成的,不是他自己造成的**——这就是说,人在出生时由父母给予或者传下来的素质和他周围的环境决定人的性格和行为,而这句话也是马克思的历史唯物主义的基础。早在 1815 年,欧文就在他的一篇著作里阐明,工厂工业的扩展将在民族的整个社会生活方面引起多么深刻的变化。②

欧文有关经济的建议统统都是从作为最进步经济形式的大工业的角度出发而提出的,他的组织集体主义公社——他称之为"和谐公社"——的计划立足于根据当时的技术水平所作的精确计算。我们今天由于这些计划无法实现它们所祈求的目的而认为它们是乌托邦主义的,但它们对于它们的时代来说却是摆脱了幻想的乌托邦主义的一个进步。欧文始终努力遵循科学的认识,他的学生把他们所创办的教育学院命名为**科学会堂**。欧文对他当时的官方经济学的批判很少涉及具体问题,但是他的有才华的学生们根据他与此有关的论述在批判资产阶级经济学方面作出了重要贡献。

沙利·傅立叶也和欧文一样努力赋予它的社会改良以科学的基础。仅就他在提出他的世界哲学和描绘遥远未来的发展时而言,他是被一种

---

① 例如,如果考虑一下欧文开展主要活动时期的英国工人阶级低下的思想和道德水平以及政党的性质,人们也就会理解为什么欧文避开政党和它有关的政治活动并且号召一切阶级和政党的善意的成员参加社会改良工作。但是欧文放弃政党绝不意味着他在原则上放弃有利于工人阶级的政治改良和立法措施。正如马克思和恩格斯所强调的,欧文是工人保护法最早的和最热心的鼓动者之一,并且曾多次参加为工人现实要求而进行的鼓动和示威。

② 欧文在《论工业体系的基础》一文中说:"以往,立法者似乎只是从一种观点来看工业,也就是把它看成国家财富的一种来源。工业扩大后,任其自然发展时所产生的其他巨大后果,一直还没有引起任何立法当局的注意。但我们所谈到的政治和道德的后果,却很值得最伟大和最贤明的政治家竭尽心力地加以处理。工业分布在全国各地,使居民产生了一种新性格。"(中译文见《欧文选集》第一卷,商务印书馆 1979 年第 2 版,第 134—135 页。——译者注)

毫无节制的幻想迷住了，这种幻想是和超出任何可以允许的假说范围内的、真正的玩弄辩证概念的癖好结合在一起的；但是他毕竟用一系列非常富有成果的思想充实了历史科学和社会科学，这是他的功绩。① 他的关于情欲和感情的学说证明他是人的心灵的探索者；他提出使所有那些情欲都有可能为了整体的利益自由发挥的思想，他主张使劳动具有吸引力或者如此分配劳动、使各种劳动都由对之感兴趣的人来承担的思想，这些都称得上具有永恒的价值。他的**论家务——农业协作社**的著作的批判部分是对他在其中生活的那一时代的法国经济状况的精辟揭示，而它的证明论述的部分阐述了建立把工业、农业和家庭经济联合起来的大协作的建议，这些建议几乎是比欧文的"家庭移民区"更加按照大经济的经营方式设计的，傅立叶曾孜孜不倦地指出这些经营方式的优越性。

在圣西门那里很难找到可以按照缺乏可能性或非常缺乏可能性这一意义或者按照幻想思辨这一意义而称之为乌托邦的那种思想。当然，他的幻想也使他脱离直接处于他面前的事物并且阐发只有在稍晚的时代才会实现或者才会具有现实意义的思想。但是他的幻想完全是以科学的研究和推论为基础的。他可以被称为现代社会学之父。他的学生和合作者奥古斯特·孔德后来有条理地阐述并且形成一个完整体系的学说，就其思想内容来说绝大部分是圣西门早已阐述过的。关于把作为科学的政治这一概念扩大到包括整个社会状况的要求是来自他的；关于**社会关系**即**财产关系**、**生产制度**和**阶级形成**构成各个时期国家制度的决定性基础的思想是来自他的；把人的精神发展阶段分为**神学的**或**形而上学**的观点的时代和**实证的**即**科学的**观点的时代，并且指出在这些思维方式和当时的社会制度之间存在一种因果关系，这种想法也是来自他的；最后，是他和孔德把社会状况划分为**批判的**状况的时期和**有机的**状况的时期——后者是这样一个时期，那时的社会的基础和制度是**一致**的；前者是这样一个时期，那时作为社会制度基础的思想受到攻击并且丧失了凝聚力，那

---

① 汤普逊、勃雷、霍杰斯金等。

时新的阶级兴起了，对现存权力采取敌对态度，直到矛盾发展到极端，旧的制度被推翻，一种新的制度建立起来，一种与社会生活的已经改变的基础充分适应的"新的宗教"得到传播，于是社会因此重新进入一个**有机的**状况阶段——"社会合题"的阶段。在圣西门那里，近代上升为社会决定性因素的阶级起初是作为**实业家**出现的，这一阶级与当时法国的状况相适应，还是被理解为把工业经营者**和**工人一起包括在内的——前者是工业的头领，"老板"。孔德和他所创立的实证主义学派坚持这一思想，但是真正的圣西门学派明确指出实业家或生产者的概念是指**工人**，而圣西门主义者的激进一翼则很快又用**无产者**代替了工人①。

圣西门企图创立新的基督教派的尝试与他的学说的科学性没有任何原则性矛盾。因为这种基督教不应当是教条的，而应当是一种感情宗教和理性宗教。孔德（他的创造天才不如他的老师，但是在有条理的思考方面胜过他，当然在孔德那里，这种思考有时又会退化成优雅的学究气）在名称上排除了它与旧的启示宗教的关系，把他的新宗教称为**"人道的宗教"**。据他说这样一来就可以消除科学思维和宗教感受的任何二元性。

现在如果我们把马克思主义学说与三位所谓乌托邦主义者的学说比较起来观察，那么我们就会发现，后者的科学成分尽管比前者的科学成分有更加扎实的基础并且得到更加充分的阐述，但是后者和前者一样，并不**全部**是科学。可供那种受倾向、受意志支配的幻想自由驰骋的领域受到更大的限制，也为它的方向作了更加明确的规定，但是这一领域并未因此就完全消失。恩格斯在前引著作中是这样说明两者的区别的。他分析说，欧文、傅立叶、圣西门由于他们面临的关系还不成熟，基本上还是社会主义体系的**发明者**，是企图从头脑中制造出

---

① 与此相应，圣西门主义者早已在工人中进行活跃的宣传，其中包括在工业发达的里昂进行宣传。1831年11月那里的织工大起义几乎是在一次圣西门主义者的鼓动之后紧接着发生的，这一派的代表也参加了工人的委员会。建立工人合作社的最早尝试也是圣西门的门徒进行的。

恩格斯《社会主义从空想到科学的发展》研究读本

完善的新社会秩序体系的思想家，而这种体系应当通过宣传和示范试验从外面强加于社会，但是根据马克思主义学说，社会变革的手段"不应当从头脑中**发明出来**，而应当通过头脑从生产的物质事实中发现出来"①。这句话说明了从最初提到的三位社会主义者以及他们的继续他们理论工作的学生发展到马克思和恩格斯的那条路线的方向，就这一限度而言我认为它是说得非常恰当的。在这条发展路线上，发明和发现之间的比例关系是日益偏向后者的。尽管如此，我认为这句话朝两方面说都包含一部分夸张。在朝向欧文、傅立叶、圣西门方面，它把发现和发明在他们学说中所占的地位对比说得过分不利于发现，但他们却也是更加重视发现的。对于现代社会主义这一方面，这句话宣布它摆脱了发明，但是我认为它既没有也不可能摆脱。由马克思和恩格斯奠定基础的社会主义与欧文、圣西门、傅立叶的体系的区别在于前者对导致社会主义的**力量和手段作出了另一种评价**。人们根本不需要长篇大论地说明为什么这种社会主义在这一点上和他们的体系相比是一个非常重要的进步。但是它作为理论毕竟不纯粹是对这些力量的认识的科学，而是除了认识以外还有一定程度的发明，即使不是对手段本身的发明，毕竟也是对应用这种手段的**形式和方法**的发明。这里不是详细证明这一点的地方，我只能作为我的信念表示，马克思和上述他的先驱者们在这一方面的区别与其说是观点上的完全对立，不如说是**程度**的不同。②

---

① 《马克思恩格斯全集》中文第 1 版第 3 卷，第 741 页。
② 关于欧文、傅立叶和（如果不是圣西门本人，至少是）圣西门的学生，人们可以像上面涉及欧文时也已经提到的那样说，他们之所以被人打上乌托邦主义者（按这一词的坏的意义来理解）的烙印，主要是由于他们的旨在导致他们所追求的社会主义社会的手段不合适，是由于在他们那里在这一点上存在着目的或目标与手段之间的不相称。恩格斯在《反杜林论》中对此作了论述。他同时为了替他们辩解作了中肯的分析，指出他们的手段的不成熟是由于他们当时的社会发展还不成熟的状态决定的。但他在《反杜林论》第 4 页上说，他们认为真理在什么时候和什么地方发现，真理由什么人来发明，是不取决于历史发展的偶然事件，我对他的这一意见不赞同。这种一概而论的说法会使人对他们的历史观产生一个错误印象。（参看《马克思恩格斯选集》中文第 2 版第 3 卷，第 357—358 页。）——译者注

但是让我们重新接过我们的话头继续谈下去。

我说过，社会主义作为战斗的运动不可能完全没有倾向地对待科学。这是由事物的本质决定的，因为它的首要目的不是实现科学的要求。但是在评判对于发展因素和发展规律的科学认识的价值时，它力求依靠科学来选择自己的手段和方法，根据科学来衡量自己当时的目的。这是在社会民主党内得到公认的原则。问题只在于，一个政治斗争的党的性质是否容许以及在多大程度上容许社会主义具有理论上的客观性，这种客观性是真正科学性的先决条件。对这个问题的答案是，这种客观性的程度取决于作为客观认识的科学同政党的纲领和理论之间的界限是否清楚。

英国政治家和哲学家**培根**在他的一篇著作中说，国家事务和科学之间的区别就在于，在科学中只有变动和运动才是合适的，而国家事务则要依靠权威和威望。培根是专制君主制的辩护人，他所理解的权威的意思对于我们来说是不适用的。而且在这里也不去探讨，在这一点上对于各个时期的狭义的国家制度来说什么是合乎愿望的。但是如果我们按照**实际的**样子来看待事情，并且把国家事务这个词换成政党（在目前情况下政党完全属于广义的国家事务并且执行社会机体中的重要职能），① 那么培根的对比今天在原则上也是合适的。政党比现代国家更加具有权威性质——如果我们可以这样说的话。它们捍卫它们力求实现的某些原则和要求，而为了能够以应有的毅力来捍卫这些原则和要求，它们在必要的时候必须要求自己的追随者毫无保留地为之献身。我完全承认这一点，尽管我认为，如果在这一方面使用像伊斯兰教所用的不可动摇这样的说法，或者像差不多三十年前一家社会主义刊物所做的那样，要求它所捍卫的学说具有天主教会赋予教皇的那种**永无谬误的性质**，那是过甚其词。我们早已不干这种事了。事情不在于信仰或良心上的强制，而旨在于承认党的决议对于党员的政治态

---

① 培根自己使用了包括国家和社会在内的"civil affairs（公民事务）"一词，正如当时还根本不存在区别于国家科学的社会科学一样。

恩格斯《社会主义从空想到科学的发展》研究读本

度是有约束力的，在于党员应当维护党宣布为基本的那些要求和原则，一个强大的党没有这两个条件是无法长久地存在下去的。① 在这一限度上说，必须承认每个党有某种不容异见的权利。但是因为我主张这样的权利，我认为需要严格划分党和科学的领域。而这就首先要求我们对科学的理解取得一致。

如果我们严格地表达科学这一概念，那么，科学仅仅是经过系统整理的知识。知识就是对于事物的真正性质和联系的认识，而就各个时期的认识的状况来说，始终只有**一种**真理，所以在每一知识领域也始终只有一种科学。对于所谓精密科学来说，这是得到一致公认的。现在没有人会想到说自由主义的物理学、社会主义的数学、保守主义的化学等等。但是，关于人类的历史和人类的制度的科学是另一个样子吗？我不能同意这一点，我认为自由主义的、保守主义的或社会主义的社会科学是荒谬的说法。当人们遇到这样一类观点时，只要仔细考察一下总会发现：问题在于忽略或低估了科学地阐述的结构在形式上符合科学推理的要求就把它称为科学。但是只要一种学说体系的前提和目的包含着超出无倾向性认识之外的因素，那么科学的形式就还不能使它成为科学。而社会政治的理论恰恰通常是这样，社会政治的学说则始终是这样。②

社会学说和政治学说同相应的科学的区别在于，恰恰在科学继续前进的地方，社会和政治学说却停下来了。它们服从一定的目的，而目的涉及的不是一种认识，而是一种**愿望**，即使这些学说在某些方面还有取得新的认识的余地，这些目的也使它们具有**已经完成和持久不**

---

① 不言而喻，这个准则在实践中可以作各种各样的解释。但是一个党如果不想堕落成宗派或者停留在一个宗派的立场上（因为政党常常是作为宗派开始的），就不会过分狭隘地使用"基本的"这一概念；一个党如果不想成为在大多数问题上具有不同观点的人的单纯的集合体，就不会把这一概念限制为纯粹的形式。Est modus in rebus（万物有尺度）——当我谈到政党的时候，我假定对于它的本质和正常的生存条件是意见一致的。

② 例如，一个从政治上饱受的观点制定的社会学说可以成为一个经过周密思考、严格合乎逻辑地建立的学说体系，然而它并不因此就成为社会学的科学，它同社会学的科学的关系，就像素食食谱同味觉生理学和营养生理学的关系一样。这样说当然并不是对这类学说和食谱的存在判处死刑。

变的性质。但是科学的社会学永远是不会完成的，因为它的对象社会是一个活生生的有机体，因为它对于这一有机体所遵循的规律还没有认识到最后的、终极的真理。不言而喻，各种科学也有它们的不可动摇的成就。不能把关于经常变动的原理理解成这样：似乎科学并不要求充分考虑所有已经确定的经验和认识原理，似乎科学容许在推理方式中有某种任意性。相反，科学在这一点上有着严格的精确性，因为它们的任务在于发现按照规律不可避免的东西。但是就文中所考察的现象和事情的最终原因和所确定的发展的最终结果而言，科学是持不可知态度的。科学不承认自己的学术体系的最后终结，而是允许经常用新的事实来加以补充和纠正。对于科学来说，除了认识的目的以外，不存在任何其他指导的目的。①

蒲鲁东无疑怀有赋予社会主义以一种科学基础的良好愿望，他按照这一意图在给马克思的信中（他在这封信中告诉了马克思他的著作的内容，马克思在著名的《哲学的贫困》一书中对这一著作进行了尖锐的批评）写道（我在这里比在会上更加详细地引用这一段话）："让我们共同探讨社会生活的法则，探讨这些法则得到贯彻的方式，以及我们用来发现这些法则的方法，但是，在我们摧毁一切先验的教条体系之后，为了上帝的缘故，我们要防止我们自己向人们宣传教条主义。我们永远不认为一个问题是已经详尽无疑地解决了的，当我们用尽了我们最后一个论据的时候，如有必要，请您让我们施展辩才和嘲笑**重新从头开始**。"②

"我们永远不认为一个问题是已经详尽无疑地解决了的"——这对于社会主义来说确实是一个恰当的格言，如果社会主义能够并且愿意成为科学的话。社会主义不仅是并且不可能是科学，不是并且不可能是纯粹

---

① 一位发言人在会上提出反对意见（我在其他场合也遇见过这种反对意见），说不能同意这一点，因为譬如说医学无疑是一种科学，它的目的就是治疗。我现在和过去都要反驳这种反对意见，治疗是一种**技术**即实践医学的任务，它当然是以彻底掌握医学科学为前提的。但是医学科学本身的**任务**不是治疗，而是**认识治疗的条件和方法**。如果以这种概念上的差别作为样板，那么即使在更加复杂的场合也就可以容易地确定，科学到哪里为止，技术和学说从哪里开始。

② 1846 年 5 月 17 日的信。

的科学，我认为我在前面已经证明了。表达这一概念的词已经排除了这一点。没有一种主义是科学。我们用主义所表示的是观点、倾向以及思想或要求的体系，但不是科学。任何一种真正的科学的基石是经验，科学是建立在积累起来的知识之上的。而社会主义是关于一种**未来的**社会制度的学说，因此它的特征恰恰缺乏严格的科学证明。

但是尽管如此，在社会民主党所主张的社会主义和科学之间仍旧存在着密切的关系。社会主义愈来愈从科学的武库中吸取自己的论据。在所有的社会党派中，社会主义是最接近科学的，因为作为一个上升阶级的运动，他对现存事物的批评比任何其他党派或运动都更为自由，而批评的自由是科学认识的基本条件之一。社会是一个有生气的、不断发展的机体，一个对于这种进步——我们亲眼看见这种进步的方向——寄予期望的那个党或阶级自然比任何其他的党或阶级更为关心认识的进步。

仅仅因为对社会的联系的认识能保证社会民主党找到适于加速社会进步的手段以及避免阻挠或者延缓社会进步的手段，社会民主党或者社会主义就已经要关心这一进步了。社会主义固然像前面说过的那样始终在一定程度上是一种**意志**的事业，但它并**不是随心所欲的事业**。为了达到**所企求**的目的，它需要关于社会机体的力量和联系、关于社会生活中的原因和结果的科学作为指南。

科学社会主义的称号会使人错误地得出一种观念，似乎社会主义作为一种理论希望或者应当成为纯粹的科学。这种看法不仅是错误的，而且它对于社会主义来说隐藏着一种不小的危险。因为它非常适合于使社会主义恰恰丧失科学判断的最主要条件之一，即**科学的客观性**。这样一来，现有的社会主义学说体系中的每一原理，就会按其已经取得的形式被看作是社会主义论证的链条中一个不可代替的环节，而正是因为社会主义力图在理论和实践之间保持联系，上述情况在一定条件下也可能给实践带来不利的影响。因此，与其使用科学社会主义的名称，我认为不如使用这样一个名称，它既充分表达这一思想，即认为社会主义是建立在科学认识的基础上并且承认这些科学认识是决定方向的因素，同时又排除这样的观念，即似乎社会主义提出或承认一种要求，认为自己仅仅是科学并且作为科学在某一时期内是完成了的。我认为,最适合这个双重需要的名称是批判的社会主义——按康德的科学批判主义的意义理解的批判。当我说这些话的时候,我要立即补充一句,我绝不是宁愿采取这一名称的唯一的社会主义者,也不企求做第一个提出这一名称的人。不如说,它应归于这样一个人,他同样属于马克思主义学派,然而在许多问题上持有与我不同的观点。我指的是罗马的**安东尼奥·拉布里奥拉**教授。早在 1896 年,拉布里奥拉在一本纪念《共产党宣言》的著作中声称,最适合于马克思的共产主义的名称不是通常不假思索地使用的科学的共产主义这一称号,而是批判的共产主义这一名称。①

不是由于一时兴起,也不是由于咬文嚼字,而正是出于使社会主义理论具有尽可能高度的科学性的愿望,才促使人们对"科学的"这一附加的称号表示反对。问题在于防止对科学和社会主义之间的关系作一种错误的解释。与此相反,科学社会主义这个名称对于我来说只有"科学的"这一概念正是按批判的意义被理解为**要求**和**纲领**时才保持它的充分理由,这个要求是社会主义向自己提出的,它表明,科学的方法和认识对于它的愿望具有指示方向的力量。

科学是没有倾向的,它作为对于实际事物的认识不属于任何党或阶级。与此相反,社会主义**是**一种倾向,它作为一个新事物而斗争的党的学说不能仅仅把自己束缚于已经确定的事物上。但是,因为它所追求的目的同对现代社会的动力的科学考察所表明的社会发展是方向一致的,所以社会主义学说能够比任何别的学说更加满足科学性的要求,社会主义的党,即社会民主党,能够比任何其他政党更加使自己的目的和要求同与之有关的科学的学说和要求一致起来。我可以把我的思想概括为这样一句话:科学社会主义在多大程度上是**必需的**,也就是说人们可以合理地向一个想要创造崭新事物的运动的学说要求多大程度的科学社会主义,它也就在多大程度上是**可能的**。

---

① "**批判的共产主义**——这就是它的真正的名称,再没有比这更适合这一学说的名称了"(《纪念〈共产党宣言〉。关于唯物史观的探讨》第 1 卷,1896 年罗马意大利文版)。拉布里奥拉的哲学著作表明,他作为哲学家与其说是康德主义者,不如说是黑格尔主义者。

二 考茨基：《疑问的社会主义对抗科学的社会主义》①

大家知道，5月17日伯恩施坦在柏林社会科学大学生联合会上的演讲引起了资产阶级报纸上的一片庆祝胜利的口号。但是如果有谁拿到印好的讲稿时指望在其中发现什么耸人听闻的东西，那会是大失所望的。

当然，这次演讲也不是像伯恩施坦在讲稿中的前言中所说的那样无害。他在那里说："在演讲以后展开的辩论中，阿道夫·瓦格纳教授在指出这一演讲可能会遭到的最重要的理论方面的指责时说，我所提出的问题归根到底**只涉及一次**关于科学这一概念的**词句之争**。如果把词句之争换成定义之争，那么我承认这句话在形式上是正确的。对于我来说，问题实际上首先在于确定'科学的'这一概念的界限。"

也许是这么一回事，但是演讲的题目并不是"什么是科学"而是"**科学社会主义**怎样才是可能的"，伯恩施坦的赞扬者对于他就定义展开的争论是很不关心的。他们感兴趣的只是他如何运用这一定义来说明社会主义。在这一演讲引起轩然大波之后，促使我们研究它的也是这一点。

恩格斯在他的《反杜林论》中宣称，由于唯物主义历史观和剩余价值理论，社会主义已经成为科学了。伯恩施坦却把推翻这一论断当作自己的任务。

当然，在这样做时起决定作用的，一方面是他关于科学的观点，另一方面是他关于社会主义的观点。他关于科学的观点和科学界通常的观点不同，人们已经屡次给他指出来了。

---

① 转引自王学东编：《考茨基文选》，北京：人民出版社2008年版，第75—87页。该文选自《德国社会民主党关于伯恩施坦问题的争论》，北京：生活·读书·新知三联书店1981年版，第370—383页。由中央编译局国际共运史研究室根据《新时代》第19年卷（1900—1901年）第2册第38期德文版译出。文中，考茨基集中驳斥了伯恩施坦对马克思恩格斯"科学社会主义"学说的误解和歪曲，并重申和阐发了他对马克思恩格斯"科学社会主义"学说精神实质的理解。

他说：“如果我们严格地表达科学这一概念，那么，科学仅仅是经过系统整理的知识。知识就是对于事物的真正性质和联系的认识。”① "任何一种真正的科学的基石是经验的，科学是建立在积累起来的知识之上的。而社会主义是关于一种**未来的**社会制度的学说，因此它的特征恰恰缺乏严格的科学证明。"② 社会主义"作为一个为新事物而斗争的党的学说不能仅仅把自己束缚于已经确定的事物上"③。在前面他已经宣称，社会主义"是一种**彼岸的**东西，当然，不是在我们所居住的地球的彼岸，而是在我们能够确实感知的事物的彼岸"④。

伯恩施坦赞同"回到康德去"的口号，因此他可以算是康德主义者。但是真正的康德主义者看到他给知识下的定义恐怕是不会满意的。"知识就是对于事物的真正性质和联系的认识"。这就是说知识是对于物自体的认识。但是即使完全撇开知识的这一定义不谈，科学的定义恐怕也会使大家都"摇头"，"科学是经过系统整理的知识"，也就是说，是一切已知的、确实的事实的系统的概括。据我们知道，这是中国人对于科学的观念。中国人的科学和欧洲科学的区别在于，后者是受**因果性**思想、受**探索**世界上各种现象的**原因**的冲动所支配的。对于我们来说，**有条理的研究**同系统概括研究成果一样，也是科学的一项职能。但是研究要以从已知事物推论出未知事物为前提，要以**假说**为前提。假说同以"已经确定的事物"的知识一样，也是科学的一个组成部分，假说恰恰是科学的最有价值的产品。

如果我依靠与科学的目前状况相适应的方法，根据得到科学承认的事实，从已知事物推论出未知事物，那么我在这样做时是按照科学行动的，我的活动和我的活动的产物都属于科学，至于这一未知事物是在地球之外，还是在史前时期，还是属于未来，这是无关紧要的。

如果有人根据今天已知的社会生活的事实，对社会生活今后的发展

---

① 见《德国社会民主党关于伯恩施坦问题的论争》，三联书店1981年版，第365页。
② 见同上书，第367页。
③ 见同上书，第369页。
④ 见同上书，第361页。

作出推论，那么他在这样做时是按照科学行动的，正像医生作出预断一样，正像勒维烈①根据太阳系的扰乱推论出它一定还有一个那时还属未知的行星一样，正像达尔文根据他已知的生物学和古生物学的事实推论出从前曾经存在过人的猿类祖先一样。

预言的**正确性**当然只是在它应验的时候才得到证明。只有在发现了被寻求的那一行星时，才证明勒维烈的计算是正确的；达尔文的假设只是在我们的猿类祖先的遗迹真正找到的日子才成为确定的科学成就；马克思的预断也只是在它已成为事实时才能被认为是事实。但是这丝毫不是否认这些预言具有科学性。

从原始的**中国**科学的观点看来固然可以说，社会主义不可能是科学的，因为它是为新事物而斗争的，它不能仅仅把自己束缚于已经确定的事物上。与此相反，这并不妨碍它在现代意义上是科学的。

伯恩施坦认为对社会主义的科学性的第二个障碍是，它具有一种**倾向**，它代表着**利益**。"科学是没有倾向的，它作为对于实际事物的认识不属于任何党或阶级。与此相反，社会主义是一种倾向"②，这种反对意见太陈腐了，不值得多加驳斥。

每一种科学都有自己特有的困难之处。社会科学的困难还在于：社会科学中的观察者和研究者自己是他们需要研究的机体的一个部分，他们不是处于这一机体之外，而是处于它之内，每个人在这一机体中都有自己的一定地位（他只能从这一地位来考察这一机体），自己的一定职能，他对于这一机体的其他部分也有依存性，而这一机体的各个肢体是彼此处于矛盾之中的。这确实是一个很大的困难，但是如果说这一困难真的是如此之大，以致使任何科学都成为不可能的，那就不仅仅是科学社会主义不可能，而且任何一种对社会的科学研究都不可能了。那么伯恩施坦关于社会主义者所说的话同样也就适用于资产阶级经济学家了。

那时我们就要把国民经济学排除科学之列。伯恩施坦的批评为什么

---

① 乌尔班·让·约瑟夫·勒维烈（Urbain Jean Joseph Leverrier 1811—1877），法国天文学家和数学家。——原编者注

② 见《德国社会民主党关于伯恩施坦问题的争论》第369页。

仅仅针对社会主义呢？也许他是认为，只有社会主义者代表确定的利益、确定的倾向，而资产阶级经济学家反而代表"纯粹科学"吗？要不就是，他认为除了具体的理论和学说之外还存在一种纯粹的科学吗？这种科学也许存在于空间、时间和因果性的彼岸，对于我们来说，它是不存在的。

按照这种哪里都不存在的纯粹科学的意义来说以及按照中国的意义来说，社会主义都不可能是科学的。只有按照现代的、欧洲的科学的意义来说，它才可能是科学的。

这样我们就回答了问题的一个方面：科学社会主义怎样才是可能的？

还有另外一个方面需要讨论：要成为一种科学的那种社会主义必须是什么样子的？

伯恩施坦问道："什么是社会主义？"（第19页）他回答说："对于这个问题可以有各种不同的回答，但是，对于我们的探讨来说，只有那些同**一种特定的社会制度的概念**结合在一起的回答才是可以考虑的。……人们可以说，社会主义是关于一种特定的社会制度的观念、概念和学说。人们也可以把社会主义理解为争取一种特定的社会制度的运动。"①

接着就上面引用的那句关于"彼岸"的话，然后论述了这一问题：是把社会这一模糊不清的概念当作社会主义的语源更好，还是把合作制这一概念当作语源更好，最后是这样说的。

目前的工人政党"的要求是没有一个不适合'合作制'这一概念的。我曾经从这一意义上把社会主义描述为**走向合作制的运动**，这里也要继续按这一意义来使用它"②。

乍一看，这是完全说得过去的，但是仔细观察一下就发现，这一定义至少对于我们这里的目的来说是不够的。它涉及的是社会主义的一种表现形式，而不是它的本质，它太肤浅了。合作制始终只能是达到目的的手段。如果把社会主义描述为走向合作制的运动，那就同样也能把医药科学描述为开药方和制造药物的技术。但是它是认识和治疗疾病的

---

① 见《德国社会民主党关于伯恩施坦问题的争论》第361页。
② 见同上书，第362页。

科学。

如果我们探讨社会主义的目的，那么可以说，它在起初是要排除从资本主义时代开始以来就在社会上泛滥的**群众性贫困**和**群众性苦难**。我们还将看到，这一消除群众性贫困的努力后来变成了解放无产阶级的努力。但是单是这一努力还不能造成社会主义者。过去和现在都有许多人道主义者努力消除群众性贫困，但是他们中间只有那些人才成为社会主义者，这些人怀疑在现存社会制度下实现这一点的可能性，因而企图达到另一种社会制度来代替现存社会制度，在这另一种社会制度下，群众性贫困是不可能存在的。

这两个因素：消除群众性贫困或者说消除无产阶级的意图和为了达到这一目的而开辟了一个新的社会状态，因为现存社会状态必然是同群众性贫困或者说同没有财产的无产者的雇佣劳动联系在一起的，这两个因素构成社会主义的本质，在这里必须特别加以强调。因为它们不像"合作制"那样仅仅包含"一种彼岸的东西。……在我们能够确实感知的事物的彼岸"。群众性贫困、无产阶级和反对群众性贫困的斗争是此岸的非常现实的因素，正是这一领域的非常确实的**经验**从一开始就构成了社会主义的基础。但是政治经济学一旦成为科学以后，对于社会主义来说，也就只有科学地获得和检验过的经验才是有效的。因此社会主义早就包含科学的因素，从托马斯·莫尔起，社会主义的伟大代表人物总是表现出一种杰出的经济的、往往也是历史的洞察力。

但是，原来的、马克思主义以前的社会主义当然包含**一个**非科学的因素：科学的领域所达到的范围只像可认识的**必然性**的领域一样。必然性不再存在的地方，科学也就不再存在。它们的疆界每天都在扩大，但是我们毕竟还没有达到可以科学地探讨个人在社会中的活动这样的地步，也就是说，还不能把个人的活动当作必然性来认识。只有社会的**群众现象**是我们能够科学地加以研究的。

但是社会主义运动直到上一世纪40年代还没有形成社会的群众现象，而只是一些个别人的意图，运动的目的——消除群众性贫困——的实现，只能设想为在个别人、特别是形形色色的居民等级中富于同情心的、大胆而有远见的人们的行动的结果。我们不能科学地论证为什么这一或那一慈善行为必然要发生，我们认为，一个人是否会对乞丐施舍，这取决于他是否愿意，同样，社会主义的实现也取决于这样的偶然性，即人们是否找到了实行社会主义的正确手段和合适的人。

社会主义是一项建议、一个计划，必须说服人们去相信它是合适的。要做到这一点，只有精心制定这一建议或计划，从而使反对者的一切可能的反对意见从一开始就遭到挫折。

因此，绝对有必要**设计**一幅人们力求获得的社会形态的图画，而由于莫尔的"乌托邦"是近代的这类图画的第一个例子，马克思和恩格斯就据此把这种类型的社会主义称为乌托邦的社会主义。①

伯恩施坦不仅把原始的社会主义这一**空想的**方面，也就是它关于一种今后应当实现的新的、特定的社会制度的计划，当做社会主义**唯一**标志而加以强调，而且也承认它是**任何一种**社会主义的唯一标志，也是马克思主义的社会主义的唯一标志。

但是马克思主义的社会主义的伟大功绩恰恰在于，它克服了早期社会主义的空想的方面。只有伟大的思想家才能完成这一功绩，但是在马克思和恩格斯的时代以前，连最伟大的思想家也不能完成它，因为只有在马克思和恩格斯的时代，社会主义运动才成为一种群众现象并且从而能接受科学的研究。

30年代末在历史舞台上出现了一个新的因素，到了40年代这一因素已经引起了一切人的注意，这就是：**战斗的无产阶级**。早期的社会主义者只看到**受苦的无产阶级**，马克思主义以前的社会主义者的出发点必然是今天无知的低级批判家硬栽在马克思名下的那种意义的**贫困化理论**。

随着无产阶级**阶级斗争**的开展，社会主义获得了一个新的基础。

马克思和恩格斯是从这一科学地获得的信念出发的：人类社会的发展必然是由经济发展决定的，在有各种对立阶级的社会里是由经济关系引起的阶级斗争决定的。

---

① 现在通常译为"空想社会主义"。——原编者注

这一基础是纯粹科学的，甚至那些认为这一基础是错误的人和那些认为在社会主义那里科学性必然消失的人也会承认这一点。唯物主义的历史观是纯粹的科学。但是它应当犯一种罪行（伯恩施坦公开认为这是它的堕落），它应该成为应用科学；它应当被应用于当前的经济发展和阶级斗争。如果要理解经济发展和阶级斗争并且对之作出预断，那就必须首先探讨现存生产力的发展规律和运动规律。马克思做了这件事并且在**剩余价值**学说中发现了说明这一问题的钥匙。这时才有可能**科学地**理解和证明无产阶级的历史使命，而在这以前，对这一使命仅仅是凭直觉去理解的。

马克思指出，资本主义生产方式日益成为占支配地位的生产方式，但是无产阶级必然也随着资本一同发展和加强。无产阶级日益占人口的多数，而无产阶级是同资本处于不可调和的矛盾之中的。它反对资本的阶级斗争是自然必然的。但是这一斗争不可能始终是经济斗争。由于国家的本质，这一斗争必然要成为资本和劳动为掌握国家权力而彼此搏斗的政治斗争。

但是无产阶级的发展趋势是要成为居民中最强大和最重要的阶级，胜利最后一定属于无产阶级。由于无产阶级的利益同资产阶级的利益是不可调和的，胜利的无产阶级必然力求用一种新的生产方式代替资本主义生产，这种生产方式的图画我们今天还没有设计出来，但是我们能够根据今天的生产方式的特征和无产阶级今天的社会和精神需要推论出它的大致轮廓。

这就是马克思主义的思路的概括。连认为这一思路是错误的人也必须承认，它从头到尾都是科学的，它处处是立足于经验的，它所推论出来的未知事物不是处于我们的经验的彼岸，而是从已知事物推论出来的。

这种社会主义同在它以前存在的社会主义是完全不一样的，但是由于伟大的空想主义者是具有深刻的科学洞察力的人，由于他们的目的同科学主义的目的一样，都是消除无产阶级，基础也是一样，都是现行的生产方式，因此如果说空想主义者的建议和马克思主义者的最终目的尽管方法不同，却有着内在的联系，并且朝同一方向运动，也就是朝着取消（对生产资料的）私有制和私人生产并且用社会所有制和社会生产来代替它的运动方向，或者用伯恩施坦的话来说，朝着"合作制"的方向运动，这也是毫不奇怪的。但是对于空想社会主义者来说，社会主义的全部动力在于它的特殊建议的合宜性和优越性，也就是在于"彼岸"。对于科学社会主义者来说，却是在于资本的发展和无产阶级的阶级斗争，也就是在于此岸。科学社会主义者一定要力求认识最终目的，这不是为了借此使他的运动获得特别迷人的吸引力，而是为了使这一运动能够获得一致性和直线性，能够避免歧路和弯路，避免无益的牺牲。只要无产阶级的人数、力量和洞察力在增加，并且它同资本的矛盾没有减少，那么不管科学社会主义者的研究的结果会是怎样，社会主义运动的力量绝不会因此受到削弱。由此可见，他不是把科学当作达到一个预先的目标并且为这一目标辩护的辅助手段，而是只把它用于一个目的，即认识什么是必然的事物。这一新的立场使他不偏不倚到一定的程度，也就是在一个阶级对立的社会里探讨社会现象时一般能达到的程度。

这一切都不是新东西，但遗憾的是，伯恩施坦给我们的最新的东西还要比这更旧。他当作"社会主义"拿来给我们的实际上无非是老的乌托邦主义的一个新版本。

据说（第24页）"（社会主义）目的不是仅仅由理论预先描述的、或多或少注定要发生的行动，它在很大程度上是人们**企求达到**的一个目的，为了实现这个目的要**进行斗争**。然而，由于社会主义把这样一种未来图景当作目的，由于它在一定程度上使自己在目前的行动取决于对这一目的的考虑，社会主义就**势必相应地包含着一部分空想主义**。"①

伯恩施坦在这里完全撇开了人们提出目的时所采用的**方法**不谈；但这却是决定一切的关键；空想主义和科学社会主义的区别正是在于它们提出自己的目的时所采用的方法。如果说提出一种必须经过斗争来实现的目的就是非科学的社会主义，那么古典经济学、重农学派、亚当·斯密、李嘉图"就势必包含着一部分空想主义"，因为要实现听之任之和自

---

① 见《德国社会民主党关于伯恩施坦问题的争论》第363页。

由贸易,是必须进行斗争的。伯恩施坦认为任何一种社会主义"势必包含着一部分空想主义",恰恰是这一点表明他忘记了空想社会主义的本质所在。

伯恩施坦关于剩余价值的阐述表明,他已经多大程度忘记空想社会主义和科学社会主义的区别。恩格斯已经宣称,由于唯物主义历史观"和通过剩余价值揭开资本主义生产的秘密",社会主义已经变成了"科学"①。

伯恩施坦说:"根据这一点,人们有可能被诱使认为,在剩余价值的科学证据和社会主义之间存在着这样一种内在的联系,**即社会主义的必然性是从剩余价值的事实**中引申出来的。"(第9页)从下面引述的话可以看出,伯恩施坦把这一点理解成似乎工人被剥削是从剩余价值的事实产生的。而社会主义在道义上的必然性又是从工人受剥削这一事实产生的。但是马克思和恩格斯明确地反对过这种观点,因此伯恩施坦费了九牛二虎之力来设法解释恩格斯在《反杜林论》中说的那句话究竟是什么意思,他终于幸运地找到了如下的答案:

"并不是剩余价值的事实直接证明了社会的社会主义改造的必然性,而是群众对剩余价值的非难,即他们把剩余价值当作剥削来非难,证明了现存制度是不可容忍的。"

他洋洋得意地说,但是这毕竟不等于社会主义的科学证据,是的,它"甚至不能算作反对现存社会的科学证据。就像发现在奴隶劳动中奴隶所创造的肯定比他们所消费得多,也不会成为反对以奴隶制为基础的社会制度的科学证据一样"。后面这几句话是无可辩驳的。他接着还说,马克思的价值理论对于证明工人受剥削来说是多余的,人们不必这么费事就可以满足这一要求。这些话也是无可辩驳的。

当然,我们的一致之处到此就为止了。

空想主义者不能在社会本身中看到任何最后必然要战胜资本主义的力量,他们唯一能指望的只是说服一切善良的人,使后者相信资本

---

① 《马克思恩格斯选集》中文第 2 版第 3 卷第 366 页。

主义是罪恶深重的,他们把斯密和李嘉图阐述的价值理论看成合乎心意的助手,他们在马克思以前就已经从这一理论引申出**工人受剥削的事实**,以便根据它来推论出今天的生产方式是应当受到谴责的。伯恩施坦在这里以及门格尔①在他以前所认为的马克思的观点,实际上是40年代几个空想社会主义者的观点。马克思从来没有想到要根据受剥削的事实直接地或者按照伯恩施坦绞尽脑汁想出来的那种方式间接地为社会主义哪怕只是为反对资本主义制造出一个"科学的证据"来。他的观点不是那么幼稚的。恩格斯在那里明确地说,社会主义是由于**"通过剩余价值揭开资本主义生产的秘密"**而变成了科学。如果有人从恩格斯的话里看出其所没有的内容,那么他一定是已经完全忘记了科学社会主义的特点所在,一定是已经完全陷在空想主义的思想方式里了。

一句话也没有说到社会主义的必然性是简单地从剥削的理论推论出来的。只不过是通过剩余价值理论认识到资本主义社会的运动和发展规律,妇女劳动和儿童劳动的作用,非熟练劳动的作用,机器的作用,资本积累的作用等等,科学社会主义只能从这些认识中产生出来。对于空想社会主义者来说,工人提供剩余产品这一得到经验确认的事实也许是够了。但是这一事实并不是资本主义生产方式特有的,因此它不能揭示这一生产方式特有的发展和运动规律,而只有根据这些规律才能对我们正在走向的那种超资本主义生产的本质作出科学的解答。单凭这一点,这一事实对于科学社会主义者来说是不够的。

伯恩施坦没有能力理解剩余价值对于社会主义理论的意义,这一点突出地表明它倒退到原始的社会主义观点多么远。他在补遗(四)中的表现也不亚于此。他在那里认为迫使人们加入社会主义政党的力量是"由于认识到社会主义制度的伟大正义性和合宜性而确定下来的意志"。在他看来,在实践中重要的是"对一个社会主义社会制度的

---

① 安东·门格尔(Anton Menger 1814—1906),奥地利资产阶级法学家,维也纳大学教授。——原编者注

可塑性和可能性的证明。社会主义的宣传迄今总是为了证明这一点，它的吸引力也是从此而来的"。

我对此一无所知。社会主义宣传的吸引力是来自无产阶级的阶级斗争，来自无产阶级利益和资产阶级利益的不可调和性的科学证明。如果我们与此相反，打算在伯恩施坦提出的基础上进行社会主义宣传，如果我们在这样做时打算分析社会主义社会制度的合宜性，那么如上所述，我们就不得不设计一幅这一制度的详尽的图画。但是我们也就必须负责担保在未来国家中事情真的会像我们许诺的那样合适。可见我们必须承担义务实现一个今天已经在一切基本特征上完整的计划——总之，我们必须重新成为空想社会主义者并且谈论未来国家，而我们在四分之一世纪以前，在我们还没有学会马克思主义时就曾经是这样做的。

我们目前采用的方法的成就使我们没有理由退回到我们党幼年时代的这种方法上。我们一如既往，不愿意从证明虔诚愿望的合宜性来吸取我们的力量，而是愿意从对资本和无产阶级之间的阶级对立的认识，对无产阶级不断增长的力量的认识，以及对无产阶级生理和资本主义生产方式继续存在之间的不可调和性的认识吸取力量。人们可以否认这些认识的正确性，但是人们无论如何不能认为这些认识要取决于我们面临的未知事物的合宜性的证明。我们不能通过我们今天为社会主义社会制度绞尽脑汁来保证这一合宜性本身，而只能通过我们在无产阶级中间传播认识和有条理的思想来保证。认识、认识，始终还是认识，这就是我们的任务。这样，我们愿意在任何方面都保持我们已经成为的那个样子：科学社会主义的信徒。

科学社会主义是必需的，它也是可能的。它事实上已经存在。但是我们已经看到，它不可能是原始意义上的科学，即伯恩施坦所理解的那种意义的科学。我们现代看到，它也不可能是原始意义上的社会主义，即伯恩施坦今天所理解的那种意义的社会主义。

这就是对他作为他的演讲题目提出来的那一问题的回答。

因此，如果伯恩施坦拒绝把"科学的"名称用于他的那种特殊的社会主义，那么他是完全正确的。但是他没有理由援引康德和拉布里奥拉来把它称为"**批判的**"。在《前进报》上批评他的人已经指出，对于康德来说，科学和批判精神是意义相同的。而拉布里奥拉正是在他把马克思主义叫作"批判的共产主义"的那本书（《关于唯物史观的探讨》）中非常明确和非常有说服力地指出了马克思主义的科学性质。

伯恩施坦的特殊的社会主义的发展过程是从关于社会主义问题的那一组论文开始的，到目前为止这种社会主义的成就仅仅在于提出问题，这些问题它一个也没有解决，它愈来愈远地迷失在问题的迷宫里，找不到任何出路，而它的目标本身也是愈来愈成为问题。难道人们把这种社会主义称为**疑问的**社会主义不是最恰当吗？要不就是，由于它纯粹是由怀疑构成的，并且不能摆脱这些怀疑，把它称为**怀疑的**社会主义不是最恰当吗？

这当然不是伯恩施坦在恩格斯去世一年以后开始提出社会主义问题的时候给自己规定的目标。他威风凛凛地骑马出发去对社会民主党内非科学的拳匪进行修正主义的远征，他想把一种更高的文化带给他们。他认为自己在科学社会主义的领域发现了空想主义的一些残余。必须把这些残余驱逐出去。

他在他的《前提》（1889年）中就已经问他的批评者："问题究竟是在于克服马克思主义本身，还是不如说在于排除还拖在马克思主义身上的**某些空想主义残余**呢？我们必须在这些残余中寻找批判马克思主义的人所指出的马克思主义在理论上和实践上的**矛盾的根源**。"[①]他还宣称："但是只要是还保留着一点点理论感的人，只要对他来说，**社会主义的科学性**还不仅仅是一件观赏品……那么他一旦认识到这些矛盾，也就会感到清除这些矛盾的必要。"[②]

今天这位联合起来的修正主义者们的世界统帅宣称自己不仅没有能力制服这种所谓的空想社会主义的最后残余，而且不如说他在空想主

---

① 伯恩施坦《社会主义的前提和社会民主党的任务》1965年三联书店版第256—257页。——原编者注

② 同上书，第65—66页。——原编者注

面前放下了武器,并且承认它是社会主义王国中的合法的统治者。

如果伯恩施坦在这里放弃科学社会主义者的身份,那是完全合乎逻辑的。

三 雷纳特·梅尔克耳:《论恩格斯的著作〈社会主义从空想到科学的发展〉的产生、意义和影响》①

弗·恩格斯的著作《社会主义从空想到科学的发展》第一次于1880年3月至5月发表在法国杂志《社会主义评论》第三至第五期上。在这里这篇著作用的标题是《Le Socialisme utopique et le Socialisme scientifique》——《空想社会主义和科学社会主义》。

两年以后,恩格斯已经能够断定,"这个东西""在许多优秀的法国人的头脑中引起了真正的革命"②。这一短篇著作的影响的确是巨大的,它成了科学共产主义创始人所写的著作中仅次于《共产党宣言》的一部留传最广泛的著作。

这是什么原因呢?是由于读者非常乐意接受社会主义的宣传著作吗?还是像资产阶级历史学家沃·席德尔想让人们相信的那样,是由于"'科学'和'社会主义'的概念组合呢?这一短篇著作所以取得伟大的成就,具有决定意义的是它的理论内容"③。恩格斯指出了科学社会主义的本质究竟是什么,他证明,社会主义怎样变成了科学,它同空想社会主义有什么区别。从而他就为工人运动提供了一个批判分析以社会

---

① 本文选自中共中央编译局:《马列主义研究资料》(1984年第3辑),屏羽译,第8—43页,摘录时有适当删减。该文原载《马克思恩格斯年鉴》1982年德文版第5卷。该文作者雷纳特·梅尔克耳为前民主德国统一社会党中央委员会马克思列宁主义研究院女研究员。该文是作者于1980年10月14日为纪念恩格斯《社会主义从空想到科学的发展》一书发表100周年而作的学术报告。

② 《马克思恩格斯全集》第35卷第343页。

③ 该文作者针对恩格斯的《社会主义从空想到科学的发展》这本小册子为什么会得到如此广泛的传播以及人们为何能够接受社会主义等问题给予了翔实的文献和历史背景的思想史梳理。——编者注

主义自诩的同时代的各种不同的资产阶级和小资产阶级的观点的方针。

但是，这是一个不仅牵涉到法国工人的问题，而且这也不仅在十九世纪八十年代具有现实意义。是空想社会主义还是科学社会主义，这过去是，现在仍是在工人运动中争取理论上的明确性而进行的斗争中经常成为争论核心点的一个问题。

本世纪八十年代初，国际阶级争论是在同十九世纪后三十多年的工人运动的斗争条件有显著区别的条件下进行的。"今天在地球上正在进行着深刻的革命变化和关于人类的生活问题的激烈争论的过程。"[①]

我们正处在以伟大的十月社会主义革命为开端的世界规模的从资本主义向社会主义的过渡的时代。工人阶级在争取实现其世界历史性的使命的斗争中，在自己的马克思列宁主义政党的领导下，在一批国家中夺取了政权，建立了无产阶级专政并且着手创造新的社会。"苏联和整个社会主义大家庭的强大、进一步有利于社会主义的世界力量对比的变化，对国际发展的基本趋势产生着决定性的影响。"[②]

帝国主义在七十年代越来越趋于历史的守势。国际垄断资产阶级的反动集团用典型的帝国主义的方法寻找摆脱其体系的深刻危机的出路：对内实行反动政策，对外加紧侵略。"可以越来越清楚地看到，帝国主义及其危机、侵略性和以利润为目的的政策，威胁着人类的和平和进步。"[③] 今天，帝国主义用战争和毁灭威胁着人类的肉体的继续生存本身。

在意识形态领域，帝国主义的总危机的加深反映在它客观上不可能提出一种能够构成它的政策的坚实的理论基础的严密的社会观。正如恩格斯在他的这部著作中指出的，资产阶级的思想家在这个阶级的上升时期曾经是作为全人类的代理人出现的，而且有一段时间也能代表全社会的利益。今天，资产阶级思想家已经把他自己的思想遗产彻底抛弃了，他们把帝国主义的危机解释为全人类的危机，把帝国主义的没有前途硬

---

① 《德国统一社会党第十次代表大会会议记录》1981年柏林版第1卷第33页。
② 同上。
③ 《德国统一社会党第十次代表大会会议纪录》1981年柏林版第1卷第36页。

说成是普遍的没有前途。一方面是悲观主义和非理性主义的抬头，另一方面是假乐观主义的抉择直至复活空想主义，这是现代资产阶级意识形态危机的明显表现。尤其是最近十年来，到空想中去寻找避难所的趋向有所加强。他们要用有时是仔细加以粉饰的"具体的空想"来诱使人们不去注意自己的制度的弊病并且证实对未来的希望。

资产阶级意识形态没有能力高瞻远瞩地深入思考社会发展的基本问题并且对这些问题作出回答，这种现象是同对社会主义的恶毒咒骂一起出现的。反共主义和反苏主义在临近八十年代的时期采取了极其尖锐的形式。同时，除此以外，人们还歪曲社会主义的思想基础，并且指责马克思和恩格斯所创立的科学社会主义，说什么科学社会主义按其本质来说是空想主义，以此来攻击现实的社会主义。社会主义是空想还是科学——这不是经院式的争论，在今天也是意识形态领域中阶级争论的基本问题。什么是科学社会主义，它同空想社会主义有什么区别？为什么只有同马克思的名字相联系的社会主义才是科学社会主义？为什么只有科学社会主义能够为工人阶级指出斗争的目的和方向，此外还能够向全人类指出今后进步的前途？为了在每一个国家建立社会主义，工人阶级必须做些什么？

对于这些直到今天还激动着工人和一切进步力量的问题，弗里德里希·恩格斯在《社会主义从空想到科学的发展》一文中都已经作了回答。从这里可以说明这部直到今天仍然保留其意义的著作在当时的影响，同时也可以说明它的生命力。这部著作反映了整个马克思主义的生命力，而马克思主义被列宁根据帝国主义时代的要求创造性地加以运用并进一步加以发展，并且为各国共产党和工人党——其中也包括德国统一社会党——的经验所进一步加以丰富。"马克思、恩格斯和列宁的学说尽管一再被敌人说成是过时的，但是却成了当代最强大的精神力量。"[①]

这部著作的产生

恩格斯的这部著作恰好产生在随着巴黎公社的诞生国际工人运动的

---

① 《德国统一社会党第十次代表大会会议记录》1981年柏林版第1卷第135页。

发展开始了一个新阶段的时期。在这个自由竞争的资本主义向帝国主义过渡的具有世界历史意义的时代，各个工业发达国家的生产力的急剧发展和与此相联系的无产阶级的集中，构成了无产阶级形成过程的崭新阶段的客观基础。国际工人运动获得了群众性质。在欧洲的许多国家和美国，都建立了工人政党。这些工人政党面临着更加明确地阐述自己斗争的目的并且在新时代的相对和平的条件下确定实现这种目的的道路的任务。这就要求掌握和创造性地运用工人阶级的科学理论即马克思主义，而马克思主义的各个组成部分这时基本上已经制定出来了。

面对这种客观任务的提出，恩格斯早在1874年就已经强调指出了理论工作的意义，当时他号召德国社会民主党的领袖们要认识到"越来越多地摆脱那些属于旧世界观的传统词句的影响，而时时刻刻地注意到：社会主义自从成为科学以来，就要求人们把它当作科学对待，就是说，要求人们去研究它"①。

由于随着工人运动向纵深方面发展，在理论方面对阶级斗争领导的要求提高了，当时强调这一点就显得尤为紧迫。在德国社会民主党中，在哥达纲领代表大会以后，各种不同的资产阶级和小资产阶级理论的出现，促进了放弃彻底的意识形态的争论，首先是同拉萨尔主义的争论。马克思十分担忧地注视着"一帮不成熟的大学生和过分聪明的博士"的活动，"这些人想使社会主义有一个'更高的、理想的'转变"②。恩格斯以作为先知和有时是那些假社会主义者的颇有影响的代言人的欧根·杜林的出现作为理由，在他的著作《欧根·杜林先生在科学中实行的变革》中从原则上捍卫了工人阶级的科学的世界观，除此以外，像他所说的，以连贯的形式对"辨证方法和共产主义世界观"③作系统的阐述。从而，他就满足了由于工人运动和马克思主义本身的发展而逐渐成熟的要求。

在这种历史和理论史的背景下产生了《社会主义从空想到科学的发

---

① 《马克思恩格斯全集》第18卷第567页。
② 《马克思恩格斯全集》第34卷第281页。
③ 《马克思恩格斯全集》第20卷第11页。

展》。这部短著由《反杜林论》的三章所组成，但是，它绝不是恩格斯这部重要著作的节录。由于撰写的目的、材料的选择和整理方式以及对正文所作的重要补充，这一著作同时具有特殊的性质。恩格斯撇开了同杜林的论战，把适于使群众了解科学社会主义的基础和本质特征的部分编成一本宣传性小册子。

在这里，恩格斯考虑到了个别国家的工人运动的具体情况。这明显地表现在对本书各个版本所写的序言中以及对各种不同语言的文本所加的不同的标题上。这部著作的非常巨大的影响反映了《反杜林论》的基本思想的传播，也证明了这部著作在工人运动和马克思主义思想史上所起的作用，对于这种作用，马克思主义书刊直到现在还没有充分地加以考虑。关于《反杜林论》和《社会主义从空想到科学的发展》之间的联系和区别的问题需要进一步研究。在这里还有一点也值得重视，就是恩格斯在《反杜林论》的后来几版中加进了对这本小册子所作的补充。

这本小册子是作为为年轻的法国工人党而写的马克思主义的宣传性著作产生的。各种历史的、经济的和社会政治的原因使得党的形成过程在法国变得很困难。① 由于为资本主义发展的特点所决定，这里小资产阶级的传统根深蒂固。各种学派的空想社会主义思想，首先是蒲鲁东的思想表现得特别顽强，并且不断被花样翻新地再生产出来。除了改良主义的思潮以外，还流传着形形色色的无政府主义和宗派主义。

在巴黎公社战士遭屠杀以后过了八年，工人运动又大大加强，以致1879年秋天在马赛召开的工人代表大会能够宣告工人党的成立。在这里，蒲鲁东主义的统治地位被打破了。马克思主义的力量即集体主义派赢得了多数，不过这种力量内部也不一致。除了围绕茹尔·盖得和保尔·拉法格而形成的革命派以往外，还有一个改良主义派，这一派不久就在保尔·布鲁斯和《社会主义评论》杂志编辑贝努瓦·马隆的领导

---

① 参看尤塔·宰德尔：《1876年至1889年德国社会民主党和法国工人党之间的政治关系和理论合作》，哲学学位论文（B），1974年莱比锡版第26—29页。

下形成为可能主义,并且在三年以后就造成了党的分裂。

因此,运动仍然和以前一样四分五裂,法国工人党成立后的情况也仍然很复杂。诚然,曾经占据统治地位的是明显的社会主义的传统意识,而这种传统意识也衰落了,这对于社会主义史是有很大好处的。但是,斗争缺少具有科学根基的理论基础的情况却越来越突出。……在这种情况下,围绕盖得和《平等报》而形成的进步的马克思主义力量目标明确地致力于掌握和宣传科学社会主义的工作,这是具有特殊意义的。

马克思和恩格斯当时同法国党的马克思主义派的领袖们有着直接的联系,他们用多种方式支持意识形态纯洁化的过程:通过信件、报刊文章,首先是通过他们的帮助制定党的纲领,马克思还为这一纲领起草了理论性的导言部分。《空想社会主义和科学社会主义》这一著作也适应了要求有一条明确的理论指导路线的要求。

关于这一著作直接产生的情况,直到现在很少为人所知。恩格斯本人在1882年德文第一版序言和1892年英文版导言中告诉我们,他应保尔·拉法格的请求把《欧根·杜林先生在科学中实行的变革》一书中的三章汇集在一起,由拉法格翻译成法文出版。①

在现在正在进行的准备把恩格斯的这篇著作收入《马克思恩格斯全集》国际版新版的过程中,发现了一系列能够更清楚地说明这本小册子的产生经过的事实。促使恩格斯写这篇著作的直接推动力,可能来自《社会主义评论》杂志的编辑贝努瓦·马隆。他在1879年12月保尔·拉法格的那些信件中联系他为这家杂志提供的计划阐述了如何能够使法国社会主义者了解欧洲特别是德国的社会主义思想财富的考虑。在这里,他还提出了一种想法,即在第一期上就发表一篇也能为作为小册子出版写的通俗易懂的关于马克思的研究文章或评论。当时,他起初想到的是关于《资本论》的提要或者加上《哲学的贫困》的概要。为此,他询问拉法格是否知道有谁能够分析恩格斯的主要著作,并且除了《政

---

① 参看《马克思恩格斯全集》第19卷第345页和第22卷第337页。

治经济学批判大纲》和《英国工人阶级状况》以外还提出了《反杜林论》。① 这些考虑可能是促使拉法格去找恩格斯，请他亲自承担这样一项工作的原因。

恩格斯的手稿至今没有找到，可能没有流传下来。拉法格从事这篇手稿的翻译显然是在 1 月。同月底，盖得写信给拉法格，请拉法格把恩格斯著作的译文寄给他②，而马隆也告诉拉法格，他在等着关于恩格斯的文章③。后来，在 1880 年 2 月 11 日，他证实已收到了文稿④。恩格斯积极参加完成这部著作的翻译工作。正如他后来写道，翻译工作是在"他的大力帮助"下完成的，因为拉法格"无论如何不想向他自己的妻子学习德文"⑤。

3 月 20 日，《社会主义评论》杂志刊登了恩格斯这部著作的第一部分。在此前三天，马隆就提议把这一著作作为小册子出版，印 2000 册。⑥ 到 5 月底——即在这部著作的最后一部分于 5 月 5 日在《社会主义评论》杂志上发表以后很短时间——这个打算已经实现了。马克思为单行本写了序言。两种文本的比较说明它们之间有一系列的出入：除了更正印刷错误以外，在校样中也有语法上和标点符号上的改动以及文体上的修饰，——正如在马克思列宁主义研究院所存的第 4 号笔记本中的一份校样证明的——这些改动和修饰是拉法格所做的。

但是，最重要的差别在于，恩格斯为单行本写了一个他自己的结论，在这个结论中他对第三节以前的思想进程作了总结。他以经典的言简意赅的笔法用一页半的篇幅概述了自中世纪以来生产的社会性质形成的世界历史性的过程，从而也概述了共产主义胜利的规律性。他指出，在资本主义生产方式中社会性生产和私人占有之间的矛盾如何由于它自身的发展而导致瓦解，即导致无产阶级革命，而由无产阶级革命所创立

---

① 参看《贝努瓦·马隆致保尔·拉法格（1879 年 12 月 11 日和 31 日）》。
② 参看《茹尔·盖得致保尔·拉法格（1880 年 1 月 27 日）》。
③ 参看《贝努瓦·马隆致保尔·拉法格（1880 年 1 月 30 日）》。
④ 参看《贝努瓦·马隆致保尔·拉法格（1880 年 2 月 10—11 日）》。
⑤ 《马克思恩格斯全集》第 35 卷第 394 页。
⑥ 参看《贝努瓦·马隆致保尔·拉法格（1880 年 3 月 17 日）》。

的社会具有哪些特征。

这对于这一段话的表现力是很有特色的,以致马隆在1880年6月5日《社会主义评论》杂志第七期上就引用这段话来论证法国工人党必然具有无产阶级性质①。可见,恩格斯的这部著作在出版后过了几天就起了支援为争取建立一个站在阶级斗争立场上的革命的无产阶级政党的斗争的作用了。

从空想到科学

马克思在他为这部著作的法文版单行本所写的导言中把恩格斯的这部著作称为"可以说是科学社会主义的入门"②。资产阶级历史学家席德尔在1980年初问世的一家出版物中把这个地方对"科学社会主义"这个概念的使用解释为"对于滥用法语的行为的让步"③。他考察了马克思使用这个概念的情况,并且根据爱·伯恩施坦的看法断言,马克思根本不把他的学说理解为科学社会主义,而是理解为批判的社会主义。④ 只有恩格斯"造成了"这种把"'科学社会主义'这一概念作为马克思主义体系的概念贯彻到底"的情况。⑤ 从而,席德尔就阐述了旧命题的一种新说法,认为恩格斯是马克思学说的"简单化者",因为他由于在工人运动中利用"科学信念"而使马克思学说遭到破坏。除此以外,席德尔还利用概念的历史来使人们怀疑整个马克思主义的科学性质。

对该年历史的探讨毫无疑问可能提供关于思想发展的启示。但是,应该考虑到,语言名称通常跟不上概念内容的发展,而特定的术语的形成又反映着理论的成熟程度。因此,概念的历史只有与思想的历史联系起来才是有说服力的。概念的历史"本身"会为任意的解释大开方便

---

① 参看贝努瓦·马隆:《社会主义者的联合、答〈社会运动评论〉杂志社社长公民利穆赞》,载于《社会主义评论》杂志(巴黎)1880年版第7期第346—347页。
② 《马克思恩格斯全集》第19卷第263页。
③ 沃尔夫冈·席德尔:《关于1914年以前"科学社会主义"概念的历史》,见《科学社会主义和工人运动》第19页。
④ 参看《科学社会主义和工人运动》第20、24页。
⑤ 同上书,第21页。

之门。正如恩格斯在他的著作中所详细证明的，由马克思和他所创立的社会主义按其内容来说具有科学的性质，不管他们两个人是否和何时把它作为这样的社会主义来阐述。

否定马克思主义的科学性质向来就是资产阶级意识形态的目的，而今天又成为向马克思列宁主义进攻的重要组成部分。而且有人声称什么科学社会主义是空想。这种把社会主义由科学"变成"空想的观点以各种不同的说法表现出来。于是，形形色色的不同流派的资产阶级思想家们断言，马克思主义是空想，因为它的预言在实践中没有得到证实。例如，弗雷希特海姆写道："马克思和恩格斯原来所企求和向往的东西，他们所追求、希望和期待的东西，无论如何没有实现。"[①] 对马克思作心理学化的歪曲的代表之一金茨利把马克思的预言说成杜撰出来的东西，并且怀疑历史唯物主义的科学性。他"论证"这一点说，人是"过于非理性的存在物"，"以致不能科学地估计自己的未来"。[②] 因此，他根本否认有任何科学的历史理论的可能性。而所谓批判理性主义的代表人物归根到底也得出了同样的结论。他们否认客观规律在社会中的作用，从而也就否认科学地预见社会发展的可能性。从这种立场出发，他们把马克思主义看作是空想的东西，并且把马克思看作是假先知[③]。

其他一些思想家的特点也在于，他们把马克思变成先知，把马克思主义说成是空想，因为他们把马克思主义说成是一种救世学说，是一种代宗教。[④]

但是，这样一来，他们也就认为工人阶级的科学的世界观具有空想的性质，因为他们在某种程度上把这种世界观解释成空想社会主义的直接继续。这种论点的根源可以追溯到十九世纪。例如，科拉科夫斯基断

---

① 奥西普·K.弗雷希特海姆：《从马克思到科拉科夫斯基，是社会主义还是野蛮状态中毁灭？》1978年科伦—美因河畔法兰克福版第12页。

② 阿尔诺德·金茨利：《要求更勇敢地走向空想》，见《工人运动。成人教育，新闻。纪念瓦尔特·法比安诞辰七十五周年》1977年科伦—美因河畔法兰克福版第85页。

③ 参看卡尔·R.波普尔：《假先知们。黑格尔、马克思及其一伙。开放的社会及其敌人》1973年伯尔尼—慕尼黑版第2卷第104页。

④ 参看尤利乌斯·I.勒文斯坦：《马克思反对马克思主义》1976年图宾根版第37页。

言，马克思和恩格斯对空想社会主义的指责是没有道理的；在马克思那里被称为科学社会主义的一切东西，在空想社会主义者那里都已经存在——尽管是零散地存在着。① 加罗蒂宣称，马克思从空想主义者那里继承了预先推定的方法（以规划的形式），正像他从黑格尔那里继承了否定的否定的辩证法一样。②

恩格斯恰恰在他的著作《社会主义从空想到科学的发展》中准确地证明了，科学社会主义在多大程度上是以伟大的空想社会主义者们的思想为基础，它同空想社会主义有什么质的区别。在这里，恩格斯遵循的是马克思和他认为能说明马克思主义同它的理论来源的关系的一般特点的观点。他的这篇著作是在理论史研究和意识形态批判中运用马克思主义方法的典范。

恩格斯对先驱者们的成就作了彻底历史唯物主义的评价，他不是根据自己的主观想象，而是根据他们在当时能够认识的东西去衡量这些成就。当像杜林那样的小资产阶级思想家们把伟大的空想主义者们的思想当作幻想加以抛弃的时候，恩格斯却作出了有区别的评价。

从马克思和恩格斯开始从事争论活动时起，对空想社会主义和共产主义的这种立场贯穿着他们的全部著作。在巴黎公社以后，他们又重新研究了空想社会主义的遗产。他们两个人在接受社会主义先驱者的思想财富方面起初是各不相同的，正是在这个问题上，他们彼此互相影响。他们的评价越来越对这些财富持区别对待的态度，但是始终强调两个方面：一方面，他们承认有可以加以利用的思想，另一方面，他们又同教条主义地构造体系的做法批判地划清界线。

应该认为，恩格斯在给这一著作的法文本和德文本加上不同的标题时，也考虑了这两个方面。③ 法文本的标题是《空想社会主义和科学社

---

① 参看列斯策克·科拉科夫斯基：《马克思主义——空想和反空想》1974年斯图加特—西柏林—科伦—美茵兹版第9页。
② 参看罗日·加罗蒂：《抉择。资本主义和共产主义彼岸的一个新的社会模式》1973年维也纳—慕尼黑—苏黎世版第111页。
③ 参看约阿西姆·赫普纳：《恩格斯的〈反杜林论〉和德国社会主义工人党中赞同空想社会主义的情况》，载于《〈反杜林论〉一百周年》1978年柏林版第174—175页。

会主义》，而德文本的标题，大家知道，叫作《社会主义从空想到科学的发展》。1892年，恩格斯为由他校订的英译本采用了法文本的标题。为什么采用这些不同的标题，这一点毫无疑问还需要作进一步的研究，其中包括对马克思法文本、恩格斯为德文本和英文本所写的序进行研究。对于促使德国社会民主党接受空想社会主义的当时各国的社会主义书籍和报刊进行分析，肯定会有助于进一步阐明这个问题。

恩格斯在法国工人面前把空想社会主义和科学社会主义对立起来，这说明恩格斯认为，必须阐明这两者的原则对立。在马克思写的法文版导言中那段有意安排在这里的对科学社会主义史的概述，也是为这一点服务的。

德文本的标题强调指出了伟大的空想社会主义和科学社会主义之间的连续性。不过，恩格斯大概未必——像席德尔所认为的那样——把《社会主义从空想到科学的发展》看作是"暗示性的标题"[①]，似乎这样一来仅仅这个标题本身就能保证这一著作获得广泛的影响。毋宁说，恩格斯大概是想让德国读者知道科学社会主义的理论来源。正如他在德文本出版序言中谈到德国古典哲学时所写的，"德国资产阶级的教师们"已经把这种理论来源"淹没在一种无聊的折中主义的泥沼里"[②]，而且他还接着说："[……]我们德国社会主义者却以我们不仅继承了圣西门、傅立叶和欧文，而且继承了康德、费希特和黑格尔而感到骄傲。"[③]

在接受空想社会主义的过程中，马克思和恩格斯越来越明确地认识到，空想社会主义者的不成熟的思想是由社会关系客观地决定的。同时，圣西门、傅立叶和欧文的成绩和"天才的思想萌芽"[④]得到越来越高的评价。在这方面，恩格斯的这本小册子是科学共产主义创始人的创作的顶点。

---

① 沃尔夫冈·席德尔：《关于1914年以前"科学社会主义"概念的历史》，见《科学社会主义和工人运动》第21页。
② 《马克思恩格斯全集》第19卷第347页。
③ 同上书，第347页。
④ 同上书，第210页。

但是，这本小册子也反映出，对空想社会主义的态度是马克思主义本身成熟程度的表现。随着马克思和恩格斯正面制定他们自己的学说，随着他们自己创立能够为工人运动在斗争中指出其目的和方向的科学基础的理论，他们对空想主义的立场就变得更加不同了。甚至在这方面，恩格斯的这篇著作也是一个顶点，它表现了这样一种立场，这种立场完全不同于空想社会主义的直接继续，并且——在接受和改造许多有益的思想的同时——在质上超过了整个空想社会主义。

正如法文本和其他几种文本在标题上所标明的那样，空想社会主义和科学社会主义是恩格斯这篇著作的对象。阐述科学社会主义的基础和本质特点，是为在工人运动中贯彻实行马克思主义服务的，其目的是反对当时形形色色的空想的社会主义观念，而比较仔细的考察表明，这些社会主义观念的拥护者就是当代各种资产阶级和小资产阶级的社会主义概念的鼻祖。恩格斯在考察马克思主义以前的空想社会主义时展示了科学社会主义的新的理论品质，而杜林之类的思想家却特别轻视空想社会主义。……

但是，恩格斯的这篇著作不仅从同那些成为资本主义制度的辩护士的小资产阶级空想主义者划清界限的角度来看具有现实意义。在那些摆脱了殖民主义桎梏、为社会主义方向开辟了道路的国家里，社会主义理想具有巨大的吸引力。在这里提出了各种社会主义观念，这些观念不仅从科学社会主义中，而且也从各种不同的世界观来源中吸取东西。对于这些国家的社会变革来说，恩格斯关于道路怎样从——同不成熟的经济和社会关系相适应的——空想社会主义通向科学社会主义的论述，可以成为指导和帮助。

恩格斯只用三十五页的篇幅阐述的东西，是对三百多年来人们所获得的认识的总结。同时，他作出了一系列新的评价和结论。从而，他就在自己的著作中第一次对工人阶级的科学理论的基础和基本思想作了有意识地以向群众普及为目的的系统阐述。

那么在恩格斯看来，由马克思和他所创立的社会主义的科学性质表现在哪里呢？这里有三个观点值得注意。

第一，空想社会主义者不被看作是一定阶级的代表，而被看作人类利益的维护者。关于这一点，恩格斯明确地提出，社会主义只有从工人阶级的阶级立场出发并且作为为了工人阶级的学说才能科学地创立。在这个意义上说，他把科学社会主义学说称为无产阶级运动的理论表现①。早在1847年，恩格斯就提出了科学社会主义的这个基本原理，当时他在为制定第一个无产阶级政党的纲领而斗争时把共产主义表述为"无产阶级立场在这个［反对资产阶级的］斗争中的理论表现，是无产阶级解放的条件的理论概括"②。

无产阶级作为一个不占有生产资料的阶级的新的历史品质产生了一个结果，就是它不会发生受阶级限制的认识局限性。正是这些认识局限性使马克思主义以前的一切思想家受到了限制，使整个晚期资产阶级意识形态最终遭到破产，而由于没有这些认识局限性，就决定了无产阶级作为历史上第一个也是唯一的一个阶级负有历史使命能够提出关于社会发展的科学理论的问题，并且能够对这个问题作出回答。只是随着现代工业无产阶级的产生，才有可能制定科学社会主义。

随着无产阶级在它反对资产阶级的斗争中形成为一个阶级，这一点就日益成为必要。因为，随着无产阶级在阶级斗争中公开同资产阶级相对立，可以看得很清楚，无产阶级不仅由于自己的社会经济条件，而且由于由此而产生的认识论前提，能够成为社会发展的科学理论的承担者。这说明，唯一能够在社会实践中实现社会主义的社会力量已经成长起来。

因此，很明显，像空想社会主义者曾经设想的那样，通过诉诸理性和正义立即解放全人类，是根本不可能的。只有无产阶级能够用它的革命行动同时把它自己和其他劳动人民永远从剥削和压迫中解放出来，并且开辟一条使人类个人获得彻底和全面发展的道路。无产阶级是历史上能够做到这一点的第一个也是唯一的一个阶级。因此，正如恩格斯在他

---

① 参看《马克思恩格斯全集》第19卷第247页。
② 同上书，第247页。

的著作中所指出的,新的社会只能是无产阶级在其革命政党的领导下与其他劳动人民结成联盟进行阶级斗争的结果。列宁用下述的话表达了这一思想:"只是当马克思的科学社会主义把改变现状的渴望和一定阶级的斗争联系起来的时候,社会主义的幻想才变成了千百万人争取社会主义的斗争。离开阶级斗争,社会主义就是空话或者幼稚的幻想。"①

甚至在今天,也有一些小资产阶级的空想观念,它们否认工人阶级在通向社会主义的历史发展过程中的决定作用,把虚假的不分阶级的普遍的人类解放写在它们的旗帜上。马克思和恩格斯以前的空想社会主义者对资本主义进行了尖锐的批判,在很大程度上有利于启发无产阶级的觉悟,而我们当代的小资产阶级空想社会主义者却成了资本主义制度的辩护士,并且把批判现实的社会主义作为他们的主要任务。因此,他们远远倒退到批判的空想社会主义以前的水平上去了,用马克思的话来说就是变成"愚蠢的、无聊的和根本反动的"了。

第二,空想社会主义者以资产阶级的自然法理论为依据,从抽象的道德和法律观点出发,从应该在自然界和人类理性中加以确立的一成不变的规律出发,推论出新的社会。甚至在今天,也有一些观点,认为社会主义应该从抽象的人的基本价值如自由、平等或正义中推论出来。这种观点的代表不仅否定一百多年以前所到达的认识水平,而且否定六十多年来现实社会主义发展的实际结果。恩格斯在他的这篇著作中已经强调指出,同马克思的名字相联系的社会主义不是从追求永恒的真理和正义出发,而是从实际的历史过程出发的。

有两个想法构成了他关于这个问题的考虑的基石:"为了使社会主义变为科学,就必须首先把它置于现实的基础之上。"② 其次是:社会主义成了一门有马克思的两个伟大发现即唯物主义历史观和"通过剩余价值揭破资本主义生产的秘密"③ 的科学。因此,把社会主义置于现实的基础之上,就是科学地理解整个社会发展,特别是当时最进步的资本

---

① 《列宁选集》第1卷第642页。
② 《马克思恩格斯全集》第19卷第218页。
③ 同上书,第227页。

主义生产方式。制定唯物主义历史观和剩余价值理论，首先是马克思的功绩，当然，恩格斯对此也作出了决定性的贡献。

资产阶级的思想家们在马克思和恩格斯以前已经提出了关于人类进步的规律性和动力的问题，并且在当时可能达到的认识水平所能允许的范围内对这个问题作出了回答。例如，资产阶级经济学家们在马克思以前已经揭示了资本主义生产方式的本质联系和发展趋势。但是，在马克思和恩格斯以前，谁也未能制定唯物主义的关于历史发展的总观念。

恩格斯在他这篇著作中指出，只要实现社会主义的客观条件还没有发展到一定的程度，社会主义就必然仍然是一种空想。对于这种使对社会主义的科学论证成为可能、但是也成为必然的客观前提，他作了如下的说明："无产阶级和资产阶级间的阶级斗争一方面随着大工业的发展，另一方面随着资产阶级新近取得的政治统治的发展，在欧洲最发达的国家的历史中升到了首要地位。"①

同时，他重视马克思的巨大的科学成就，把唯物主义历史观和揭示剩余价值的产生评价为两个发现，他认为这两个发现具有达尔文的成就对自然科学的那种同样重要的意义。恩格斯在几个重复谈到的关于两个发现的思想②，是马克思主义已经达到了成熟程度的表现，这两个发现使人们能够反映马克思主义本身的思想史的发展以及它的特殊的科学的性质。

第三，恩格斯明确地指出，科学社会主义具有崭新的世界观的基础即辩证唯物主义，辩证唯物主义赋予了工人阶级的理论以内在的逻辑和完整性，而其他任何历史理论都是不可能具有这种特点的。

恩格斯考察德国古典哲学为社会主义进行论证在理论准备方面所取得的成就时，认为恢复辩证法是德国古典哲学的最伟大的功绩。马克思和恩格斯本人在发展马克思主义理论的时候，把辩证法作为唯物主义辩证法加以运用，并对它作了进一步的研究。辩证法在马克思的《资本

---

① 《马克思恩格斯全集》第 19 卷第 225 页。
② 参看第 121—125 页、372、374—375 页。

论》中得到了那时为止的最广泛的运用。恩格斯对自然科学的新认识作了哲学上的概括，又丰富了辩证法。在《反杜林论》一书中，他把自然界的辩证发展也纳入马克思主义的世界观，从而他也能够更加深刻地论证人类社会的合乎规律的发展。1882年，恩格斯在《社会主义从空想到科学的发展》德文版序言中总结性的评价："唯物主义历史观及其在现代的无产阶级和资产阶级之间的阶级斗争上的特别应用，只有借助于辩证法才有可能。"① ……

把辩证唯物主义运用于历史，就是把历史理解为一个由物质生产所决定的过程。这就包括认为经济关系在人类历史的发展中最终起决定作用的关系。恩格斯在他的著作《论住宅问题》中就已经把科学社会主义的产生——跟蒲鲁东不同——作了如下的概述："……我们描述经济关系，描述这些关系如何存在和如何发展，并且严格地从经济学上来证明这些关系的发展同时就是社会革命各种因素的发展：一方面是被本身的生活条件必然引向社会革命的那个阶级即无产阶级的发展，另一方面是生产力的发展，生产力一发展到超出资本主义社会范围时就必然要把它爆破，同时这些生产力又提供了为了社会进步本身而一举永远消灭阶级差别的可能性。"②

从而，科学社会主义就证明资本主义要合乎规律地被社会主义所代替。这同时也就是科学社会主义不同于其他一切非科学的社会主义观点的特点。

恩格斯关于只有马克思主义才是科学社会主义的论证的内在完整性和逻辑合理性，也为在1882年德文版中获得了最终形式的他的这篇著作的结构所证实。

恩格斯在第一节一开头就申明，现代社会主义就其内容来说植根于"物质的经济的事实中"，其中他还指出了资本家和雇佣者之间的对立以及统治于生产中的无政府状态。而就其理论形式来说，"它必须首先

---

① 《马克思恩格斯全集》第19卷第346—347页。
② 《马克思恩格斯选集》第4卷第218页。

从已有的思想材料出发"①。通过对内容和形式的辩证法的这种阐述，恩格斯就确定了理论发展的一般规律性，后面他本人无论在考察空想社会主义还是论证科学社会主义时都注意到了这些规律性。

接着，他首先论及了法国启蒙运动的理论成就，认为这些成就是作为第一节中心内容的空想社会主义的基础。在这里，恩格斯把对这些观点的阐述同对十六和十七世纪以及十八和十九世纪之交的社会关系的描述紧密结合起来，并且指出这些社会关系如何决定了当时理论的进步和界限。最后，恩格斯提出了刚才已经提到的那个论断："为了使社会主义变为科学，就必须首先把它置于现实的基础之上。"这个命题包含着可观的历史任务，并且向读者提出了应该如何解决这个任务的问题。

在第二节的开头，恩格斯揭示了科学社会主义的另一个理论来源即德国古典哲学，并且特别重视辩证法。然后，他再次转而描述社会关系——十九世纪三十年代无产阶级最初几次独立的起义。他把无产阶级的这几次阶级搏斗看作是制定唯物主义历史观和以此为根据的剩余价值的发现的基础。恩格斯得出结论说，由于马克思的这两个伟大发现，"社会主义已经变成了科学，现在的问题首先是对这门科学的一切细节和联系作进一步的探讨"②。从而就对第一节末尾提出的问题作出了回答，同时又提出了另一个任务，而恩格斯在第三节就指出了这个任务的解决办法。

第三节一开头，他就对唯物主义历史观作了简要的概述，并且运用唯物主义历史观去说明资本主义生产方式的产生和发展，最后提出一个论断，现代社会主义是生产力和这种生产力的资产阶级利用形式之间的冲突在工人阶级的头脑中的思想反映③。在第一节开头提出的命题，即现代社会主义就其内容来说是物质的经济的事实和矛盾的观念的反映，就借助于马克思的第一个发现即唯物主义历史观而得到了证明。

然后，恩格斯又通过运用马克思的经济理论，深入地阐明了这个命

---

① 《马克思恩格斯全集》第 19 卷第 205 页。
② 同上书，第 227 页。
③ 同上书，第 229 页。

题，并且分析了资本主义矛盾的形成。与此相联系，他对资本主义生产的基本矛盾及其两种表现形式作了经典的表述。基本矛盾的这两种表现形式同第一节一开头提出的两个事实——资本家和雇佣工人之间的阶级对立以及生产中的无政府状态——是相同的。恩格斯认为，现代社会主义就其内容来说是以这两个事实为基础的。

根据资本主义矛盾的发展趋势，恩格斯证明了客观历史发展过程如何合乎规律地导致由无产阶级推翻资本主义并建立新的社会。他认为，这个思路是十分重要的，因此他在这本小册子的末尾再一次对它作了概括。这样一来，制定科学社会主义就导致论证无产阶级历史使命的合乎规律性。这是恩格斯这篇著作的高潮：著作的最后规定了作为"无产阶级运动的理论表现"的科学社会主义的任务[①]。从而，贯穿着《社会主义从空想到科学的发展》这篇著作的内在逻辑，就证明了科学社会主义的内在完整性和新的理论品质。

在恩格斯看来，使科学社会主义具有不同于空想社会主义的特点的上述三个观点清楚地说明，科学社会主义是一种国际性的学说。正如恩格斯通过揭示资产阶级和无产阶级之间的阶级对立所证明的，科学社会主义的国际性质是从社会经济条件和无产阶级反对共同敌人的阶级斗争的国际性质中客观地产生出来的。对于社会主义是历史过程的客观结果这一事实的科学论证，是以对国际范围的历史发展所作的理论概括为依据的。同样地，科学社会主义就其理论来源来说也是一种国际性的学说。1883年恩格斯在这篇著作德文第三版序言的一篇脚注中明确地指出了这一点[②]。最后，科学社会主义在其关于在工人阶级的革命斗争中由新社会合乎规律地取代资本主义的政治结论中，也说明了这一学说的普遍适用的性质。

对于这种普遍适用性不应该从僵死教条的意义上去理解。科学社会主义的本质特征同时也决定了它的创造性，这些本质特征是它的生命力

---

① 《马克思恩格斯全集》第19卷第247页。
② 参看《马克思恩格斯全集》第19卷第346—347页。

的基础。作为无限关心历史进步的工人阶级的利益的表现并且以考察具体历史发展为依据的科学社会主义，比其他任何理论更有能力对新的趋于成熟的问题作出回答。

正是在以进行空前规模的社会变革为特征的我们这个时代，科学社会主义证明自己是在精神上解决当代问题的可靠指针。马克思和恩格斯所创立的工人阶级的科学理论被列宁创造地加以运用并进一步加以发展，又由于各国共产党的经验而得到丰富，因此它能够认识世界革命过程的深度和历史规模，并且也能认识到这一过程的复杂性和矛盾性。"马克思、恩格斯和列宁的学说，是唯一能够使人们认识并自觉地建设过去、现在和未来的科学。"① 依靠马克思列宁主义，我们就能够科学地论证，社会主义是直到现在为止的人类发展的合乎规律的结果。

从科学到现实

社会主义作为科学不仅意味着在基本原理方面具有新的理论上的品质。正如马克思早在1845年在他的《关于费尔巴哈的提纲》中批判地研究迄今为止的各种历史观时所要求的，社会主义包括在实践上改变世界。②

在马克思恩格斯以前，也有这样的思想家，他们以创造新的更加美好的世界作为目标，并且认为能够把自己的思想变为现实。但是，甚至其中最有天才的人也未必能解决这个任务。

空想社会主义者也是如此。正如恩格斯在他这篇著作中所指出的，他们想"从头脑中"制造出还隐藏在不成熟的资本主义生产状况和不成熟的阶级关系状况中的解决社会任务的办法。"于是就需要发明一套新的更完善的社会制度，并且通过宣传，可能时通过典型示范把它从外面强加于社会。"③ 因此，社会主义就只是由它的精神上的创立者的天才和创立者的宣传所取得的成就所决定，成为一种"输入"的事业。

---

① 《德国统一社会党第十次代表大会会议记录》第187页。
② 参看《马克思恩格斯选集》第1卷第19页。
③ 参看《马克思恩格斯全集》第19卷第210页。

所以，正如恩格斯所说的，这种体系"是一开始就注定要成为空想的"。①

跟空想社会主义不同，科学社会主义是从考察实际社会关系出发的，在这个基础上，它能够成为改变现实的准绳。这种思想把科学社会主义同其他一切历史观在质上区别开来，它像一根红线贯穿着《社会主义从空想到科学的发展》。

恩格斯的整篇著作都说明，社会主义决不是无法实现的幻想。由于马克思揭示了社会发展的一般的客观规律和资本主义社会形态的特殊运动规律，他就能够确定资本主义的历史地位并且揭露出资本主义的历史暂时性。因此，社会主义是历史的客观规律性，这种客观规律在工人阶级的斗争中及其革命政党的领导下必定会在现实中得到实现。所以，恩格斯在他的这篇著作的末尾在一定程度上确实表述了这篇著作的精华，而这一精华同时也就是马克思和恩格斯全部理论创作和政治活动的精华："完成这一解放世界的事业，是现代无产阶级的历史使命。考察这一事业的历史条件以及这一事业的性质本身，从而使负有使命完成这一事业的今天受压迫的阶级认识到自己行动的条件和性质，这就是无产阶级运动的理论表现即科学社会主义的任务。"②

当恩格斯把科学社会主义看作是革命地改造现实的基础时，他在他的这篇著作中谈到了两个方面：指出了资本主义为新社会所代替的规律性，概述了新社会的本质特征。列宁在谈到马克思关于未来的论断时写的一段话在这里也适用，列宁写道："马克思丝毫没有陷入空想主义，他没有虚构和幻想'新'社会。相反，他把从旧社会诞生新社会的过程、从前者进到后者的过渡形式，作为一个自然历史过程来研究。"③

当恩格斯在他这篇著作中指出资本主义要为新社会所代替的规律性时，他的研究包括了十九世纪最后三十多年在资本主义社会及其经济生活中所发生的过程。在这里，他自己创造性地运用了马克思主义。

---

① 参看《马克思恩格斯全集》第 19 卷第 210 页。
② 同上书，第 247 页。
③ 《列宁选集》第 3 卷第 211—212 页。

恩格斯分析了股份公司、最初的垄断形式以及正在形成的国家财产。在这里，他概述了在从自由竞争的资本主义向垄断资本主义过渡时期资本主义生产方式的特定的发展趋势。在以后几年他还继续从事这个工作。1891年他在这一著作的德文第四版中又第一次考虑了托拉斯。他在进行这一分析时是创造性地以马克思关于资本主义积累的历史趋势的学说为出发点的。

在这一著作的第三节中，恩格斯把资本主义评价为历史上必然的并且根据它自己的规律性的发展在客观上正在过时的生产方式，在这种生产方式中，向社会主义过渡的物质条件正在产生和成熟起来。在这里，他根据唯物主义辩证法的观点，把对生产的新的社会化形式和同这些形式相适应的资本主义所有制形式的趋势的研究，跟对资本主义矛盾的分析结合起来。在《自然辩证法》和《反杜林论》中得到了反映的他对辩证法的深入研究，使他能够更加深刻地考察这个问题。

恩格斯证明，资本主义生产方式的基本矛盾即社会性生产和资本主义占有之间的矛盾怎样随着资本主义生产方式的发展而发展，并且合乎规律地日益尖锐化。在这里，他抓住了马克思的认识——首先是《资本论》第三卷中的论点，并进一步加以发展。他对基本矛盾本身作了表述，并且通过消化新的历史材料说明了基本矛盾的表现形式，而且他对这一切的阐述都是言简意赅，可以同《共产党宣言》的文字相媲美。把恩格斯的这一成就纳入马克思主义的理论史的发展中去，同时也是未来的《马克思恩格斯全集》国际版新版的研究任务。

无论恩格斯是从多么抽象的角度来考察基本矛盾，但是他不断指出，这种基本矛盾只有通过消灭生产资料的资本主义私人所有制才能解决。正因为如此，现代的资产阶级意识形态竭力诽谤说恩格斯对基本矛盾的表述是不科学的，硬说这是"用科学性加以装饰的千年王国说"①，等等。或者就断言，基本矛盾来源于生产商品的劳动的两重性，因而它

---

① 赫尔穆特·施米特：《序言》，载于《批判的理性主义和社会民主党》1975年版 XIII 页。

是一切商品生产的矛盾，所以也是社会主义商品生产的矛盾。①

在考察基本矛盾的合乎规律的尖锐化时，恩格斯分析了资本主义所有制的形势变化。正如他在《社会主义从空想到科学的发展》中所指出的，这种形式变化只不过是要求适应生产的日益增长的社会化的必然性的表现。……

恩格斯同《资本论》的论述完全一致，指出了生产的社会化过程是怎样在资本主义的各个发展阶段实现的，而与此相联系，资本主义所有制就采取各种不同的表现形式。他密切注意这个过程，直到作为资本主义所有制的最高和最后一种形式的国家所有制的形成。

由于恩格斯把资本主义经济的某些部分的国有化作为由于资本主义基本矛盾的尖锐化而产生的客观的、合乎规律的过程来论述，他就继续了他和马克思多年来对竞争、垄断、国家的关系所进行的分析。早在1857—1858 年的《政治经济学批判大纲》中，马克思就以一般形式指出，资本在再生产过程中的一定的发展阶段，"当资本开始感到并且意识到自身成为发展的限制时"，就会在这样一些形式中寻找避难所，"这些形式虽然看来使资本的统治完成，同时由于束缚自由竞争却预告了资本的解体和以资本为基础的生产方式的解体"。② 恩格斯根据对在资本主义开始发展到了垄断阶段的时期的国家所有制的分析，深入考察了这个过程。从而，他就为列宁对作为资本主义的最高阶段和最后阶段的帝国主义的分析奠定了具有决定意义的界碑。

正如恩格斯所指出的，"资本主义社会的正式代表——国家终究不得不承担起对生产的领导"③。他指出，只有在生产力本身发展到不适于由股份公司来管理的情况下，这种情况"才意味着经济上的进步，才意味着在由社会本身占有一切生产力方面达到了一个新的准备

---

① 参看海因茨—迪特尔·基茨坦纳尔：《"逻辑的"和"历史的"。论马克思和恩格斯的科学体系（恩格斯1859 年写的〈政治经济学批判〉评论）的区别》，载于《德国工人运动史国际科学通讯》1977 年西柏林版第 1 期第 46—47 页。
② 《马克思恩格斯全集》第 46 卷下册第 160 页。
③ 《马克思恩格斯全集》第 19 卷第 239 页。

阶段"①。

这些论述是针对资产阶级经济学家的,他们否认资本主义的经济矛盾,硬说国家干预再生产过程的必然性是一种虚构。这些论述同样也是针对所谓的国家社会主义者的,他们不了解经济的规律性,径直把国有化——例如,俾斯麦的国有化——当作社会主义的步骤来颂扬。

恩格斯的思想直到今天仍然具有现实意义,因为有一种观点认为,结构改革可能导致资本主义的自我解体过程并产生新社会的因素,而且还有一种改良主义的希望,以为通过使阶级国家民主化可能达到经济的社会化。这些观点都是虚幻的,它们实际上是为维护资本主义制度效劳的。国家所有制、国家的调节方式和克服危机的方案可能对资本主义的经济规律有限制的作用。但是,只要资本主义的生产资料所有制还存在,这些方案就不可能消灭这些规律。而国家在资本主义所有制关系的条件下仍然是资产阶级的权力工具。

正如恩格斯已经指出的,国家所有制既不会使资本主义的所有制关系革命化,也不会消灭剥削。完全相反!资产阶级国家,"理想的总资本家"……

恩格斯认为,国家所有制及其股份公司都是资本主义的无计划生产向社会主义社会的有计划生产的历史上合乎规律的投降。他写道:"生产力的国家所有不是冲突的解决,但是它包含着解决冲突的形式上的手段,解决冲突的线索。"②

这种冲突的解决办法只能在于,使所有制关系同生产力的社会性质相一致。这一点应该怎样进行呢?恩格斯作了言简意赅的表达:"无产阶级将取得国家政权,并且首先把生产资料变为国家财产。"③

……恩格斯通过分析资本主义的最新表现特别是国家所有制,使这些思想进一步深化了,并且指出工人阶级的政治统治和对生产资料

---

① 《马克思恩格斯全集》第19卷第239页。
② 同上书,第240页。
③ 同上书,第242页。

的公共所有制在辩证联系中是这样从资本主义生产方式的发展趋势中直接产生出来的。

　　这种彻底历史唯物主义的证据也包含着现实社会主义几十年来的发展所证实的东西：工人阶级的政权和生产资料的公共所有制，同时也是为了能够建立社会主义社会所不可缺少的前提。在这里，党的政策的一个核心问题是全面加强社会主义国家的力量。德国统一社会党的经验也证明："在马克思列宁主义政党领导下的社会主义国家的力量、它的权威和发挥职能的能力，是顺利前进的基础和前提。这现在是并且将来仍然是社会主义革命的基本问题。"①

　　恩格斯从他的分析中推论出资本主义社会在历史上的过时性，同时也推论出它为新的共产主义社会的重要的本质特征在物质上作了准备。今天，因为社会主义作为一种社会抉择产生越来越大的吸引力，这些思想尤其是具有重要意义。

　　同《反杜林论》相反，在《社会主义从空想到科学的发展》中恩格斯把他的注意力几乎完全放在基本的经济方面，正如他在1886年写的一封信中强调指出的，他在这里"无论是政治的还是非经济的社会问题"都根本没有触及。② 这一点在下述事实上也明显地表现出来，即恩格斯在这一小册子的末尾作总结时如何从分析资本主义矛盾推论出无产阶级革命的必然性。

　　于是，他提出，在资本主义内部有一种可能性正在成熟，就是通过社会生产不仅保证一切社会成员有富足的和一天比一天充裕的物质生活，而且保证他们的体力和智力获得充分的自由的发展和运用的可能性。因此，共产主义社会的本质特征并不是什么随便能够"强加"于社会的东西，而是从生产力的发展水平和资本主义生产的社会化程度中客观地产生出来的。但是，把可能性变为现实是同一个决定性的条件相联系的，即"把脱离资产阶级掌握的社会化生产资料变为公共

---

① 《德国统一社会党第十次代表大会会议记录》第120页。
② 《马克思恩格斯全集》第36卷第420页。

恩格斯《社会主义从空想到科学的发展》研究读本

财产"①。

建立公共所有制早在马克思和恩格斯以前就是共产主义思想中的一个中心观念。但是，由社会占有全部生产资料，正如恩格斯所断定的那样，"只有在实现它的实际条件已经具备的时候才能成为可能，才能成为历史的必然性"②。发现这个条件是马克思和恩格斯的功绩。

他们在《共产党宣言》中称为"运动的基本问题"③ 的所有制问题，在马克思主义发展的过程中从各个不同的方面被具体化了。恩格斯在《社会主义从空想到科学的发展》中所作的论述，在这个理论史的过程中占据什么样的地位，还需要具体地加以研究。在这里值得重视的是，恩格斯阐述了关于哪些种类的生产资料应该社会化以及这个过程要经历哪些阶段的见解。

当恩格斯说明资本主义社会和共产主义社会之间的本质区别时，他把所有制关系放在中心地位，这决不是偶然的。这反映了马克思主义认为所有制关系对于当时的社会形态具有根本的意义。

正如历史的发展所表明的，现实的社会主义的建设是在完全具体的历史条件和民族条件下进行的，这些条件会以这种或那种方式使这种建设具有特殊的特征。尽管现实的社会主义有多种多样的形式，但是现实的社会主义的发展却用正面的以及反面的经验证明，早已由马克思和恩格斯加以表述的关于所有制关系具有中心意义的认识是普遍适用的。

当恩格斯在《社会主义从空想到科学的发展》中把所有制关系放在中心地位的时候，这不是像"马克思学家"（特别是社会改良主义派的）所一再断言的那样，把复杂的社会发展过程简单化。有人硬说恩格斯认为，随着公有制的建立，新社会的其他一切本质特征就可以说会自动地出现，这种说法同样是没有根据的。相反，如果证明一切社会关系最终都是由所有制关系决定的，那倒是符合科学社会主义创

---

① 《马克思恩格斯全集》第19卷第247页。
② 同上书，第243页。
③ 《马克思恩格斯选集》第1卷第285页。

始人的彻底的历史唯物主义的立场的。但是，他们丝毫没有幻想，以为一旦存在公有制，一切任务就会自动地解决。他们认为，这只不过是在包括社会生活一切领域的漫长而复杂的变革过程中的第一个步骤——虽然是重要的和不可避免的步骤。正是恩格斯的这本小册子在这方面作出了重大的贡献，指出废除资本主义所有制并且把最重要的生产资料公共所有过去是现在还是革命的工人运动的主要要求。

所有制问题在关于资本主义制度和社会主义制度的争论中也起着中心的作用。这反映在资产阶级经济学家们的形形色色的、部分地是彼此矛盾的观念中。① 其中有人声称，关于生产资料所有制的问题对于经济制度的性质来说变得没有意义了。他们论证这一点说，在现代的资本主义中，所有者的权力已经由于资本占有权和资本职能的分离而被打破了，取代这种权力的是经理和技术治国论者的统治。后者同样适用于社会主义，由此据说就产生了两种制度的"聚合点"。

……其他一些资产阶级经济学家承认，所有制关系的性质对经济关系的性质产生影响。根据这种可以说是"截然不同的理论的"观点，私有制是"自由和普遍福利"的基础，相反，公共所有制必然要产生不自由和专制。所以，社会主义要对弊病负责，这些弊病的根源据说是生产资料的公共所有制，他们用这种方式提出了必然要"改变"生产资料公共所有制的论据。口头上承认公共所有制的"左的"流派在这种愿望——向现实的社会主义进攻——上也是同资产阶级派别相一致的。

机械地考察社会的联系和过程，是同马克思和恩格斯根本格格不入的。他们也把新的无产阶级的社会的发展了解为一个多层次的复杂的过程，并且证明，只有在公共所有制的基础上，社会的自觉的、有计划的和谐的发展才可能为了全体劳动人民并且在他们的参加下完成。

---

① 参看赫伯特·迈斯纳编《没有前途的资产阶级经济学》1976年柏林版第584—606页。

恩格斯在他这篇著作中指出，公共所有制使得对社会生活的一切领域进行全社会的、建立在科学基础上的管理和计划化成为可能和必然。"……按照全社会和每个成员的需要对生产进行有计划的调节"①——恩格斯用这句话总结了新的生产方式和无政府状态的追求利润的资本主义经济之间的本质区别。

马克思和恩格斯早就强调指出了在新社会生产的计划性的必要性和意义，并且在《资本论》中又把生产的计划性作为随着大工业的产生而达到了社会化程度的生产的客观要求来详细地加以论证。根据这一点，恩格斯把共产主义称为人们在历史上第一次自觉地和有计划地创造他们的全部自然的和社会的生活条件的社会。

被资产阶级经济学家颂扬为符合人的本性或者甚至是人类自由的最高成就的、被宣布为"自由的市场经济"的资本主义竞争，基本上就是恩格斯在《自然辩证法》的导言中称之为"动物界的正常状态"的东西。恩格斯接着说："只有一种能够有计划地生产和分配的自觉的社会生产组织，才能在社会关系方面把人从其余的动物中提升出来，正向一般生产曾经在物种关系方面把人从其余的动物中提升出来一样。"②

恩格斯在《反杜林论》中就描述了人类脱离动物界并"从必然王国进入自然王国的飞跃"的图景③，他又把这幅图景放到《社会主义从空想到科学的发展》中去。恩格斯写道："一直统治着历史的客观的异己的力量，现在处于人们自己的控制之下了。只是从这时起，人们才完全自觉地自己创造自己的历史；只是从这时起，由人们使之起作用的社会原因才在主要的方面和日益增长的程度上达到他们所预期的结果。"④……

---

① 《马克思恩格斯全集》第 19 卷第 241 页。
② 《马克思恩格斯全集》第 20 卷第 375 页。
③ 同上书，第 308 页。
④ 《马克思恩格斯全集》第 19 卷第 245 页。

四　G. A. 科恩：《为什么不要社会主义》[①]

　　无论野营旅行的社会主义关系是否吸引人，无论这种关系扩展到作为一个整体的社会是否也是可欲的，许多思考过这类问题的人都断定，社会主义对于作为一个整体的社会来讲是不可行的。"社会主义在一次短暂的野营旅行中，也许是可行的。那扩展到全社会的、一直持续下去的社会主义呢？你是在开玩笑吧！野营旅行是一种愉快的消遣环境，在旅行中，人们从日常生活的错综复杂的事物中摆脱出来，并且愿意中止他们通常的处事原则。根据界定，它几乎是特殊的。其中没有什么东西能减少大范围的社会主义理想的难以置信性。"……不过，让我们更为仔细地看看社会主义的可行性问题。

　　全社会范围内的社会主义为什么会被认为不可行，对此存在两个形成鲜明对照的理由，无论从理论上还是从政治上讲，将它们区分开来都非常重要。第一个理由与人的本性的限制有关，第二个理由与社会主义技术的限制有关。社会主义为什么不可行的第一个假定存在的理由是，人们常常被说成是天生就缺乏满足它的要求的慷慨和合作，无论他们在野营旅行于其中展开的时间有限和特定的小范围气氛融洽的结构中多么慷慨和合作。第二个假定存在的社会主义不可行的理由是，即使人们在恰当的文化中是或可以成为足够慷慨的，我们也不知道如何去利用这种慷慨；我们不知道如何通过恰当的规则和刺激使慷慨去转动经济的车轮。人的自私则不同，我们知道如何很好地利用它。

　　当然，即使既没有这些问题，也没有类似的问题，社会主义仍可能

[①]　本文选自〔英〕G. A 科恩：《为什么不要社会主义》，段忠桥译，北京：人民出版社2011年版，译序、第四和第五部分，摘录时略有删减。原文为 G. A. Cohen, *Why Not Socialism?* Princeton : Princeton University Press, 2009。科恩从道德方面对现存社会主义的本质特征给予重新解读和反思。他认为，平等、共享和人的自我实现这些道德标准理应成为社会主义的本质。在此书中，科恩基于野营时人们内心自发的追求平等和共享这样的内心体验和自我意识，从中反思这一原则在现存社会主义中的现状和得以实现的可能性。

实现不了，因为将会抵抗趋向社会主义的政治和意识形态的力量——包括社会主义是不可行的这种信念的巨大的实践力量太强大了。不过，我这里讲的可行性问题**不是**社会主义是否直接**可以实现**的问题，即不是我们能否从我们现在的处境实现它，和烦扰我们的大量的资本主义遗产和所有其他构成我们当前社会条件的附带情况的问题。现在说的可行性问题是，如果我们确实能够实行社会主义，那它是否会行得通，是否会稳定？这一问题的一个重要方面是，社会主义社会的运动将会增强为社会主义的稳定所要求的对共享和平等的偏爱，还是相反，将会从基础上破坏这些偏爱。此外，我们还必须问一个我不在这里探讨的问题，这就是，社会主义是否不仅与人性的动机相容，而且还与由资本主义形成的人性的动机相容；那些可能阻碍社会主义建立的力量，也可能使它无法有效运行的作用。

在我看来，社会主义理想面对的最重要的问题，是我们不知道如何设计出能够使它运行的那种机制。我们的问题主要不是人性的自私，而是我们缺少适当的组织方面的技术：我们的问题是**设计的**问题。它也许是一个**无法解决**的设计的问题，而且它无疑是一个被我们自私的倾向所烦恼的设计的问题，但它却是一个设计的问题。所以我认为，是一个我们已经把握到的问题。

毕竟，（几乎？）每个人都既具有自私的倾向，也具有慷慨的倾向。我们的问题是，虽然我们知道如何基于自私的发展，实际上是自私的过度膨胀，去使一种经济制度运行，我们却不知道如何通过发展和利用人的慷慨去使它运行。然而，即使在现实的世界中，在我们自己的社会里，大量的事情也依靠慷慨，或者，用更一般和更消极的话讲，依靠非市场的刺激。医生、护工、教师和其他类似的人，都不，或都不完全像资本家和工人在并非为他人着想的工作中那样根据他们可能得到的作为结果的钱的数量，来判断他们在其工作中做什么。（当然，前边提到的护工不会为无所得去工作，但这就像你在野营旅行中需要吃东西这样的事实：由此不能得出这样的结论，即护工从事他们的工作是期望得到金钱的回报，而且这样的结论也是错误的。）

这种差别的原因不是护工的本性在道德上更为高尚，而是，并且在很大程度上是更多的认知上的原因，即他们做什么的想法是由人的需要的观念指导的：市场信号对于决定治疗什么疾病或讲授什么主题是不必要的，它们也不是决定这些事情的有效手段，不过，一旦我们离开需要的领域，或从更一般意义上讲，离开每个人都期望得到的物品而来到广泛的任选的商品领域，并随着经济的进步，随着生活因此而变得更容易和更讲究而越来越走近这一领域，那时，没有市场信号的手段，要知道生产什么和如何生产它也将变得更困难：现在几乎没有一个社会主义经济学家不同意这种论点。为什么野营旅行没有市场交换也能容易地进行，其中的一个原因是，野营者所需的计划和他们活动的信息在范围上是有限的，而且相对容易得到和汇集。……

任何实现社会主义理想的尝试，都会遭遇处于牢固地位的资本主义力量和个人人性的自私。政治上严肃的人们必须认真地排除这些障碍。然而，这些障碍不是贬低那一理想本身的理由。因那一理想面临这些障碍就贬低它会造成混淆，而混淆会产生迷失方向的实践：存在那一理想可被推进的背景，但因为缺少对那种理想是什么的清晰认识，所以对它的推进并不如本可以那样地坚决。

社会主义者的志向是将共享和正义扩展到我们整个经济生活。正如我已承认的，我们现在知道我们不知道如何去实现它，可很多人认为我们现在知道实现它是不可能的。然而，共享在某些领域，例如在医疗保健和教育领域的胜利，已经证实了昔日生产和分配的切实可行的形式，现在迫切需要为共享做辩护，因为它是一种当前处于来自市场原则的侵犯之下的价值。市场的自然趋势是增大它覆盖的社会关系的范围，因为企业家看到了处在边缘的还不是商品的东西转变为商品的机会。如果没有外来影响，资本主义的动力是自我维持的，因此，社会主义者需要用组织起来的政治力量去反对它：他们的资本主义对手由于与这一制度的本质相匹配，因而对这种力量的需要会小些（这不是说他们缺少它）。

我同意阿尔伯特·爱因斯坦（Albert Einstein）的观点，即社会主义是人类对"克服并且超过人类发展的掠夺阶段"① 的尝试。每一种市场，即使是社会主义市场，都是掠夺性的制度，我们超越掠夺的努力到目前为止是失败的。但我不认为正确的结论是放弃。

---

① 这句话出自阿尔伯特·爱因斯坦的一篇文章《为什么要社会主义?》(Why Socialism?) 中的论点，参见 http：www.xici.net/main.asp? url＝/u6678515/d126085461.html。

附录Ⅱ　参考书目

一　中文参考文献和进一步阅读书目

1. 《马克思恩格斯文集》（10卷本），北京：人民出版社2009年版。
2. 《列宁专题文集》（5卷本），北京：人民出版社2009年版。
3. 《列宁选集》第1卷，北京：人民出版社1995年版。
4. 《邓小平文选》第3卷，北京：人民出版社1993年版。
5. 《马列主义研究资料》（1984年第3辑），中共中央马克思恩格斯列宁斯大林著作编译局《马列主义研究资料》编辑部编。
6. 《马克思恩格斯研究》（1995年第23期），中共中央马克思恩格斯列宁斯大林著作编译局编。
7. 《马列著作编译资料》第1辑（总第1辑）《德国社会民主党反对杜林主义的斗争史略》，胡文建、黄良平译，中共中央马克思恩格斯列宁斯大林著作编译局编。
8. 中央编译局国际共运史研究室编：《研究〈反杜林论〉的参考史料》，北京：生活・读书・新知三联书店1980年版。
9. 中共中央党校科社教研室：《社会主义思想史》，北京：中共中央党校出版社1984年版。
10. 庄前生主编：《马克思主义经典文献的出版和传播研究》，北京：中国社会科学出版社2010年版。
11. 《国外马克思主义研究报告2008》，北京：人民出版社2008年版。
12. 商德文等：《恩格斯经济思想研究》，北京：北京出版社1985年版。
13. 徐琳：《恩格斯哲学思想研究》，北京：北京出版社1985年版。

14. 吴家华：《理解恩格斯：恩格斯晚年历史观研究》，合肥：安徽大学出版社 2006 年版。
15. 徐琳、唐源昌主编：《恩格斯与现时代》，北京：中国人民公安大学出版社 1994 年版。
16. 胡大平：《回到恩格斯：文本、理论和解读政治学》，南京：江苏人民出版社 2011 年版。
17. 曹玉文：《〈社会主义从空想到科学的发展〉导读》，北京：人民出版社 1993 年版。
18. 如潜：《〈社会主义从空想到科学的发展〉名词解释》，北京：中国青年出版社 1953 年版。
19. 张济顺：《中国命运和社会主义》，上海：上海教育出版社 2010 年版。
20. 陈先达：《被肢解的马克思》，上海：上海人民出版社 1990 年版。
21. 戴清亮等：《社会主义学说史》，北京：人民出版社 1987 年版。
22. 《社会主义、共产主义、马克思主义外国百科条目选译》，北京：东方出版社 1985 年版。
23. 高放、黄达强：《社会主义思想史》，北京：中国人民大学出版社 1987 年版。
24. 高放：《当代世界社会主义概论》，北京：中国人民大学出版社 1989 年版。
25. 华南师范大学历史系世界近现代史教研室：《〈社会主义从空想到科学的发展〉辅导材料》，北京：人民出版社 1979 年版。
26. 黄楠森等：《马克思主义哲学史》，北京：北京出版社 1990 年版。
27. 靳辉明主编：《马克思主义若干重大问题研究》，北京：社会科学文献出版社 2011 年版。
28. 李延明：《马克思恩格斯的未来世界：科学共产主义原理》，合肥：安徽人民出版社 2006 年版。
29. 刘佩弦、郭继严：《20 世纪马克思主义史》，北京：人民出版社 1994 年版。

30. 廖盖隆、梁初鸿等：《社会主义百科要览》（上、中、下），北京：人民日报出版社 1993 年版。

31. 彭明：《从空想到科学：中国社会主义思想发展的历史考察》，北京：中国人民大学出版社 1991 年版。

32. 孙荣：《恩格斯与马克思主义哲学》，哈尔滨：黑龙江人民出版社 2005 年版。

33. 孙承叔：《真正的马克思——〈资本论〉三大手稿的当代意义》，北京：人民出版社 2009 年版。

34. 吴易凤：《空想社会主义》，北京：北京出版社 1980 年版。

35. 魏小萍：《追寻马克思——时代境遇下马克思人类解放理论逻辑的分析和探讨》，北京：人民出版社 2007 年版。

36. 郑永年：《中国模式：经验与困局》，杭州：浙江人民出版社 2010 年版。

37. 徐崇温：《民主社会主义评析》，重庆：重庆出版社 1995 年版。

38. 徐觉哉：《社会主义流派史》，上海：上海人民出版社 2007 年版。

39. 叶汝贤：《叶汝贤自选集》（第 2 卷），北京：社会科学文献出版社 2009 年版。

40. 余其铨：《恩格斯哲学思想新探》，北京：北京大学出版社 1992 年版。

41. 马洪、王怀超主编：《中国改革全书（1978—1991）》，大连：大连出版社 1992 年版。

42. 秦宝琦：《五千年中外文化交流史》（第 4 卷），福州：福建人民出版社 2000 年版。

43. 孙立平：《转型与断裂——改革以来中国社会结构的变迁》，北京：清华大学出版社 2004 年版。

44. 雷娜特·默克尔-梅利斯：《论 MEGA^2 中恩格斯晚期著作的编辑》，李莉娜译，载《马克思主义与现实》2012 年第 3 期。

45. 阿里夫·德里克：《重访后社会主义：反思中国特色社会主义的过去、现在和未来》，吕增奎译，载《马克思主义与现实》2009 年第 5 期。

46. 瓦·吉·康德拉索夫：《在社会主义条件下重建个人所有制的含义》，何干强译，载《国外理论动态》2011年第6期。

47. 郑仲兵、祁庆富：《恩格斯及其著作在中国早期介绍》，载《教学与研究》1981年第4期。

48. 白占群：《〈社会主义从空想到科学的发展〉一书在中国的传播》，载《社会主义研究》1985年第6期。

49. 《当代欧美三大社会主义流派辨析》，载《毛泽东邓小平理论研究》2012年第3期。

50. 王雪梅：《科学社会主义在中国运行轨迹及问题论争》，载《理论月刊》2000年第9期。

51. 顾海良：《科学社会主义发展阶段及其主题转换》，载《中国人民大学学报》2005年第3期。

52. 唐纯良、刘焕明：《科学社会主义在中国新的突破性发展》，载《中共党史研究》2001年第4期。

53. 谢涛：《民主社会主义模式和中国前途》，载《炎黄春秋》2007年第2期。

54. 李惠斌：《谈谈财产性收入问题——从十七大报告到马克思的"重建个人所有制"理论》，载《马克思主义与现实》2007年第6期。

55. 《重读〈共产党宣言〉——对马克思关于"私有制"、"公有制"以及"个人所有制"的重新解读》，载《当代世界与社会主义》2008年第3期。

56. 韩立新：《关于"个人所有制"解释的几个问题——兼评李惠斌〈对马克思关于"私有制"、"公有制"以及"个人所有制"问题的重新解读〉一文》，载《马克思主义与现实》2009年第2期。

57. 姚颖：《马克思所有制理论的文本解读——第十届"马克思学论坛"概述》，载《马克思主义与现实》2009年第2期。

58. 王南湜：《社会主义：从理想性到现实性》，载《马克思主义与现实》2009年第3期。

59. 〔苏〕叶·阿·斯捷潘诺娃：《恩格斯传》，中央编译局译，北京：

人民出版社 1955 年版。

60. 〔美〕保罗·托马斯：《马克思主义与科学社会主义——从恩格斯到阿尔都塞》，王远河、王克军译，铁省林校，南京：江苏人民出版社 2011 年版。

61. 〔苏〕伊利切夫等：《弗里德里希·恩格斯》，程代熙等译，北京：人民出版社 1984 年版。

62. 〔法〕奥古斯特·科尔纽：《马克思恩格斯传》，刘丕坤等译，北京：生活·读书·新知三联书店 1980 年版。

63. 〔德〕迈耶尔：《恩格斯传》，郭大力译，北京：生活·读书·新知三联书店 1950 年版。

64. 〔英〕G. A. 科恩：《为什么不要社会主义》，段忠桥译，北京：人民出版社 2011 年版。

65. 〔美〕奥尔曼：《市场社会主义：社会主义之间争论》，段忠桥译，北京：新华出版社 2000 年版。

66. 〔美〕约翰·罗默：《社会主义的未来》，余文烈等译，重庆：重庆出版社 1997 年版。

67. 〔俄〕普列汉诺夫：《无政府主义和社会主义》，王荫庭译，北京：生活·读书·新知三联书店 1980 年版。

68. 〔苏〕列昂节夫：《恩格斯和马克思主义经济学说》，张钟朴译，贵阳：贵州人民出版社 1984 年版。

69. 〔苏〕H. 扎斯田克尔：《社会主义思想史纲》，南致善等译，北京：商务印书馆 1990 年版。

70. 〔苏〕戈尔什科娃：《十九世纪九十年代恩格斯对历史唯物主义的发展》，孙魁译，北京：人民出版社 1981 年版。

71. 〔美〕奥尔曼：《辩证法的舞蹈——马克思方法的步骤》，田世锭、何霜梅译，北京：高等教育出版社 2006 年版。

72. 〔德〕伯恩斯坦：《伯恩斯坦读本》，殷叙彝编，北京：中央编译出版社 2008 年版。

73. 〔德〕考茨基：《考茨基文选》，王学东编，北京：人民出版社 2008

年版。

74. 〔德〕勃兰特、克赖斯基、帕尔梅：《社会民主和未来》，丁冬红等译，重庆：重庆出版社1990年版。

75. 〔英〕波普尔：《开放社会及其敌人》，陆衡等译，北京：中国社会科学出版社2009年版。

76. 〔英〕梅格纳德·德赛：《马克思的复仇——资本主义的复苏和苏联集权社会主义的灭亡》，汪澄清译，郑一明校，北京：中国人民大学出版社2008年版。

77. 〔日〕宫川彰：《解读〈资本论〉》（第一卷），刘锋译，北京：中央编译出版社2011年版。

78. 〔美〕大卫·哈维：《希望的空间》，胡大平译，南京：南京大学出版社2006年版。

79. 〔英〕哈耶克：《自由秩序原理》上册，邓正来译，北京：生活·读书·新知三联书店1997年版。

80. 〔英〕吉登斯：《资本主义与现代社会理论——对马克思、涂尔干和韦伯著作的分析》，郭忠华等译，上海：上海译文出版社2007年版。

81. 〔英〕安东尼·克罗斯兰：《社会主义的未来》，轩传树、朱美荣等译，上海：上海人民出版社2011年版。

82. 〔法〕奥古斯特·科尔纽：《马克思的思想起源》，王瑾译，北京：中国人民大学出版社1987年版。

83. 〔德〕亨利希·库诺：《马克思的历史、社会和国家学说——马克思的社会学的基本要点》，袁志英译，上海：上海译文出版社2006年版。

84. 〔美〕埃里克·欧林·赖特：《阶级》，刘磊等译，北京：高等教育出版社2006年版。

85. 〔英〕麦克莱伦：《马克思之后的马克思主义》，余其铨等译，北京：中国社会科学出版社1986年版。

86. 〔英〕麦克莱伦：《马克思思想导论》，郑一明、陈喜贵译，北京：中国人民大学出版社2008年版。

87. 〔英〕托马斯·莫尔：《乌托邦》，戴镏龄译，北京：商务印书馆1982年版。

88. 〔奥〕路德维希·冯·米瑟斯：《社会主义——经济与社会学的分析》，王建民等译，北京：中国社会科学出版社2008年版。

89. 〔俄〕鲍·斯拉文：《被无知侮辱的思想——马克思社会理想的当代解读》，孙凌齐译，北京：中央编译出版社2006年版。

90. 〔英〕乔纳森·沃尔夫：《当今为什么还要研读马克思》，段忠桥译，北京：高等教育出版社2006年版。

91. 〔意〕加尔维诺·德拉-沃尔佩：《卢梭和马克思》，赵培杰译，重庆：重庆出版社1993年版。

92. 〔美〕熊彼特：《资本主义、社会主义与民主》，吴良健译，北京：商务印书馆2009年版。

93. 〔德〕耶克：《第一国际史》，张文焕译，北京：生活·读书·新知三联书店1964年版。

94. 〔日〕伊藤诚：《现代社会主义问题》，鲁永学译，北京：社会科学文献出版社1996年版。

95. 〔美〕拉塞尔·雅各比：《不完美的图像——反乌托邦时代的乌托邦思想》，姚建彬译，北京：新星出版社2007年版。

96. 〔英〕伊格尔顿：《马克思为什么是对的》，李杨等译，北京：新星出版社2011年版。

97. 〔美〕约翰·奈斯比特：《中国大趋势——新社会的八大支柱》，魏平译，北京：中华工商联合出版社2011年版。

98. 〔英〕拉克劳、墨菲：《领导权与社会主义策略》，尹树广、鉴传今译，哈尔滨：黑龙江人民出版社2003年版。

二 外文参考文献和进一步阅读书目

1. Richard Adamiak, *The Visions of the Future of Karl Marx and Friedrich Engels：Sources and Evolution*, Ph.D, the University of Chicago, 2001.

2. Ishay Landa, On the Socialist Necessity of Re-appropriating Pleasure, Historical Materialism Annual Conference 2008.

3. Paul Thomas, *Marxism and Scientific Socialism: From Engels to Althusser*, London, New York: Routledge, 2008.

4. David McLellan, *Engels*, Sussex: The Harvester Press, 1977.

5. T. Carver, *Engels*, Oxford: Oxford University Press, 1981.

6. T. Carver, *Friedrich Engels: His life and Thought*, New York: St. Martin's Press, 1990.

7. G. D. H. Cole, *A History of Socialist Thought*, Volume 1 – 5, London: Macmillan, 1953.

8. G. A. Cohen, *Why Not Socialism?* Princeton: Princeton University Press, 2009.

9. J. D. Hunley, *The Life and Thought of Friedrich Engels: A Reinterpretation*, New Haven: Yale University Press, 1991.

10. F. O. Henderson, *The Life of Friedrich Engels*, 2 Volumes, London: Cass, 1976.

11. J. Sayers (eds.), *Engels Revisited: New Feminist Essays*, London: Tavistock, 1987.

12. János Kornai, *From Socialism to Capitalism: Eight Essays*, Budapest, New York: Central European University Press, 2008.

13. Floyd J. Melvin, *Socialism as the Sociological Ideal: A Broader Basis for Socialism*, Kessinger Publishing, 2010.

14. W. H. Mallock, *Critical Examination of the Socialism: From Beginning to Modern Times*, New Delhi: Dominant Publishers and Distributors, 2009.

15. Randhir Singh, *Struggle for Socialism: Some Issues*, Delhi: Aakar Books, 2010.

16. Christopher J. Arthur, *Engels Today, a Centenary Appreciation*, New York: St. Martin's Press, 1996.

17. H. Slack Worthington, *Millionism vs. Socialism, or, Timocracy vs. De-*

mocracy, Kessinger Publishing, 2010.

18. Peter Beilharz, *Socialism and Modernity*, Minneapolis: University of Minnesota Press, 2009.
19. Franz Borkenau, *Socialism, National or International*, London, New York: Routledge, 2010.
20. Ian Forbes, *Marx and the New Individual*, London: the Academic Division of Unwin Hyman Ltd. , 1990.
21. Carol C. Gould, *Marx's Social Ontology: Individual and Community in Marx's Theory of Social Reality*, Cambridge, Mass: MIT press, 1978.
22. William Hurst, *The Chinese Worker after Socialism*, Cambridge: Cambridge University Press, 2009.
23. János Kornai and Yingyi Qian (eds.), *Market and Socialism: In the Light of the Experiences of China and Vietnam*, New York: Palgrave Macmillan in association with the International Economic Association, 2009.
24. N. Levine, *The Tragic Deception: Marx Contra Engels*, Oxford: Clio Press, 1975.
25. Li Huaiyin, *Village China Under Socialism and Reform: A Micro-history, 1948 – 2008*, Stanford, Calif. : Stanford University Press, 2009.
26. Carl Landauer, *European Socialism, A History of Ideas and Movements*, Volume 1, University of California Press, 1959.
27. Allan Megill, *Karl Marx: The Burden of Reason (Why Marx Rejected Politics and the Market)*, Maryland: Rowman & Littlefield Publisher, Inc. , 2002.
28. Stanley Moore, *Marx on the Choice Between Socialism and Communism*, Cambridge, Mass. : Harvard University Press, 1980.
29. R. G. Peffer, *Marxism, Morality and Social Justice*, Princeton, New Jersey: Princeton University press, 1990.
30. Leo Panitch, *Renewing Socialism: Transforming Democracy Strategy and Imagination*, New York: Aakar Books, 2010.

31. Stephen E. Philion, *Workers' Democracy in China's Transition from State Socialism*, New York: Routledge, 2009.
32. Margaret A. Rose, *Reading the Young Marx and Engels*, London: Croom Helm, 1978.
33. Eli Rubin, *Synthetic Socialism: Plastics & Dictatorship in the German Democratic Republic*, Chapel Hill, N. C.: University of North Carolina Press, 2008.
34. Donald Sassoon, *One Hundred Years of Socialism: The West European Left in the Twentieth Century*, London: I. B. Tauris, 2010.
35. Randhir Singh, *Marxism, Socialism, Indian Politics: A View from the Left*, Delhi: Aakar Books, 2008.
36. Darren Webb, *Marx, Marxism and Utopia*, Aldershot: Ashgate Publishing Ltd., 2009.
37. Anddrzej Walick, *Marxism and the Leap to the Kingdom of Freedom: The Rise and Fall of the Communist Utopia*, Stanford, California: Stanford University Press, 1995.

图书在版编目（CIP）数据

恩格斯《社会主义从空想到科学的发展》研究读本／薛俊强编著 .—北京：中央编译出版社，2013.6（2016.5 重印）
（马克思主义经典著作研究读本／杨金海　李惠斌主编）

ISBN　978-7-5117-1784-9

Ⅰ.①恩…　Ⅱ.①薛…　Ⅲ.①恩格斯著作-科学社会主义理论-理论研究　Ⅳ.①A811.24

中国版本图书馆 CIP 数据核字（2013）第 228233 号

恩格斯《社会主义从空想到科学的发展》研究读本

出 版 人：	刘明清
出版统筹：	薛晓源
责任编辑：	苗永姝
责任印制：	尹　珺
出版发行：	中央编译出版社
地　　址：	北京西城区车公庄大街乙 5 号鸿儒大厦 B 座（100044）
电　　话：	（010）52612345（总编室）　　（010）52612335（编辑室）
	（010）52612316（发行部）　　（010）52612317（网络销售）
	（010）52612346（馆配部）　　（010）55626985（读者服务部）
传　　真：	（010）66515838
经　　销：	全国新华书店
印　　刷：	北京汇林印务有限公司
开　　本：	787 毫米×1092 毫米　1/16
字　　数：	298 千字
印　　张：	20.75
版　　次：	2016 年 5 月第 1 版第 2 次印刷
定　　价：	64.00 元
网　　址：	www.cctphome.com　　邮　箱：cctp@cctphome.com
新浪微博：	@中央编译出版社　　微　信：中央编译出版社（ID：cctphome）
淘宝店铺：	中央编译出版社直销店（http://shop108367160.taobao.com）　（010）52612349

本社常年法律顾问：北京嘉润律师事务所律师　李敬伟　问小牛
凡有印装质量问题，本社负责调换。电话：（010）55626985